L'histoire] [de profil

Collection dirigée
par
Sylvie Gillet

Des biographies de femmes et d'hommes révélateurs de leur époque, aux yeux de leurs contemporains, avec l'assurance que nous donne le recul du temps.

Simples anonymes ou grandes figures, ils sont l'incarnation de questions sociales, scientifiques, politiques, idéologiques, intellectuelles que nos sociétés doivent interroger à nouveaux frais. Mis au jour, les problèmes existentiels de ces individus visent d'ailleurs les autres. Car à l'ère de la célébration des vies privées, cette collection a l'ambition de contribuer à rétablir au cœur des personnes le collectif et la vie de la cité.

Rédigées par des spécialistes que l'illusion biographique n'effraie plus, ces histoires de profil prennent au mot les nouvelles manières d'écrire l'histoire en puisant leurs sources dans tous types d'archives, en pratiquant l'interdisciplinarité, en fabriquant des objets dignes d'histoire, en soignant le style d'écriture.

Dans la même collection

Michel Lallement, *Le Travail de l'utopie. Godin et le Familistère de Guise*, 2009.

Christian Chevandier, *La Fabrique d'une génération. Georges Valero, postier, militant et écrivain*, 2009.

AIMÉ CÉSAIRE, FRANTZ FANON

Portraits de décolonisés

Du même auteur

Le Lien social, Paris, Gallimard, « Folio-Essai », 2005.

La Socio-anthropologie, Paris, Armand Colin, « Collection U », 2000.

Socio-anthropologie du contemporain, Paris, Galilée, « Débats », 1995.

Le Travail, Paris, PUF, « Que sais-je ? », 1991, seconde édition 1994.

Le Travail au quotidien, démarche socioanthropologique, Paris, PUF, « Sociologie d'aujourd'hui », 1989.

Fanon, Paris, Éditions universitaires, « Les Justes », 1971.

Sous la direction de l'auteur

France-USA, les crises du travail et de la production, avec O. Kourchid, Paris, Méridiens-Klincksieck, 1988.

Pierre Bouvier

AIMÉ CÉSAIRE, FRANTZ FANON

Portraits de décolonisés

Paris
Les Belles Lettres
2010

www.lesbelleslettres.com

Pour consulter notre catalogue
et être informé de nos nouveautés
par courrier électronique

© *2010, Société d'édition Les Belles Lettres,
95, boulevard Raspail, 75006 Paris.*

ISBN: 978-2-251-90003-2

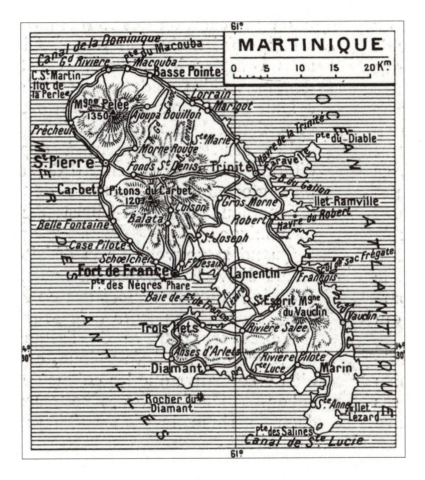

Remerciements
à M. Cottias, N. L. Green, C. Rémion-Granel

Introduction]
[Les morts saisis par les vivants

Quelle plus belle épitaphe que celle que Césaire, le poète, a donnée au personnage du Rebelle, texte particulièrement approprié pour le « damné » Fanon :

> « Bien sûr qu'il va mourir le Rebelle. Oh, il n'y aura pas de drapeau même noir, pas de coup de canon, pas de cérémonial. Ça sera très simple quelque chose qui de l'ordre évident ne déplacera rien, mais qui fait que les coraux au fond de la mer, les oiseaux au fond du ciel, les étoiles au fond des yeux des femmes tressailliront le temps d'une larme ou d'un battement de paupière[1]. »

Le 17 avril 2008, Césaire est dans sa quatre-vingt-quatorzième année. Jusqu'à une date très récente, il occupait toujours son bureau à la vieille mairie de Fort-de-France, au centre-ville, bâtiment où il a exercé près de cinquante ans et où il recevait ses visiteurs et un grand nombre de ses compatriotes. Les obsèques, organisées sous la houlette de Serge Letchimy, maire de Fort-de-France, sont nationales en présence du président de la république et de certains ministres. Par ailleurs de nombreux membres de l'opposition se sont également déplacés. Les propos lénifiants du chef de l'État relèvent de la rhétorique propre à ces événements mais, évidemment, adaptés aux circonstances. La présence massive d'officiels est paradoxale, compte tenu de la réserve sinon de l'ostracisme subis par l'œuvre sinon l'homme jusqu'à une date récente, si ce n'était, pour le personnel politique, une attention ponctuelle au moment des diverses échéances électorales.

Le docteur Pierre Aliker, compagnon de longue date de Césaire, lit puis prononce un hommage. Cet homme de cent un ans a été député du PPM (Parti populaire martiniquais). Il souligne, loin des clichés officiels frappés au sceau de l'humanisme et de l'universalisme, la volonté des Martiniquais d'accéder au statut de région pleinement autonome, combat césairien par excellence. Sollicité par la presse, Patrick Chamoiseau s'étonne de cette réserve ancienne exprimée à de nombreuses reprises par Césaire. L'auteur de *Texaco* déclare au *Journal du dimanche* du 18 avril 2008 : « Je n'ai jamais compris pourquoi l'auteur de ces écrits, qui avaient libéré tant de guerriers en Afrique, n'était pas pour l'indépendance de la Martinique. » Abdoulaye Wade, président du Sénégal, témoigne, dans un message, de son estime. Il précise la différence qu'il fait entre l'approche de la négritude chez Senghor, dont en particulier les distinctions entre la raison hellène et l'émotion nègre, ce qu'il récuse, et la démarche césairienne plus axée sur une contestation du colonialisme et des processus d'assimilation. La foule considérable présente aux obsèques montre l'importance de cet éveilleur de conscience, ce qu'il a été et est toujours non seulement pour les Antillais, mais pour les peuples du monde. Il est enterré, seul, dans le nouveau cimetière de la Joyau, sur une des collines qui entourent la ville, au loin des plantations. Sa tombe, très simple ornée d'une fleur de balisier porte, gravé dans du marbre, l'un de ses poèmes, *Calendrier lagunaire* :

> *frère n'insistez pas*
> *vrac de varech*
> *m'accrochant en cuscute*
>   *ou me déployant en porana*
> *c'est tout un*
>   *et que le flot roule*
>   *et que ventouse le soleil*
>   *et que flagelle le vent*
> *ronde bosse de mon néant*
> *la pression atmosphérique ou plutôt l'historique*
> *agrandit démesurément mes maux*
> *même si elle rend somptueux certains de mes mots*[2]

Depuis son décès, les contributions en son honneur se multiplient. À l'évidence une société de la représentation telle que celle dans laquelle nous sommes immergés ne peut, au-delà de sincères regrets et hommages, qu'induire une foultitude de témoignages.

Nonobstant ces comportements, plus que répandus dans toutes les couches de la société, de nombreuses célébrations ont eu lieu dans

des contextes divers tels qu'entre autres, à Paris, la retransmission
en direct de l'enterrement sur le parvis de l'Hôtel de Ville ainsi que
d'une nuit d'hommage à la Maison de la poésie ou, plus proche de
notre propos, une soirée « Regards croisés sur Aimé Césaire et Frantz
Fanon » au siège du PCF. À cette occasion les orateurs présents, ont
montré des convergences mais également se sont interrogés sur leurs
options tant politiques, théoriques que d'écriture. À la Martinique,
l'ensemble des médias lui a consacré des pages sinon des numéros
spéciaux. Tous regrettent la perte de celui qui est devenu le plus
célèbre d'entre eux[3]. Une étude de texte montre, aux lendemains du
décès, plus d'unanimisme que de réserves. À terme, des relectures
moins liées à l'actualité de la disparition pourront détricoter certaines
de ces hagiographies. Une différence radicale sépare Césaire de Fanon.
Les hommages rendus à Césaire furent nationaux de la part de l'État
français et des instances municipales et régionales de la Martinique.
Frantz Fanon a échappé à ce type de manifestation. Son corps gît à des
milliers de kilomètres de sa terre natale.

Pour Fanon, seuls des représentants d'instances du Gouvernement
provisoire de la République algérienne (GPRA) ont été présents tant
pour lui rendre hommage que pour son inhumation en décembre 1961,
aux confins de la Tunisie et de l'Algérie. Les particularités des situations
historiques procèdent à ces différences de traitement. Fanon, lors de sa
mort, est un proscrit pour les autorités françaises. Le diplômé, docteur
en médecine, responsable d'un important centre de soin en Algérie a non
seulement démissionné de ses fonctions, mais il a revendiqué et assumé
les raisons de cette attitude. Qui plus est, il ne s'en est pas tenu là mais a
même rejoint les opposants déclarés à la politique du gouvernement de
l'État dont il est, de par sa naissance, un ressortissant. Il n'a pas porté
les armes contre sa « patrie ». Au contraire, il a participé, en 1944,
à sa Libération et, de ce fait, a été décoré par la hiérarchie militaire.
Les griefs à son encontre n'en relèvent pas moins d'intelligence active
avec ceux qui, à cette époque, sont considérés comme ennemis. À ces
éléments s'ajoute son éloignement, pendant de longues années, de la
Martinique. De ce fait, l'appréciation de ses implications ne touche
qu'un petit nombre d'îliens, eux-mêmes étant éventuellement engagés
dans des combats concernant la situation locale.

De façon oblique, Frantz Fanon commence à retrouver la place qui aurait dû être la sienne alors que, longtemps, il a été quasiment oublié sinon ignoré à l'exception de sa famille et de ses amis les plus proches. Aux lendemains de la mort de son aîné, un début de réévaluation s'effectue. Son absence et ses prises de position, parfois peu amènes, quant à ses compatriotes ne facilitaient pas les évocations positives, ce que confirment les réserves tant des instances locales qu'à fortiori celles des pouvoirs publics métropolitains. Cependant, aujourd'hui, et depuis près d'un demi-siècle, la guerre d'Algérie n'est plus. L'hagiographie et les dithyrambes *post mortem* présentent l'avantage de ne plus craindre les levées de sourcils des gisants : les morts sont saisis par les vivants.

Aimé Césaire (26 juin 1913-17 avril 2008) et Frantz Fanon (20 juillet 1925-6 décembre 1961), tous deux originaires de l'une des « vieilles colonies » françaises, la Martinique, ont traversé le XXᵉ siècle élaborant des parcours et des œuvres contrastés. De l'homme à la longue vie, homme politique, poète et maire vénéré, qui s'est éteint tout récemment, au médecin psychiatre mort jeune mais devenu le chantre des générations contestataires, la Martinique a produit deux personnalités exceptionnelles. Le croisement des biographies d'Aimé Césaire et de Frantz Fanon ouvre des interrogations et des propositions s'adressant à un large arc de situations. Leurs expériences allant de la période coloniale à la postindépendance donnent à voir tant leurs perceptions individuelles que les événements et les contextes auxquels ils ont été confrontés : mémoire de l'esclavage, intégration en tant que citoyen français, processus d'autonomie et d'indépendance des ex-colonies. Elles révèlent leur environnement social, culturel et politique et mettent en scène leurs attitudes critiques et les alternatives qu'ils ont élaborées pour desserrer les étaux dus au colonialisme. Cette biographie croisée s'inscrit ainsi dans l'histoire française et internationale du siècle passé et vis-à-vis d'un statut spécifique, celui du colonialisme, plus précisément des Antilles au continent africain. Analyser conjointement leurs œuvres et leurs actions est donc une façon de revisiter certains moments clefs du XXᵉ siècle et de ce début de millénaire. Il s'agit de présenter, d'analyser et de préciser la pluralité de leurs itinéraires individuels et de leurs implications collectives, legs intellectuel, littéraire et politique qui scelle leur renommée et leur actualité, ici même, aujourd'hui.

Césaire et Fanon sont des devanciers du processus postcolonial. Les trajectoires et les écrits de Césaire et de Fanon entrelacent littérature et politique. Ils ne sont pas étrangers à la démarche dite postcoloniale. Ils la devancent si l'on s'en tient à une datation stricte, celle de la reconnaissance de ce type d'étude et de recherche décliné, sous divers registres et enjeux. Les « études culturelles », les premières, se sont attachées à l'arc des pratiques et des valeurs populaires à l'âge de la consommation. On peut en retracer des prémices dans des travaux de l'école de Chicago tels que, par exemple, l'étude des Hobos réalisée par Nels Anderson[4], la sociographie des chômeurs de Paul Lazarsfeld[5] ou, plus proche de nous, l'analyse des cultures du pauvre de Richard Hoggart[6]ou celle des exclus de Stuart Hall[7]. Ces études portent sur la réception des valeurs dominantes par des classes et des couches populaires des sociétés occidentales et sur leur capacité à en détourner les messages et les injonctions, à ruser, à « marronner » ces dominations comme le disent les auteurs antillais.

Aux lendemains de la décolonisation, une révolution copernicienne rebrosse les assignations de sens qui avaient été allouées aux altérités extra-occidentales. Une telle tâche a été accomplie, pour l'Orient[8], par Edward W. Saïd ainsi que, dans divers secteurs, par d'autres auteurs[9]. Au-delà de ces remises en cause, ces travaux s'attachent aux identités collectives et aux cultures dont les voix sont tenues à l'écart sinon sont souvent stigmatisées par l'orthodoxie universitaire[10] : « Les Occidentaux viennent seulement de se rendre compte que ce qu'ils ont à dire sur l'histoire et les cultures des peuples « subordonnés » peut être contesté par ces peuples eux-mêmes – peuples qui, il y a quelques années, étaient tout bonnement intégrés [...] dans les grands empires occidentaux et les discours de leurs disciplines[11]. ».

L'attention à ces entités et à leur remise au jour, on la rencontre déjà dans les trajectoires des Antillais : Aimé Césaire et Frantz Fanon. L'antillanité est parmi ces « construits » à la jonction de pratiques et d'aspirations trop souvent méconnues ou dénigrées.

Leurs travaux, écrits pour la plupart entre les années 1940 et 1960, peuvent être mis en rapport avec les démarches postcoloniales déployées à partir des années 1980. Le colonialisme en est le fonds essentiel, l'esclavage la scène primitive. Sans eux, à l'évidence, les questions posées par les différences, les similitudes et les interactions entre peuples d'origine et de lieu spécifiques se seraient posées autrement. Un retour est donc nécessaire. Ceci d'autant que c'est vis-à-vis du colonialisme et de ses multiples facettes passées, présentes et futures, matrice historique et culturelle, que Césaire et Fanon se situent et que se sont construites leurs sensibilités et leurs réflexions. Les situations et espaces qu'ils traversent et qu'ils analysent leur permettent d'ouvrir des perspectives au spectre étendu, des subcultures à l'universel.

1]
[La scène coloniale

[L'émergence du colonialisme

À partir du XVᵉ siècle, l'Europe s'engage dans un procès de longue durée : la colonisation. Il repose sur un certain nombre d'éléments tant d'ordre symbolique que fonctionnel et pragmatique. Parmi ceux-ci, la volonté première de s'approprier les richesses matérielles dont sont détenteurs ces territoires lointains, la soif inextinguible d'eldorados. Elle s'accompagne d'un désir de sortir du cadre limité des horizons nationaux, ceux de la péninsule ibérique, de l'Europe continentale ou des îles britanniques. Ces desseins sont d'abord ceux des cours et des royaumes engagés dans de coûteux conflits. À terme, ils deviennent également le propre des populations pauvres qu'encadrent, de manière plus ou moins violente, les ordres de l'Ancien Régime. Comme l'indique Fernand Braudel, noblesse et clergé vivent des multiples impôts collectés auprès de leurs sujets. Ils s'appuient également sur les biens et les richesses conquis lors des guerres entre Royaumes et États. Le Souverain en redistribue les bénéfices à ceux qui portent l'épée mais également à ceux qui encadrent moralement et spirituellement les paysans et les artisans. Il le fait tant que ces derniers, y puisant peu à peu leur autonomie, n'en contestent cependant pas l'ordre immémorial. À la Renaissance, les États-villes sont, déjà, des précurseurs de la dynamique coloniale : « Des gouvernements capables de s'imposer au-dedans, de discipliner le "gros peuple" des villes, d'alourdir les charges fiscales en cas de besoin, de garantir le crédit et les libertés marchandes. Capables aussi de s'imposer au-dehors : c'est pour ces gouvernements qui n'hésitent jamais à recourir à la violence que nous pouvons utiliser *très tôt*, sans redouter l'anachronisme, les mots de *colonialisme* et d'*impérialisme* ?[1]. » Ainsi le terme colonisation évoque une mainmise économique et, subsidiairement, démographique, en particulier dans les empires latins, par l'installation physique de personnes sur des territoires dont elles ne sont pas originaires. Ces terres sont habitées. Par divers subterfuges, au-delà d'opérations militaires, elles seront, dans de nombreux cas, dites dénuées de « véritables » propriétaires détenant des titres justifiant, par un acte officiel, la propriété des sols concernés. D'autres circonstances permettent aux colonisateurs de les déclarer *terra nullius*, c'est-à-dire supposées libres d'habitants et, à ce titre, ouvertes sans aucune restriction, ainsi du continent australien.

Dans les îles de l'archipel caribéen, des groupes divers, originaires du continent sud-américain, sont présents. De langue arawak, pêcheurs et peuplades de la civilisation du manioc amer, tubercule essentielle pour tout un ordre de moyens d'existence et de subsistance, se déplacent d'île en île tout en les considérant comme leurs. C'en est ainsi pour les futures Antilles françaises : la Martinique et la Guadeloupe.

Cette impulsion est comme corroborée par les allocations de sens que, depuis l'Antiquité, l'Occident assigne à ceux qui ne procèdent pas de ses mœurs et de ses représentations. Dénommés « barbares », ils seraient en marge, proche de l'animalité et d'un état qui leur est attribué par l'ordre naturel. Ils ne sauraient ni ne pourraient le transgresser : « Dans l'idée qu'il y a identité de nature entre barbare et esclave [...] L'usage que nous faisons des esclaves ne s'écarte que peu de l'usage que nous faisons des animaux : le secours que nous attendons de la force corporelle pour la satisfaction de nos besoins indispensables provient indifféremment des uns et des autres, aussi bien des esclaves que des animaux domestiques[2] » Cette opinion induit qu'il irait de soi que ceux qui se légitiment comme représentants de l'humanité traitent de manière plus que discriminatoire des individus auxquels est déniée toute aptitude à s'élever vers un accomplissement, un être au monde capable de se dire et de dire le monde. Dépourvues de telles capacités, les populations étrangères ne sauraient être traitées que comme des outils sociaux, les prolongements muets et sourds mais utiles pour les tâches les moins nobles nécessaires à la cité. Le barbare, c'est-à-dire l'autre, inassimilable, est une denrée mise en circulation : saisie, vendue, achetée, au regard de ses potentialités à l'avantage des classes et des ordres dominants. De telles conceptions assurent, et pour des siècles, le destin de ceux qui ne relèvent pas de la filiation occidentale.

C'est donc ainsi légitimée, en raison et en nature, que s'effectue l'arrivée des Européens à la fin du XVe siècle vers le Nouveau Monde. Elle aura des répercussions dramatiques. Les expéditions des Espagnols, à la suite de Christophe Colomb et les prises de possession des îles Haïti/Saint-Domingue, Cuba, Porto Rico, la Jamaïque, se traduisent par une décimation radicale des indigènes. En quelques décennies, de plusieurs millions il n'en subsiste plus que quelques milliers. Ceci tient tant à la mise au travail forcé qu'aux maladies ou à l'élimination par les armes de tous ceux, et ils seront nombreux, qui tentèrent de résister à ce processus d'accaparation.

Au tournant du XVe et du XVIe siècles, la colonisation prend son essor. Sa face sombre, celle de l'exploitation, reste, un temps, comme suspendue, voire occultée. Face aux guerres qui déchirent l'Europe, les esprits se tournent vers ces horizons lointains, méconnus. De nombreux écrivains s'en font l'écho. Dans ces espoirs de paradis terrestres, Montaigne, l'auteur des *Essais*, est rejoint par Pierre de Ronsard. Ce dernier se dit prêt à partir vers « *Les Isles fortunées* » : Aux bords heureux des isles plantureuses,

> *Aux bords divins des isles bien-heureuses,*
> *Que Jupiter réserva pour les siens,*
> *Lors qu'il changea des siècles anciens*
> *L'or en argent, et l'argent en la rouille*
> *D'un fer meurtrier qui de son meurtre souille*
> *La pauvre Europe ! Europe que les Dieux*
> *Ne daignent plus regarder de leurs yeux,*
> *Et que je fuy de bon cœur sous ta guide*[3]

Cette quête, celle de la Renaissance, rejoint celle des mythologies anciennes à la recherche de l'Arcadie, terre idyllique illustrée par le peintre Nicolas Poussin (*Les Bergers d'Arcadie*, 1628) ou par le romancier Honoré d'Urfé (*L'Astrée*, 1607-1627). Ces régions seraient peuplées de bergers et de pasteurs insouciants, cultivant le goût de la nature, de la beauté, de la musique, et fréquentées par les dieux de la fécondité et de l'amour charnel. Ces lieux mythiques réinventent ou semblent s'accorder, du moins dans les premiers temps, à ces espoirs d'un ailleurs, au plus près de la nature, éloigné et protégé du lucre et de la férocité européenne. Ils deviendront, au nom de la tradition, de l'authenticité, de la différence, des référents du regard anthropologique.

À l'écoute des voyageurs revenus de ces contrées au-delà des mers, il apparaît, à l'un des observateurs des plus aguerris de son temps, Michel de Montaigne, que les mœurs des dits « sauvages » paraissent supérieures, en termes de moralité, aux usages des habitants des villes, des bourgades et des campagnes des royaumes de France, d'Espagne ou d'Angleterre : « Ils sont encore en cet heureux point, de ne desirer qu'autant que leurs necessitez naturelles leur ordonnent ; tout ce qui est au delà est superflu pour eux.[4] » Montaigne critique les visions xénophobes. Avant Montesquieu, il met en exergue le relativisme de valeurs allouées sans réelle connaissance et, de ce fait, empreintes des préjugés tant de leurs auteurs que de leurs époques. Il en est ainsi des attitudes des Européens confrontés aux habitants des Caraïbes, aux « cannibales » et aux autres populations que des expéditions transbordent, pour quelques spécimens, vers les capitales et les cours royales et princières de l'Europe. On dénonce les mœurs de ces dits « sauvages » alors que les Européens semblent oublier les atrocités qu'ils commettent sur les champs de bataille, sinon, à l'occasion, contre des populations civiles au nom d'un droit de suite autorisant, impunément, tous les méfaits[5]. Montaigne déconstruit, avant l'heure, les points de vue. Pour lui, et comme l'argumentera, ultérieurement, Michel Foucault, de telles assignations en disent souvent plus sur leurs auteurs et sur leurs sociétés que sur l'objet même de leurs réflexions ainsi que sur les transformations incessantes des rapports entre le sujet et l'objet observé[6].

Ces contrées, dont les Antilles, sont, en quelques décennies, confrontées à la soif inextinguible des colonisateurs. Dans les premiers temps, pour faire fructifier les ressources potentielles et effectives, la main-d'œuvre utilisée par les colons est constituée par des indigènes. Les populations autochtones amérindiennes sont assignées à des travaux forcés, les femmes transformées en occasion de luxure. Avant même l'extinction de ces populations, se met en place une traite d'esclaves originaires de la côte occidentale du continent africain. Du XVIᵉ au XIXᵉ siècle, elle prospère. Capturés par des intermédiaires indigènes ou directement sur les pourtours de l'Afrique de l'Ouest par des Hollandais, Britanniques, Portugais ou Français, ces Noirs sont échangés, embarqués et, aux lendemains de traversées exténuantes sinon mortelles, vendus et mis au travail[7]. Dans la dynamique de cette scène primitive, le colonialisme s'appuie principalement sur deux logiques. La première est économique. Elle vise l'exploitation des terres à l'avantage de la métropole et subsidiairement de ses représentants, les colons. La seconde ressort du politique. Elle joue les conflits internes entre royaumes et tribus et utilise l'évangélisation comme l'une des procédures visant à s'allier caciques et autochtones. Il s'agit, plus encore, d'asseoir l'influence du pays colonisateur à l'encontre des autres métropoles également désireuses d'étendre leur zone d'influence, de contrôle et de souveraineté. Les rivalités et les conflits armés sont latents sinon manifestes tout au long de cette longue histoire. Des accords essaient de stabiliser les antagonismes entre les diverses puissances colonisatrices. Ils dressent des limites, des lignes et des frontières où la souveraineté de tel ou tel ne devrait pouvoir être remise en question. Il s'agit, entre autres, des décisions faisant suite au traité de Tordesillas (1494). Ce dernier codifie le partage des terres dites du Nouveau Monde entre l'Espagne et le Portugal. De nombreux autres traités se succèdent au gré des guerres européennes dont, par exemple, celui de Paris (1763). Il consacre, à la fin du XVIIIe siècle, la prééminence des Anglais sur nombre de possessions françaises. Ultérieurement, la conférence de Berlin, en 1884-1885, établira une distribution du continent africain entre nations européennes.

Cette situation suscite des effets multiples. Elle concerne les débats contradictoires au sein des pays qui, au fil de telles conquêtes, créent, à leur profit, des empires. Elle influe également sur la perception que se font d'eux-mêmes les colons. Ceux-ci se sont appropriés, le plus souvent par la voie des armes, la quasi-totalité d'un territoire. Ils deviennent propriétaires, commerçants, employés, ouvriers ou paysans installés sur des terres qu'ils considèrent, dorénavant, comme les leurs. En Afrique, en Asie, en Amérique, cette situation induit, pour les autochtones, ceux qui, avant la venue des Européens les occupaient physiquement, y vivaient et disposaient d'instances assurant les rapports et leurs liens sociaux, une remise en question radicale sinon une décomposition de leurs identités, de leurs pratiques et de leurs croyances. Aux Antilles, les

Karibs[8] ne subsistent plus que dans quelques secteurs particulièrement reculés comme c'est le cas, aujourd'hui encore, pour leurs survivants présents au nord-est de l'île de la Dominique, dans une réserve tolérée par le pouvoir central.

Cette disparition des peuplades originelles se présente, de ce fait, comme un contexte différent des autres lieux de colonisation où les populations autochtones sont toujours présentes et parfois en nombre, ce qui est le cas en Afrique. Elles n'en seront pas moins, des rives et de l'intérieur de ce continent, convoyées dans les conditions de la scène primitive, celles de l'esclavage et de la traite, vers les Caraïbes. Elles doivent reconstituer une force de travail humain annihilée par les premières vagues colonisatrices.

À terme se trouvent donc en contact d'une part les Européens et leurs descendants, en nombre réduit, et d'autre part une majorité constituée par les esclaves africains et leurs filiations. S'y agrègent, ultérieurement, des ressortissants d'autres continents. Il n'y a pas et il ne peut, *a priori*, y avoir de question aborigène comme cela est le cas, par exemple, en Australie ou en Nouvelle-Calédonie. Compte tenu de l'éradication des premiers habitants, en particulier dans les plus grandes îles telles que Cuba ou Saint-Domingue, les Caraïbes présentent une réelle spécificité.

Toutes les catégories, couches et classes sont originaires d'un ailleurs. Les uns, les Blancs, porteurs des valeurs de la domination économique, sociale et culturelle, les autres, les Noirs et les groupes adjoints, relèvent, eux, de l'inverse, à savoir de la pauvreté, du manque et de l'humiliation.

Ces coprésences n'en suscitent pas moins des mélanges et la construction de métissage qui, des békés préservant leurs racines blanches, aux créoles européens unis à des Amérindiens, aux mulâtres issus de population blanche et noire et autres métis venus, au fil des arrivées successives, autant d'intersections qui parcourent l'arc des possibles.

Le rapport à la culture va être fortement connoté par le processus colonisateur choisi par les autorités de tutelle. En l'occurrence, s'agissant des Antilles françaises, la stratégie adoptée sera celle d'une relative assimilation. Au XIXe siècle, et à la suite de l'abolition de l'esclavage, les références à la laïcité, aux idéaux de fraternité et d'égalité de la République devaient permettre aux sociétés martiniquaises et guadeloupéennes de se sentir intégrées dans un projet commun et partagé. Ultérieurement, l'inscription de ces îles comme départements français assurerait, sur le long terme, le rattachement durable de ces possessions à la métropole. Cette assimilation butera sur deux obstacles contradictoires mais liés, d'une part les résistances de couches populaires qui ne sont pas dupes de ces perspectives dont les récurrentes distinctions tendant à considérer que la couleur est un maléfice[9] et, d'autre part, l'espoir, pour certains, d'une intégration du côté des dominants tel que l'exprime, dans le roman *Je suis martiniquaise*, cette auteure controversée, Mayotte Capécia, qui considère qu'elle ne saurait : « aimer qu'un blanc, un blond avec des yeux bleus, un Français.[10] »

Au cours des siècles, des lectures coloniales se sont attachées aux faits complexes que suscite la colonisation. Les récits, les rapports, les analyses se sont multipliés. Ils émanent de représentants du pouvoir central, de correspondants en inspection ou de colons, d'administrateurs, de missionnaires, de médecins installés de plus ou moins longue date. Ils exposent les résultats de leurs investigations ou de leurs impressions tel Émile Perrot, auteur d'un ouvrage relatant ses missions en Afrique-occidentale française : « La première visite sera celle du barrage de Sansanding, du canal de navigation, des ouvrages de distribution d'eau, travaux gigantesques dignes de la grande nation colonisatrice que la France est et dont, je le répète, elle a le droit d'être fière.[11] » Le plus souvent ces rapports, à quelques remarques et critiques près, ne remettent pas ou peu en cause le fait colonial. Ces témoignages ou expertises abordent, mais relativement peu, ce qui continue de prévaloir dans les marges, dans les régions éloignées et encore relativement préservées de l'impact et de l'imposition des valeurs étrangères.

Chacun traite les données sous un angle particulier, le spécialiste des maladies tropicales, l'ingénieur en agronomie, le conducteur de travaux, le climatologue ou le représentant de telle ou telle obédience religieuse. Ils tendent, peu ou prou, compte tenu de l'angle de leur approche, à ne cerner que des éléments d'un processus dont l'origine

« coloniale » n'entre pas ou qu'incidemment dans le cadre de leurs observations. Le plus souvent il ne s'agit, pour eux, que d'un état de fait tenant à la présence et aux interventions d'une nouvelle population, les colons. Elle est officialisée par l'histoire et fortement établie. Dans certains cas, ceux-ci sont définitivement installés non plus en préservant un lien de subordination à la métropole mais en tant qu'État indépendant, une fois la question aborigène « résolue », c'est-à-dire ces autochtones dûment chassés, exterminés ou mis à l'écart. Ainsi en est-il, par exemple, des États-Unis ou de l'Australie pour la colonisation anglo-saxonne.

Ces rapports de colons constituent la littérature coloniale élaborée à l'intention de leurs pairs et à leurs avantages : amélioration de l'exploitation du sol et du sous-sol, lutte contre les maladies tropicales, mise en conformité idéologique et religieuse des populations indigènes. Incidemment, ils révèlent des éléments permettant d'approcher, tant soit peu, la vie des divers groupes astreints à leurs tutelles, comme le font, en Europe, des rapports de police, documents exploités, ultérieurement, par des historiens de la vie quotidienne du peuple au XVIIIe siècle tels qu'Arlette Farge[12]. Les études coloniales de l'époque s'inscrivent dans un ensemble constitué de divers éléments justifiant les politiques de colonisation. L'État et ses responsables savent donner des raisons permettant de les légitimer. Elles sont nombreuses. Suivant les circonstances et les moments historiques, elles se cumulent ou privilégient tel ou tel de leurs aspects[13].

Au XIXe siècle, pour les Antilles françaises et après la chute de Saint-Domingue, est avancée la volonté de préserver un ancrage dans une zone névralgique. Il est également nécessaire, pour les régimes successifs, de maintenir le cordon ombilical, le pacte colonial entre les dépendances et la France. Ceci implique l'exploitation des richesses au profit de colons, de marchands et d'entreprises assurés de l'exclusivité du commerce des biens entre l'outre-mer et la métropole. Les régions conquises sont des exutoires pour des populations à l'étroit sur le sol métropolitain et désireuses d'accéder à la possession et à l'exploitation de terres. De plus, ici comme ailleurs sur la surface du globe, il serait nécessaire de contrer la concurrence des autres nations, elles-mêmes engagées dans des annexions. La mise en valeur des ressources de ces territoires est dite indispensable pour la bonne marche du commerce et de l'industrie. Les tenants de cette politique n'oublient pas la mission civilisatrice de la France à la fois fille aînée de l'Église et représentante laïque des idéaux républicains. La gamme est donc plus qu'ouverte. Écrivains, politiciens, ministres, hommes d'église ou de l'armée, le nombre et la qualité des propagandistes sont conséquents. Cette gamme regroupe des propos et des opinions émises par des personnalités aussi diverses que, par exemple, et dès avant le Second Empire, Alexis de Tocqueville, Stendhal ou Alphonse de Lamartine : « [La colonisation] ne crée pas immédiatement les richesses, mais elle crée le mobile du travail ; elle multiplie la vie, le mouvement social ; elle préserve le corps politique ou de cette langueur qui l'énerve, ou de cette surabondance de forces sans emploi, qui éclate tôt ou tard en révolutions et en catastrophes[14]. » Ultérieurement, y participe également, après la défaite de 1870 et l'annexion de l'Alsace et de la Lorraine par l'Allemagne, une volonté de redevenir une des premières puissances de l'époque. Les prises de position d'un Jules Ferry, d'un Albert Sarraut, ministre des Colonies, encadrent et justifient la politique poursuivie par l'État : « Dans le processus de la civilisation contemporaine, le facteur colonial a joué un rôle incommensurable par les découvertes qu'il a suscitées, les expériences qu'il a provoquées, les ressources qu'il a créées, les continents qu'il a ouverts [...] S'il est vrai que, par la collision de son emprise sur les pays colonisés, il a jeté dans le monde de graves ferments de troubles et de conflits, il a été le révélateur de l'unité humaine et il a préparé les voies à la grande loi de solidarité qui devra dans l'avenir fixer les rythmes pacifiques de la collaboration des races [15] ».

Les protestations véhémentes, celles de Paul Gauguin, d'Anatole France, de Charles Péguy ou d'André Breton, ne pourront s'y opposer.

Pendant une très longue période des anthropologues sont situés, *nolens volens*, et *mezza voce* dans le cadre de l'installation et du développement de ce processus. Cependant leurs recherches vont être comme l'autre face de la présence occidentale. Elles sont soucieuses de rendre compte des altérités. Leurs démarches s'attachent, *a priori*, à des rapports non utilitaristes sinon prédateurs et se justifient par l'empathie éprouvée pour les différents modèles de sociétés. Il s'agit en particulier, du moins pour certains, d'exercer un regard critique sur les effets que la présence occidentale détermine sur les modes d'existence. L'œuvre de Claude Lévi-Strauss en est une des expressions. Cette approche ne s'exerce pas sous un angle qui implique la supériorité indiscutable des valeurs du colon. Elle met en place une distance entre les conceptions immédiates liées à son origine : l'Occident au profit d'une approche creusant les écarts observés et cherchant à atteindre les données sous-jacentes propres aux Autres[16].

Ainsi l'ethnologue a pu relativiser les perceptions naïves ou intéressées, les siennes et celles de ses compatriotes. Dans les premiers temps ces sociétés sont perçues comme relevant principalement de mentalités pratiques, sensibles aux émotions plus qu'aux raisonnements, thèse, entre autres, de Lucien Lévy-Bruhl, réinterprétée, peu ou prou, par l'un des chantres de la négritude Léopold Sédar Senghor. Ces analyses n'en restent pas moins insérées dans le grand partage entre « Nous » et « Eux », entre les « civilisés » et les « exotiques ». L'idéologie coloniale s'en inquiète peu. Elle saura même utiliser cette littérature afin d'essayer de tenir compte de tensions naissantes, de début de revendications.

Aux lendemains de l'abolition de la traite négrière et de l'esclavage, dans le cours du XIXe siècle, les puissances impériales, dont l'Angleterre et la France, s'adaptent aux nouvelles circonstances. Les Britanniques sont plus pragmatiques que les Français. Ils savent jouer plus facilement de la reconnaissance qu'ils octroient aux royaumes, aux chefferies et aux conceptions sociales et religieuses des populations soumises à leur contrôle. Une « mission civilisatrice » n'est pas, pour eux, la première de leurs préoccupations quoique, à l'évidence, ils y font référence lorsque cela apparaît nécessaire à leurs intérêts.

Dans l'aire francophone, les idéaux de la République exercent un autre type d'influence. Ils accompagnent et légitiment, si la situation l'exige, comme lors de contestations ou à l'occasion d'appel à la conscription, mais également de manière latente et quotidienne, le processus colonial dans ses fondements économiques et politiques.

[Les Antilles avant la Seconde Guerre mondiale

Du côté des colonisés

En Afrique, certaines chefferies se sont élevées contre les impositions coloniales. À l'inverse de royaumes qui ont collaboré à la traite, ces cas de figure deviennent, de nos jours, des références mises en avant par l'approche postcoloniale et plus précisément par les travaux s'attachant aux collectifs subalternes. Ce que Césaire et Fanon ont, dans les contextes historiques qui sont les leurs, développé. Cependant la faiblesse militaire associée à l'intrigue et à l'ambition de certains ne put contrer les volontés expansionnistes des métropoles occidentales. Des attitudes plus individuelles se sont mises en place. Aux Caraïbes, les captifs cherchent à sortir du cercle de l'esclavage. À côté des noyades et des suicides, un certain nombre choisit de fuir les lieux de relégation. Le marronnage devient une issue. Il leur permet de s'affranchir des fers pour, dans des montagnes boisées et difficilement accessibles, survivre à l'abri de la vindicte des maîtres. Cette situation prévaut dans les colonies antillaises. Que ce soit, par exemple, à Saint-Domingue, à Cuba ou à la Martinique et à la Guadeloupe, les reliefs se prêtent à ces initiatives. De l'individu aux collectifs, ces sociétés du marronnage, de l'en-dehors, sont et constituent des alternatives de moindre mal. Dans les mornes, les forêts et les massifs montagneux, à l'écart des plantations et des villes coloniales, du lien social se retisse. Les parlers, les chants, les danses, les cultes d'origine africaine, métissés de quelques référentiels chrétiens, représentent autant de moyens pour aller au-delà des impératifs physiologiques, de dire et de se dire. À terme, et en sachant jouer sur les nombreuses strates du régime colonial, telles que celles qui distinguent les hommes libres, les mulâtres, les créoles et les métropolitains, ces attitudes s'ouvrent sur des issues. C'est ce qui s'est produit à Saint-Domingue/Haïti, révolution d'autant plus radicale que l'était également l'irrédentisme des possédants. Ogé, mulâtre haïtien et personnage du roman d'Alejo Carpentier, relate, dans *Le Siècle des Lumières* : « la terrible histoire de son frère cadet désigné pour occuper d'importantes fonctions administratives, qui s'était heurté au refus des colons français de respecter le décret de l'Assemblée nationale en vertu duquel les nègres et les mulâtres dotés d'une instruction suffisante étaient autorisés à occuper des charges publiques à Saint-Domingue.[17] » Mis au pilori, il aura les membres éclatés jusqu'à ce que mort s'ensuive.

Ces luttes tragiques, dont seront héritiers Aimé Césaire mais aussi Frantz Fanon, jouent également des rivalités entre les puissances impériales. Elles ont dû desserrer, ponctuellement, les dépendances et contribuer *nolens volens* à l'extinction de l'esclavage voire à l'accession à l'indépendance. Dans ce dernier cas, la révolte n'en aura été que plus exemplaire.

Haïti, un référentiel ambigu

Aimé Césaire, dans sa remontée vers les sources de ses aïeux, est attentif aux révoltes de Saint-Domingue et à l'émergence d'Haïti, nation née de la lutte victorieuse des anciens esclaves. Ayant expulsés les maîtres blancs, ils prirent le contrôle d'une partie de l'île. Le caractère exceptionnel propre à l'histoire d'Haïti devenue, en 1802, une république noire, tient ainsi à de nombreux facteurs. Parmi ceux-ci se détachent tant l'abolition du système esclavagiste que la déclaration d'indépendance qui font, de cette partie des Caraïbes et pour une durée de près de deux siècles, le premier pays à majorité noire ayant su se dégager de la tutelle coloniale. Cela s'est effectué non au profit des colons, Européens immigrés installés sur des terres hors de leur continent, ainsi que cela a prévalu, par la grâce des conquêtes, pour ceux qui deviendront les Nord-Américains, Australiens, Argentins, etc. En Haïti, l'indépendance est acquise, au nom de la liberté, par la masse des esclaves d'origine africaine et de leurs descendants. Elle va au-delà des idéaux de 1789 voire de 1794 dans le sens où elle postule l'égalité de toute race et de tout individu.

Cette anomalie, mais beaucoup plus tard, préfigure les vagues d'indépendance qui, au temps de Césaire et de Fanon, marquent la fin d'un premier cycle d'imposition, celle du colonialisme qui s'est maintenu sur près de quatre siècles dans sa forme « classique », forme qui perçoit les Autres et leurs territoires comme, d'abord, des occasions d'appropriation. De tels événements contrecarrent l'expansionnisme occidental. À ce titre et en tant que contre-exemple à occulter, Haïti ne sera pas épargnée. En 1825, une dette considérable de 150 millions de francs lui est imposée comme prix du dédommagement des planteurs et des colons français expropriés, ceux-là mêmes qui ont exploité sans vergogne la population de Saint-Domingue. Réduite, elle n'en courut pas moins pendant des décennies[18]. Elle a contribué à handicaper tout développement et ainsi à justifier les arguments négatifs de l'opinion occidentale sur cette exception.

Il était nécessaire que cette première libération de populations issues de l'esclavage n'ait que des incidences limitées. On pourrait même évoquer une ignorance, une cécité si ce n'est un rejet et une dénégation. Ce paradoxe du peu d'intérêt pour un événement historique à large portée comme le démontre l'aide apportée par les Haïtiens aux soulèvements et aux luttes indépendantistes dans l'ex-empire hispanique d'Amérique du Sud révèle que l'esclavage et ses suites se développent de différentes manières.

S'agissant des Antilles françaises, l'acculturation des jeunes générations par l'éducation officielle dans le contexte des valeurs coloniales en est l'une d'elles. Pendant près de deux siècles, les enfants nés dans les Antilles françaises et scolarisés ont eu à connaître l'histoire non d'Haïti ou des Caraïbes et de ses créolismes mais, principalement, celles de la métropole et de l'Occident : « À l'école communale on nous a appris à lire en français. J'ai appris à penser en français, j'ai aimé les écrivains français […] Dans nos livres d'histoire et de géographie tout était dit[19] » La réalité de l'esclavage occupe, au mieux, quelques lignes dans les manuels. Ce ne sera que récemment, dans l'esprit de la décentralisation et de la régionalisation impulsé par les pouvoirs publics, que des précis scolaires traitent spécifiquement des contextes antillais. Ces modifications interviennent soit dans le cadre de l'instruction civique ou, par exemple, dans des compléments au cours moyen assignés par des Instructions officielles aux « jeunes citoyens français des Antilles ». Ils ont alors accès à l'héritage national auquel s'ajoute leur héritage régional, lequel s'inscrit « légitimement dans l'histoire de la France[20] ». Aimé Césaire témoigne de la situation qu'il avait connue alors : « Haïti avait très mauvaise réputation à la Martinique. Les Martiniquais avaient de Haïti l'image qu'en donnaient les Français. Bon. Mais quand je suis arrivé en Haïti, j'ai très vite été frappé par la beauté du pays, l'intelligence et le sens artistique de ce peuple. J'ai découvert d'abord que c'étaient des Antillais exactement comme nous. [...] C'était pour moi la plus belle, la plus grande des Antilles, et plus grande encore quand on se souvient de l'épopée que représente l'histoire de Haïti [21]. » À des degrés divers, Aimé Césaire et Frantz Fanon s'y réfèrent. Le premier a séjourné pendant plusieurs mois à Port-au-Prince. Il se fait l'écho de l'émancipation haïtienne, sinon de son exemplarité, dans certains de ses poèmes. L'une de ses pièces théâtrales s'attache au drame de ce premier État noir. *La Tragédie du roi Christophe*, celle de ce souverain ambivalent ayant tenu les rênes du pouvoir de 1807 à 1820, met en scène les contradictions auxquelles cette jeune nation a été et continue à être confrontée : « Qu'est-ce que ce peuple qui, pour conscience nationale, n'a qu'un conglomérat de ragot ! Peuple haïtien, Haïti a moins à craindre des Français que d'elle-même ! [...] Il est temps de mettre à la raison ces nègres qui croient que la Révolution ça consiste à prendre la place des Blancs et continuer, en lieu et place, je veux dire sur le dos des nègres, à faire le Blanc[22] » Frantz Fanon n'a pas été dans cette île de la Caraïbe[23]. Toutefois les propos, les exhortations sinon les palinodies des personnages emblématiques qui marquent l'histoire haïtienne, Fanon en développe l'esprit dans un chapitre des *Damnés de la terre* consacré aux tribulations de la conscience des jeunes nations nées de la décolonisation. Il retrouve des comportements proches de ceux critiqués par Césaire. Or cette épopée haïtienne, ainsi évoquée et analysée dans l'œuvre de Césaire, de Fanon et des principaux théoriciens de la révolte du colonisé et des voies prônant l'émancipation du plus grand nombre, aurait pu être traitée de manière plus conséquente. Y ont participé d'une part des éléments tels que l'ancienneté de cette expérience, la distance entre les Petites et les Grandes Antilles, le bilan réservé quant aux suites de l'indépendance haïtienne et ses régimes militaires et dictatoriaux successifs et, d'autre part, les liens des Petites Antilles à la métropole, la départementalisation et l'élévation des niveaux de vie.

Même aux lendemains de la Seconde Guerre mondiale, l'écho des événements de 1946, marqués par la tentative des forces progressistes haïtiennes de mettre en place un régime démocratique sous l'égide puis contre le président Dumarsais Estimé, est resté faible. Les résultats de cette embellie momentanée seront, par la suite, abolis par la prise de pouvoir du docteur François Duvalier. Leurs répercussions, tout comme la mort en 1945 du poète et militant Jacques Roumain, touchent principalement les étudiants haïtiens en France, les intellectuels et les hommes de culture de cercles parisiens réunis autour de revues telles qu'*Esprit, Les Temps Modernes, Présence Africaine* ou *La Brèche*. Ni Césaire ni Fanon n'en font un objet essentiel de leurs réflexions.

Dix ans après, alors que la guerre en Algérie en est à sa deuxième année, se tient, en septembre 1956, le premier Congrès international des Écrivains et Artistes noirs à l'initiative d'Alioune Diop, directeur de la revue (et des éditions) *Présence Africaine*. Au comité participent Aimé Césaire, René Depestre, Abdoulaye Wade, etc. Cette rencontre a lieu à la Sorbonne sous la présidence du recteur de l'université d'Haïti, le docteur Jean Price-Mars. De nombreuses personnalités d'horizons divers, dont certaines sont africaines, y contribuent. Les Caribéens sont en nombre : Barbade, Jamaïque, Cuba, Guadeloupe, Martinique, Haïti. Frantz Fanon, ayant momentanément quitté le poste de médecin qu'il occupe à Blida, en Algérie, est également présent. La différence d'appréhension et le décalage d'intérêts entre les représentants haïtiens et nombre d'orateurs s'expriment, en particulier, lors du vif échange entre l'Haïtien Jacques Stéphen Alexis et le Sénégalais Léopold Sédar Senghor. Le premier insiste fortement pour que dans les interventions et dans les débats sur la culture celle-ci soit resituée dans ses contextes nationaux en relation avec leurs processus spécifiques. Pour ce poète, Haïti présente des acquis indéniables et inscrits sur la longue durée. Les faits de culture ne doivent pas être présentés comme des entités abstraites, unanimistes, ce que tendent à faire les ressortissants, tels que Senghor, de pays alors encore placés sous la tutelle coloniale[24].

Pour Fanon, les relations ténues que Césaire entretient avec des ressortissants d'Haïti, ex-colonisés des Caraïbes ayant su se dégager de la domination impériale, sont comme transférées vers d'autres colonisés, les Algériens. Il ne fera pas de référence explicite à l'exemplarité de leurs luttes. Pourtant, Haïti, cet État indépendant, donc *a priori* hors de toute tutelle, a connu de très nombreux mouvements et insurrections populaires, de celles des *Cacos* au début du XXᵉ siècle à celles des étudiants de 1946, pour ce qui concerne des faits que Fanon a pu connaître. Ces événements auraient pu être mis en perspective dans ses analyses car ils confortent, malgré l'indépendance acquise par Haïti, certaines des thèses exposées dans les *Damnés de la terre* (1961). Toutes proportions gardées, les révoltes paysannes des *Cacos* s'inscrivent, peu ou prou, dans l'esprit des luttes que des populations rurales, en l'occurrence, pour Fanon, algériennes, devront mener non plus contre des colons mais dorénavant contre leur propre bourgeoisie, qui emprunte les pas du colonialisme et réécrit l'histoire[25]. Fanon perçoit ce phénomène comme l'un des nouveaux obstacles survenant aux lendemains des indépendances. Dans un chapitre des *Damnés de la terre*, il analyse de manière très perspicace, ce glissement ainsi que d'autres avatars; tels que la propension des leaders charismatiques et des mouvements organisés de libération à se scléroser et à ne plus relever de la culture spontanée des peuples mais de celles, prébendières, des bureaucraties et des nomenklaturas. L'histoire, dont celle d'Haïti, en était déjà comme une préfiguration.

Césaire, lui, connaît tant cette île que son passé: « Quand les Nègres font la Révolution ils commencent par arracher du Champ de Mars des arbres géants qu'ils lancent à la face du ciel comme des aboiements et qui couchent dans le plus chaud de l'air de purs courants d'oiseaux frais où ils tirent à blanc. Ils tirent à blanc? Oui ma foi parce que le blanc est la juste force controversée du noir qu'ils portent dans le cœur et qui ne cesse de conspirer dans les petits hexagones trop bien faits de leurs pores[26]. » Cependant, confrontées aux processus de l'après-guerre, les références à Haïti ne s'expriment alors que brièvement chez lui, comme chez Fanon. Dans un article publié en janvier 1958 dans l'organe central du Front de libération nationale algérien, *El Moudjahid*: « Aux Antilles, naissance d'une nation?[27] » Fanon souligne la prise de conscience potentielle au niveau culturel. L'histoire, les traditions, la religion, la négritude assumée et le créole peuvent constituer des éléments d'identification nationale. Il rappelle qu'Haïti en donne une illustration. À la fin de la même année, dans un autre article, il restitue le contexte auquel est confronté le colonialisme face aux luttes de libération et aux mouvements indépendantistes. Les puissances occidentales, chacune d'elles dans ce qu'elles considèrent comme leur zone d'influence, interviennent si elles considèrent que leurs intérêts sont menacés. Ainsi des États-Unis qui, suivant la doctrine Monroe, lorsqu'ils le jugent nécessaire, « vont rétablir "l'ordre" en Haïti, à Costa Rica, à Panama[28]. »

L'impact ou l'absence d'Haïti, comme référentiel, se ressent également lors de la disparition de ces deux auteurs. L'œuvre de Fanon a suscité une série de rencontres et de colloques dans divers endroits du globe aux lendemains de sa mort. L'un des premiers s'est tenu à l'initiative du comité Fanon, dont l'une des figures les plus dynamiques n'est autre que l'avocat et le compagnon de guerre : Marcel Manville, animateur du cercle constitué à Fort-de-France, sur leur terre natale, la Martinique[29]. En avril 1982, un *Mémorial international* marque le vingtième anniversaire de sa mort. Édouard Glissant resituera, mais en rapport direct avec l'œuvre fanonienne, ce qui a pu participer à obérer, pendant plusieurs décennies, les liens entre les Caraïbes, dont les Antilles, et Fanon : « Entre 1956 et 1980, les Antillais ne pouvaient pas trouver collectivement, dans Fanon, les éléments qui leur auraient permis d'élucider suffisamment l'ambiguïté totale dans laquelle ils vivaient. Il y avait là une sorte d'incompatibilité d'univers entre la radicalisation fanonienne et l'ambiguïté de la situation antillaise[30]. »

Cet hommage, *Mémorial international*, en rend compte et situe les multiples facettes de l'auteur des *Damnés de la terre*. Il a été question, dans les interventions, tant, par exemple, du psychiatre que du sociologue, du militant ou de l'écrivain. Différents champs disciplinaires ont été convoqués. Les contributions publiées dans le volume récapitulatif sont celles d'auteurs de pays aussi divers que le Japon, l'Algérie, l'Angola, l'Allemagne, les États-Unis, la France ou les Antilles[31]. Lors du colloque organisé, deux ans plus tard, en décembre 1984, au Congo-Brazzaville, à l'initiative du cercle Frantz Fanon, cheville ouvrière de ces manifestations, les orateurs ressortent également d'horizons multiples où l'Afrique, comme il se doit compte tenu du lieu de ce colloque, occupe une place conséquente[32]. En 1987, des rencontres internationales se déroulent à Alger avec une présence renforcée d'auteurs originaires du Maghreb et de France[33].

On peut remarquer que, lors de ces trois manifestations de grande ampleur, la présence active d'Haïtiens est marginale. Ceci n'est pas sans rapport avec ce qui a prévalu lors du premier et du deuxième congrès des écrivains et artistes noirs. Cette présence, en filigrane, témoigne, sinon des réserves, du moins d'une dissimilitude des problèmes des uns et des autres dont des difficultés d'un pays indépendant – le plus grand nombre d'Haïtiens, « le pays en dehors[34] » comme le désigne Gérard Barthélemy, ayant peu accès à la parole. Ces années, 1950, qui plus est, sont celles du duvaliérisme et d'un enfermement de toutes expressions et de tous actes considérés, par ce pouvoir dictatorial, comme subversifs. Ainsi en est-il, par exemple, de la théologie de la libération et, à l'évidence, des thèses anticolonialistes d'Aimé Césaire ou de celles tiers-mondistes sinon castristes et révolutionnaires d'un Frantz Fanon. Le président Duvalier jouait, avec l'aval de ses tuteurs nord-américains, le rôle d'obstacle à la propagation de ce type d'idéologie dans les Caraïbes. Mais même dans le contexte postduvaliériste, celui de la mort récente de Césaire, les relations restent ténues. Peu d'échos viennent d'Haïti, île certes prise dans des difficultés tant matérielles que politiques.

Les rapports entre les trajectoires haïtiennes, césairiennes et fanoniennes n'ont pu, pour des raisons contingentes aux histoires propres aux uns et aux autres, s'entrecroiser et s'enrichir. Ceci ne signifie pas, pour autant, que l'on ne retrouve, en arrière-plan, les mêmes vicissitudes et les mêmes volontés de les surmonter.

Le monde anglophone

Dans les années précédant la guerre de 1914-1918, peu nombreux sont ceux qui développent des réflexions et des initiatives émancipatrices touchant directement les populations noires descendantes de la traite, à l'exception antérieure d'Haïti. Ceci ne veut pas dire que des mouvements d'idées et des actions revendicatives n'ont pas lieu dans les Antilles. En ce qui concerne l'Empire britannique, une plus grande latitude est apportée aux cultures locales. Par ailleurs, la dispersion de ses possessions concourt à disséminer les particularités des uns et des autres. Cette puissance coloniale prétend moins faire œuvre civilisatrice que la France, si ce n'est ponctuellement et pratiquement lorsque ses intérêts le commandent. De plus, les colons de l'Amérique du Nord, anglophones, ont acquis leur indépendance. Cette dissémination de l'anglais permet l'expression partagée entre une partie des communautés caribéennes, noir-américaines ou africaines. De ce fait, elle rencontre une large écoute et ainsi donne de l'écho à leurs propos. À la Jamaïque, possession britannique, les conditions qui prévalent sont, sinon identiques, du moins proches dans les distinctions faites entre maîtres et esclaves de celles imposées par d'autres colonisateurs. Là, cependant, l'exercice de la religion ne revient pas à une seule église exerçant un quasi-monopole, comme le fait le catholicisme dans les Antilles françaises, mais à des variantes du protestantisme. Incidemment, cela interfère par la concurrence qui s'installe entre ces divers corpus et références plus bibliques et autonomes que vaticanes. Elles induisent des manières de s'adresser aux populations moins compassées.

La Jamaïque connaît également, comme ailleurs, des révoltes de nègres marrons. Dès avant l'abolition, des soulèvements ont contesté la mainmise coloniale. Ultérieurement, les esclaves libérés devront affronter les effets des récessions économiques. Cela se traduit, dans un premier temps, par une rébellion sévèrement réprimée par la tutelle britannique : la révolte de Morant Bay en 1865. La pauvreté, l'accroissement démographique, l'exode rural accentuent le mal vivre. Un début d'industrialisation et le remplacement des champs de canne à sucre par les bananeraies, sous l'égide de la compagnie nord-américaine United Fruit, devenue un des principaux opérateurs de l'île, suscitent, au début du XXᵉ siècle, une prise de conscience sociale et politique réaffirmée.

De fait l'influence des églises baptistes (Ethiopian Baptist Church), adventistes, pentecôtistes venues des États-Unis et représentées non uniquement par des prêtres européens, mais comptant un certain nombre de pasteurs noirs, s'affirme. La Bible devient un des livres sinon l'ouvrage de référence. Certains de ses passages donnent une lecture des Noirs moins négative que celle présentée par des raciologues occidentaux telle que pouvaient le faire Josiah Nott et George Gliddon dans leur étude publiée en 1854 : *Types of Mankind*. Ces derniers appuyaient leurs arguments, entre autres, sur une interprétation du déluge et, en particulier, sur la condamnation par Noé de Cham et de ses descendants, « race maudite », ravalés de ce fait au rang d'esclaves. Désormais, à l'opposé de ces connotations, sont mises en exergue d'autres valeurs dont celles qui considèrent les Noirs comme des descendants d'une des tribus d'Israël. Les baptistes recrutent ainsi nombre de prédicateurs noirs. Leurs prêches associent un fondamentalisme biblique à une contestation de la situation subie par les ressortissants noirs de la couronne britannique. Les Afro-Jamaïcains se découvrent. L'Afrique, et plus précisément l'Éthiopie, devient un cadre de référence. Au tournant des XIXe et XXe siècles, ceci concerne tant des populations anglophones de l'archipel que des Noirs américains insérés aux États-Unis depuis les temps de l'esclavage. À Harlem, l'un des premiers lieux de culte se réfère à ce continent. Cette renaissance prend diverses voies dans cette dynamique de réhabilitation des descendants d'esclaves et plus généralement de la population d'origine africaine. Ce que font, avant leurs semblables des Antilles françaises, des personnalités telles que le Trinidadien George Padmore ou le Jamaïcain Marcus Garvey, potentielles références pour Aimé Césaire et Frantz Fanon.

« Mais personne voulait être un Nègre. "Garvey est fou, il a perdu la tête", "Est-ce ainsi qu'il va exercer son expérience et son intelligence ?" Tel était le genre de critiques qui m'étaient adressées. Des hommes et des femmes aussi noirs que moi, et même plus, se sont crus blancs dans le contexte de l'ordre social des Indes occidentales. Il était aberrant que je puisse utiliser le terme de "Nègre"[35]. » Pour ce Jamaïcain noir, l'Afrique apparaît comme la Terre promise, le Sion de l'Ancien Testament. Marcus Garvey crée, en 1914, dans son île natale, une organisation qui rencontre un réel succès : l'« Universal Negro Improvement Association ». La finalité poursuivie est l'amélioration des conditions des Noirs mais également la volonté de construire, pour ces peuples dispersés dans le monde, une grande nation qui soit la leur. L'Afrique de l'Est où règnera, en Éthiopie, le Négus, se présente comme un nouveau paradis terrestre débarrassé de la ségrégation, de la violence. C'est un havre de paix où les descendants des esclaves pourraient retrouver une mère-patrie. Ce continent personnifie le temps de la délivrance pour les Noirs des Caraïbes[36]. L'idée d'un rapatriement vers l'Afrique s'ébauche. Celui-ci se ferait d'abord vers les côtes de l'Afrique de l'Ouest et plus précisément vers le Liberia. Une compagnie maritime, la Black Star Line, est même mise sur pied : « Il fonda une organisation militaire qui devait être l'avant-garde de l'armée africaine, et il organisa le corps des "Infirmiers de la Croix Noire". Il inventa des honneurs et des distinctions qui donnèrent aux Noirs l'impression qu'ils servaient une grande cause[37]. »

Malgré les déboires de son fondateur dus, entre autres, à son rejet par la bourgeoisie noire américaine, cette renaissance africaine connaît un succès considérable car elle s'accompagne de pratiques et de valeurs spécifiques concourant à donner une identité et une cohérence heuristique fortes. Ce regroupement de masse se constitue autour du ressentiment de Noirs américains. Ses participants refusent le statut qui leur est assigné alors qu'ils sont supposés être « citoyens américains ». Ils mettent en avant, par le biais de coopératives et de diverses organisations, des solidarités effectives au nom de leur dignité et préconisent, également, un retour vers la terre originelle : l'Afrique. Cependant, ces projets rencontrent une hostilité croissante tant de l'establishment blanc que de la part de nombre de leurs semblables. Le « rastafarisme », issu des milieux populaires et des bidonvilles de Kingston, capitale de la Jamaïque, sera l'une des expressions ultérieures de cette renaissance africaine. En 1903, l'écrivain William Edward Burghardt Du Bois, publie un ouvrage intitulé *Les Âmes du peuple noir*. Ce recueil d'articles mis en forme et, pour certains, retravaillés, remet en question les positions conciliatrices de Booker T. Washington, leader noir d'envergure nationale aux États-Unis, quant à la place à reconnaître aux Noirs dans la société américaine. Du Bois rassemble, autour de lui, ceux qui demandent une égalité entière et complète tant au plan social que politique. Le groupe dit Niagara Movement, réunie en 1905 au Canada du fait du refus d'hôteliers américains de les recevoir, rejoint ultérieurement la National Association for the Advancement of Coloured People. Ce regroupement voit le jour en 1910, à la suite d'émeutes racistes ayant entraîné la mort de plusieurs Noirs dans l'Illinois, à Springfield. Du Bois devient l'un des initiateurs et l'un des porte-parole de cette organisation.

En 1919, la venue à Paris de certains de ces militants engagés pour la reconnaissance des droits des Noirs, suscite la curiosité sinon l'admiration par leurs parcours et leur provenance de l'Amérique du Nord, pays longtemps esclavagiste. L'écho rencontré par le premier Congrès panafricain en tant que tribune du monde noir ne sera, ultérieurement, pas sans effet sur des ressortissants Antillais dont Aimé Césaire.

[La Martinique, l'île aux fleurs

La Martinique ne devient une possession française qu'au début du XVIIᵉ siècle. La Guadeloupe le fut précédemment sous l'égide de la Compagnie des isles d'Amérique. Ces prises de possession ne se firent pas sans de vives résistances de la part des populations caribéennes, en particulier en Guadeloupe. En tant que colonies, le pouvoir qui s'y exerce a, pour centre, la métropole. Il détermine les dispositions et les lois qui gouvernent l'activité tout aussi bien économique que politique ou juridique. Le Code noir, instauré en mars 1685, régit les actes et les relations entre les esclaves et les maîtres. L'article 12 déclare : « Les enfants qui naîtront des mariages entre esclaves seront esclaves et appartiendront aux maîtres des femmes esclaves et non à ceux de leurs maris, si le mari et la femme ont des maîtres différents[38] » Parmi ses dispositions, doit être sanctionné tout attroupement d'esclaves de jour ou de nuit, occasion de fête ou autre. Ces manquements sont punis du fouet, du marquage au fer rouge voire, en cas de récidive, de mort. L'esclave fugitif « marron » aura les oreilles coupées et est marqué, autant d'usages transcrits qui ont prévalu, à quelques degrés près, jusqu'à l'abolition de l'esclavage. Par ailleurs le pacte mis en place par Colbert, à la fin du XVIIᵉ siècle, pose comme principe l'exclusivité du commerce entre les colonies et la France. Cela signifie que celles-ci ne font négoce qu'avec la métropole. Elles reçoivent, en échange de leurs productions, les marchandises dont elles ont besoin et ne doivent pas produire de denrées pouvant entrer en concurrence avec les produits fabriqués en métropole. Ce dispositif perdura, de manière explicite, au-delà du Second Empire et continuera, comme le souligne Daniel Guérin, à structurer, peu ou prou, les échanges entre le continent et ces îles[39].

Littérature créole blanche

Cette production est révélatrice de la manière dont l'Occident met en scène une vision qui lui est propre et qu'il tente d'imposer comme étant une juste appréhension de ces mondes, ce que les études postcoloniales déconstruiront. Des écrits « naïfs » décrivent le contexte de cet archipel qu'ils découvrent et s'accaparent. Au début, ce furent des récits dans lesquels militaires, prêtres et colons relatèrent leurs impressions. Elles consistent en un étonnement, celui d'Européens peu coutumiers des paysages et des climats tropicaux. Ces chroniques, les premières, celles par exemple des pères Labat ou du Tertre, s'attachent peu aux conditions subies par les populations locales ou à celles des hommes et des femmes achetés à l'arrivée des bateaux négriers venus des côtes africaines. La traite et les souffrances liées à l'esclavage ne retiennent qu'accessoirement l'attention[40]. Elles le font lorsque des difficultés apparaissent dans le système de gestion de la plantation. Au XVIIᵉ siècle, celui-ci est dorénavant bien établi. Les règles de fonctionnement entre maîtres et esclaves sont transcrites dans le Code noir. Ce type d'écrit a ses impératifs dont ceux des intérêts bien compris de l'organisation de la production sucrière. Il n'en constitue pas moins un socle d'éléments où les présupposés et la rhétorique dessinent des pratiques et des valeurs, celles de la domination.

À partir du XVIIᵉ et du XVIIIᵉ siècle, quelques colons, parmi les dénommés békés, prennent la plume. Connaissant les caractéristiques de leurs îles, ils vont au-delà d'une transcription naturaliste ou fonctionnelle. L'apparente stabilité de leur statut et l'influence de la métropole ainsi que les échos des salons parisiens suscitent les prémices d'une littérature coloniale. Celle-ci se distingue par son public essentiellement composé de représentants du monde des planteurs, des blancs créoles c'est-à-dire des descendants des Français vivant et se perpétuant en tant que groupe dominant dans la colonie. Elle puise ses sources dans les relations rapportées des voyages, des informations colportées, des livres débarqués, éléments datés face à l'actualité des débats métropolitains, ceux qui entourent les pièces de Beaumarchais ou les écrits de Diderot. Cependant certains composent des vers, écrivent des dramaturgies. La poésie est très présente, comme elle l'est, alors, sur l'autre rive de l'Atlantique. Ses capacités d'évocation, sa pratique codifiée, les modèles qui circulent et qui retiennent l'attention du public tout comme sa brièveté, en font l'une des premières voies d'expression. Elle permet de donner à voir tant des paysages que de transcrire des sentiments dans un pittoresque désincarné. Ses références sont souvent celles de l'Antiquité grecque ou romaine, de ses dieux et de ses mythes sinon d'un état de nature chanté tant par Jean-Jacques Rousseau que par Bernardin de Saint-Pierre. Aux Antilles, le contexte, celui de la plantation, de l'habitation et de la traite, se prêterait cependant peu à l'allégorie pastorale. D'autres sources existent cependant, mais elles sont occultées, interdites sinon niées. Ce sont celles des oralités négrières, des contes d'Afrique, des divinités animistes. Les populations d'origine africaine ont su maintenir des références vivantes. Les danses, les tambours, les éléments religieux, ceux en particulier du vaudou, de ses esprits, les *loa*, de ses *houngan* et de ses *hounsi* (prêtres et prêtresses), se perpétuent. Les mères les transmettent à leurs enfants, à l'abri des cases ou des mornes, loin des maîtres et des prêtres. À l'évidence, pour les békés, il ne saurait être question de s'y référer. Ils ignorent ou craignent ces expressions qui, pour eux, ne sont que des formes de la barbarie, les rumeurs menaçantes d'une « négritude », celles de femmes et d'hommes captifs et astreints à des traitements iniques. De plus, dans les Petites Antilles, ces cultes subissent une érosion tenant à la pression du pouvoir politique et religieux et ce beaucoup plus que, par exemple, en Haïti ou à Cuba. L'assimilation, quoique encore très relative, contribue à cette situation.

Cette occultation des réalités locales est assumée par ceux dont les regards se tournent vers la mère patrie et ses œuvres, d'autant qu'elle seule semble être à même de protéger leurs biens. Ce que fait, en 1802, Napoléon Bonaparte. Face aux attentes nées de la Révolution et à l'abolition, en 1794, de l'esclavage ainsi qu'au succès des noirs de Saint-Domingue, il réinstaure la servitude et envoie des troupes pour maintenir l'ordre colonial. Parmi les diverses expressions littéraires de l'époque, les *Poésies nationales* du créole martiniquais Charles Joseph Loeillard d'Avrigny témoignent de la satisfaction des blancs créoles et de la dépendance non seulement langagière mais plus directement matérielle de cette couche de la population antillaise vis-à-vis de la métropole.

Néanmoins, malgré l'échec, en 1802, de la résistance des Noirs guadeloupéens, avec à leur tête l'officier rebelle Delgrès, la situation se modifie. La relative tranquillité antérieure n'est plus. Les rancœurs de mulâtres, un temps alliés à la suprématie blanche, deviennent manifestes. Ils oscillent entre leur obédience antérieure, associée au dénigrement des esclaves, et leurs espoirs de rivaliser avec les créoles. Les débats abolitionnistes qui se tiennent dans les capitales européennes suscitent des espoirs parmi la population servile, relayés par celle des Noirs libres. L'appui du pouvoir central, celui de la France, s'étiole. L'abolition de 1848 marque une rupture du cordon ombilical qui, pendant des siècles, assurait la reproduction du régime colonial dans sa première et dans sa pire mouture. La scène littéraire se fait l'écho de ces mutations. Des auteurs créoles, tels que Poiré Saint-Aurèle, font encore le panégyrique de l'esclavagisme. Les populations caribéennes maintenant disparues, sont élevées au statut de « bons sauvages » et font office de référence. Cependant les gens de couleur issus de la traite commencent à occuper la scène. Le roman de Jules Levilloux, *Les Créoles ou la Vie aux Antilles,* dépeint, de manière subtile, les rapports interraciaux. Des mulâtres libres ont marqué les événements récents, ceux de la Révolution et de ses lendemains. On ne peut plus les ignorer d'autant que leur position est ambiguë. Ils se situent plus du côté des maîtres que de celui de la multitude servile : « Nés du commerce des blancs et des négresses : affranchis ambitieux des droits politiques et de l'égalité sociale ; hommes aux passions fortes, d'une nature hardie, participant à la fois des qualités intellectuelles des blancs et de la vigueur corporelle des noirs, ils aspirent sans cesse à fonder pour leur compte, sur les ruines des privilèges du créole[41]. » En attendant des jours meilleurs, leur rôle complète l'ordre établi : « Ceux-ci [les mulâtres] [...] se vengent sur les noirs de la nuance dégradante d'épiderme dont ils sont héritiers. De leur côté, les nègres reconnaissant la supériorité des blancs, repoussant les prétentions de la classe de couleur, conspirent contre les uns parce qu'ils sont maîtres, et haïssent les autres parce qu'ils aspirent à le devenir[42] » Méprisés ou du moins tenus à distance par les Créoles, ils sont également suspects aux yeux des Noirs. Les antagonismes entre ces différentes catégories participent du devenir de la colonie.

Cependant les matins abolitionnistes de la révolution de 1848 et de la Seconde République permettent, à des membres de la classe intermédiaire, d'exercer certains des droits civiques et d'accéder à des postes de responsabilités : maire, député, commissaire.

Il faut attendre la chute de Napoléon III et la restauration de la république pour assister à une réalisation de ces acquis. Pour ce qui concerne l'expression littéraire, les écrits relèvent toujours de la classe des créoles blancs, à quelques exceptions près. L'influence des courants romantiques puis parnassiens est patente. L'anthologie *Fleurs des Antilles*, publiée à la fin du XIXᵉ siècle, rassemble des poèmes et des récits de divers auteurs martiniquais et guadeloupéens. Elle est un exemple de cette filiation où siègent des poètes créoles dont les productions sont teintées d'un régionalisme aux accents souvent nostalgiques. Les futurs académiciens, nés à Cuba tel que José Maria de Heredia ou à la Réunion tel que Leconte de Lisle et Léon Dierx, s'en tiennent à l'écart. Pour eux, après les désillusions liées au politique, le culte de la Beauté, de l'art pour l'art, de l'Antiquité se prête mal à une présentation des particularités de l'outremer. Quelques décennies plus tard, le prix Nobel Saint-John Perse, originaire de la Guadeloupe, s'inscrit également dans cette distance vis-à-vis d'éventuelles implications contextuelles. Il leur préfère les évocations d'un passé irénique, celui d'un enfant d'une famille de planteurs blancs exilée, et un universalisme sans frontière.

Une littérature de couleur

Cependant quelques auteurs prennent en compte la diversité des composantes de la société antillaise de façon plus effective, autant de prémices des travaux d'Aimé Césaire et du *Peau noire, masques blancs* de Frantz Fanon. Ainsi en est-il de François Marbot écrivant en créole, parler populaire, de Gilbert de Chambertrand ainsi que d'écrivains haïtiens. Ils ne sont cependant qu'une très faible minorité. Que ce soit à Haïti, en Guyane ou dans les Petites Antilles, les regards se tournent vers Paris et vers le français, langue officielle. L'enseignement y joue une part prépondérante, du moins pour ceux qui sont scolarisés. Autrement c'est le créole, dialecte que l'on utilise dans les rapports quotidiens à l'exception de l'administration, des békés, minorité dominante, et des sangs-mêlés ou des Noirs qui ont su, malgré les difficultés, s'approprier la langue de Molière.

Batouala, véritable roman nègre de René Maran est consacré par le prix Goncourt en 1921. L'auteur, de parents guyanais, né lors d'une traversée en mer, est enregistré à la Martinique. Après un long séjour en France, il rejoint un poste de fonctionnaire colonial en Oubangui Chari, territoire de l'Afrique Équatoriale française. Confronté à des populations de même ascendance que les siennes, il constate les attitudes ignominieuses que ces personnes subissent du fait des coloniaux : « Cette abjection ne peut qu'inquiéter de la part de ceux qui ont charge de représenter la France[43] » Ce roman marque une date dans l'expression de la négritude. Comme Frantz Fanon le souligne au sujet d'un autre ouvrage de René Maran, *Un homme pareil aux autres*, ce dernier met pleinement en scène cette duplication, dans un même individu, de deux origines distinctes. Le personnage principal, Jean Veneuse, un Noir, ne peut ou ne sait comment concilier la conscience douloureuse de son identité avec l'attraction qu'il éprouve pour une femme blanche. Ceci induit une cassure psychologique. Dans cette situation se croisent hiérarchie de couleur et sentiment de culpabilité : « Alors je me demande […] si en me mariant avec vous qui êtes une Européenne, je n'aurai pas l'air de proclamer que non seulement je dédaigne les femmes de ma race, mais qu'attiré par le désir de la chair blanche, qui nous est défendue à nous autres nègres depuis que les hommes blancs règnent sur le monde, je m'efforce obscurément de me venger sur une Européenne de tout ce que ses ancêtres ont fait subir aux miens au long des siècles[44] » Frantz Fanon, dans l'analyse critique qu'il fait de ce livre, souligne la force du préjugé de couleur. Celui-ci enferme l'individu dans une lecture complexe où l'angoisse le dispute à l'agressivité et au sentiment d'abandon. Il précise que le cas présenté par René Maran, aux accents autobiographiques, ne saurait être considéré comme une perception juste des rapports interraciaux. Pour Fanon, il faut rejeter le clivage imposé par l'Europe et ouvrir un autre devenir que celui de la prostration.

Dans ces années de la première moitié du XXe siècle, il s'agit de situer, dans le cadre du colonialisme, les premières prises de conscience couchées par écrit et plus précisément sur le plan littéraire. Ceci est déjà le cas avec Maran mais également avec, en particulier, le Guyanais Léon Gontran Damas, condisciple au lycée de Fort-de-France d'Aimé Césaire ou, en Haïti, de Jacques Roumain, auteur de *Gouverneurs de la Rosée*.

La littérature créole blanche, telle qu'elle a prévalu tout au long du XIXe siècle dans ses fresques nostalgiques et régionalistes, trouve, dorénavant, à côté d'elle, les écrits de mulâtres et de Noirs. L'accès à l'école et aux diverses caractéristiques de la citoyenneté permet ainsi une relative montée des classes populaires d'origine africaine. Ce qui antérieurement ne relevait que de l'oralité, dans les contes, les propos et les échanges, entre dans un champ visible et transmissible par l'écrit : poèmes, récits, romans. Jean Price-Mars en Haïti souligne cette nécessaire remontée mémorielle : « Par un paradoxe déconcertant, ce peuple qui a eu, sinon la plus belle, du moins la plus attachante, la plus émouvante histoire du monde […] ce peuple éprouve une gêne à peine dissimulée, voire quelque honte, à entendre parler de son passé lointain[45] » Des Antillais participent également à cette démarche comme le mulâtre martiniquais Victor Duquesnay ou Irmine Romanette dans son roman *Sonson de la Martinique*.

Dans le contexte de la métropole, Arnold van Gennep entreprend une démarche, en quelques points, analogue dans les provinces françaises. Il s'attache également à regrouper des éléments des expressions orales, musicales, gestuelles, etc. d'un folklore déconsidéré par les salons parisiens.

La tendance principale est cependant de ne pas revenir sur un passé trop lourd. L'espoir se tourne vers les possibilités de l'assimilation, ce qui, pour certains, ne veut pas dire ignorer la condition des ouvriers agricoles, de l'usine sucrière et du travail de la coupe L'engagement lors de la Première Guerre mondiale, la relative scolarisation d'un plus grand nombre, l'écho rencontré par les thèses socialistes, sont autant d'éléments qui ont concouru à ce que beaucoup envisagent leur devenir comme associé à celui de la « mère patrie ».

Le mouvement socialiste international n'oubliait pas la situation antillaise, mais l'approche du conflit mondial de 1914 réduit la place faite à la politique coloniale. La classe intermédiaire, celle de la petite et de la moyenne bourgeoisie mulâtre et noire, et les fédérations locales des partis et des syndicats de gauche participent à ces débats, malgré tout lointains. Aux Antilles, la mixité des groupes ethniques, dont les descendants des Chinois et des ressortissants de l'Inde, si ce n'est nombre d'habitants noirs, construit les quotidiens et les imaginaires en subtil métissage. Face aux contraintes économiques et sociales qui sont celles vécues par le prolétariat urbain et les travailleurs ruraux en Martinique, la référence à la France occupe une place souvent plus formelle qu'effective.

Sans remettre en question de manière radicale le rapport à la métropole, quelques intellectuels, dans les années 1930, constatent le fossé qui sépare celui-ci de la réalité antillaise. Ces propos de lettrés, d'intellectuels, de poètes ou d'artistes nés et ayant grandis dans le cadre de la colonisation, au lieu de s'en tenir à une illustration et aux commentaires habituels, s'en prennent à ce qui semblait aller de soi : la dépendance vis-à-vis du monde blanc. Ils retournent les logiques et les affirmations et, en cela, ils préfigurent les lectures déconstructionnistes. Cette île de la Martinique, terre natale d'Aimé Césaire et de Frantz Fanon, s'inscrit donc dans le contexte colonial ainsi que dans celui, antérieur, de la traite et du marronnage. Au cours du XIXᵉ siècle, avec l'abolition définitive de l'esclavage, en 1848, la Martinique est devenue avec la Guadeloupe, la Guyane et la Réunion l'une des « vieilles colonies » de l'Empire français. Ses habitants sont, à ce titre, citoyens français. C'est vis-à-vis de cette situation et de son évolution que Césaire et Fanon vont engager leurs réflexions. *A priori*, ce contexte marque la transition entre l'ancienne condition et ce qui se présente comme une nouvelle mouture. L'intégration et l'assimilation veulent effacer les différences de statut, dépasser la situation propre au colonialisme, aller vers un postcolonialisme.

Des révoltes antillaises

Le passé de souffrance africaine et antillaise connaît, cependant, des moments où, à l'exploitation éhontée, répond la violence des esclaves. En dehors de la résistance quotidienne, les Noirs essayèrent, à plusieurs reprises, de renverser l'ordre colonial. En 1790, des mulâtres de la Martinique, à l'exemple de ceux de Saint-Domingue, se révoltent. Avec l'aide de petits Blancs et d'esclaves, ils s'emparent de Saint-Pierre. En 1794, à Paris, la Convention abolit l'esclavage et envisage l'indépendance des Antilles. Mais la réaction conservatrice reprend rapidement l'avantage. À la Guadeloupe la répression est sanglante. Seule Saint-Domingue, sous la conduite de Toussaint

Louverture, conquiert sa liberté. Dès 1802, le Code noir est rétabli dans ses principales dispositions.

Tout au long du XIXᵉ siècle, la révolte ne cesse de gronder. En 1822, des chocs sanglants ont lieu à la Martinique. Quelques années plus tard, en écho aux Trois Glorieuses de 1830, de nouveaux incidents éclatent auxquels aurait participé un aïeul d'Aimé Césaire : « Le but du complot annoncé à chaque page de l'accusation était de massacrer toute la population blanche et de faire de la Martinique un nouveau Saint-Domingue[46]. » La crainte récurrente de l'exceptionnalité haïtienne est bien présente.

À la veille du vote du décret Schœlcher, des troubles s'étendent à toute l'île. Le 27 avril 1848, l'esclavage est aboli. Les hommes de couleur ont gagné une première bataille : celle de la dignité. La reconnaissance du statut de citoyen est allouée à l'ensemble des habitants. Ceux-ci se répartissent en plusieurs catégories. En terme hiérarchique, on trouve d'abord les hauts fonctionnaires métropolitains. Ensuite se distribue la diversité des créoles, Européens nés aux Antilles qu'ils soient grands blancs ou békés, détenteurs des principaux secteurs de l'économie ou petits blancs, propriétaires, commerçants, employés ou artisans. À ces deux catégories s'ajoutent les affranchis souvent mulâtres, hommes ou femmes libres nés des unions interraciales et, les plus nombreux, les gens de couleur : principalement ouvriers et journaliers noirs. Ces derniers sont les descendants directs des anciens esclaves. Ils rechignent à reprendre le chemin des plantations. Ils préfèrent installer leurs cases loin des lieux de dur labeur, ceux de leurs ascendants, et subvenir à leurs besoins par le jardinage et autres occupations. Ce retour aux travaux agricoles et privés s'effectue dans un cadre qui n'est plus celui de la plantation. Ne se rencontrent, dans cette dernière, que des individus n'ayant eu, pour survivre, d'autre choix. S'y ajoutent des travailleurs venus de divers horizons dont ceux du sous-continent Indien, de la péninsule indochinoise sinon de la Chine afin de remplacer la main-d'œuvre dorénavant libre. Ces populations participent de la complexité des brassages et des interactions.

Cependant cette émancipation se révèle rapidement comme plus formelle qu'effective. Le droit de vote est réservé à ceux qui ont des revenus conséquents, ce qui privilégie colons et minorité de couleur.

Les conditions économiques des anciens esclaves n'ont pas changé. Pour beaucoup, la seule source de revenus reste la plantation. On peut imaginer ce que peut être la condition des ouvriers agricoles à cette époque.

Dans *Les Voix des Sirènes*, pièce dédiée aux victimes de la répression coloniale, l'Antillais Daniel Boukman donne la parole au colon, le béké : « Ma chère amie, gardons notre sang-froid !... La partie ne fait que commencer ! Que feront-ils de leur liberté, hein ?... La liberté, est-ce que ça remplit un ventre creux ?... Patience, soyons réalistes. Nous avons encore des cartes maîtresses ! Ainsi, la terre, la terre qui donne à boire et à manger, elle nous reste, elle demeure notre bien... Vous verrez ! Nos chers affranchis viendront eux-mêmes se remettre aux poignets de nouvelles chaînes moins classiques, d'accord, mais plus tenaces... [...] Plus de révoltes à craindre ! Plus de vengeances sournoises à redouter !... Oh ! comme nous devrions rendre hommage au Grand Libérateur ! Nous voilà affranchis de la peur, de l'incertitude de l'angoisse !... Ah ! Vive Schœlcher ![47] ». Des indemnités sont accordées aux anciens maîtres. Depuis un certain temps, des Européens soulignaient, eux-mêmes, que l'esclavage était un frein au profit.

Dans les décennies qui suivent l'abolition de l'esclavage, l'économie se transforme. L'usine où l'on traite la canne remplace la plantation autonome. Tous les intérêts se concentrent entre les mains d'une petite minorité blanche. Parallèlement à cette industrialisation, une prise de conscience s'opère chez les ouvriers agricoles. Des mots d'ordre socialistes sont lancés. En 1870, une insurrection éclate dans le sud de la Martinique. Quarante grandes plantations brûlent.

Avec l'avènement de la IIIᵉ République, les thèses assimilationnistes vont, en faisant miroiter le statut métropolitain, ralentir ce processus. Elles permettent à la grande bourgeoisie de mieux se faire entendre de la métropole et de trouver des intermédiaires martiniquais prêts à tenir le rôle d'intercesseur entre ses propres intérêts et ceux du plus grand nombre, rôle dévolue en particulier dans les plantations à des commandeurs ou géreurs noirs. La moyenne et la petite bourgeoisie de couleur, à l'instar de certains mulâtres et hommes libres de 1789, adhère peu ou prou à ce contexte.

La Première Guerre mondiale voit nombre d'Antillais mourir pour ce qu'ils considèrent comme leur « patrie ». Des ajustements de divers dispositifs sociaux aux normes qui prévalent en métropole tendent à améliorer la condition des Martiniquais. Ces éléments, par le biais d'un accès à l'école élargi, sollicitent des couches un peu plus étendues. Ces ouvertures pour la promotion de la bourgeoisie noire et mulâtre, conduisent celle-ci à prendre une plus grande distance tant face au passé esclavagiste que par rapport à la stigmatisation liée à la couleur. Ceci participe au reflux des mouvements sociaux. Dans l'arc des Antilles, les désirs des colonisés sont aussi, fréquemment, ceux de s'approcher, de mimer sinon de se fondre dans les moules dominants. Les valeurs des maîtres dévalorisent les capacités de leurs sujets. Elles privilégient celles de fidélité et de soumission. Les Oncle Tom, les « masques blancs » en sont des incarnations. Certains de ces subalternes rejoignent les troupes supplétives, les bourgeoisies locales, les révoltés repentis. Ils se mettent au service des maîtres antérieurement dénoncés.

Leur manière de survivre s'appuie sur cette soumission réfléchie, cette conscience des raisons qui la justifie, c'est-à-dire sur la reconnaissance d'un état de fait appelé à se perpétuer : la colonie, ses codes et ses valeurs. Elle constitue une cuirasse psychologique. C'est la protection nécessaire pour pouvoir supporter l'inacceptable, c'est-à-dire le ravalement de l'homme à l'état d'outil, disponible et malléable, tel que présenté par Jean-Jacques Rousseau : « Les esclaves perdent tout dans leurs fers, jusqu'au désir d'en sortir ; ils aiment leur servitude comme les compagnons d'Ulysse aimoient leur abrutissement[48]. », ou décrit par Wilhem Reich, dans son ouvrage *Écoute, petit homme*[49]. Elle devient, à terme, une seconde nature, une « fausse conscience » reproduisant les valeurs assignées par les maîtres à leurs esclaves libérés du statut antérieur et devenus, dorénavant, leurs ouvriers ou leurs domestiques.

Premières années de révoltés

Les premières années d'Aimé Fernand David Césaire sont restées, selon sa propre volonté, relativement peu connues. Lors d'entretiens, il passait rapidement sur sa prime enfance. Il préférait évoquer ses années lycéennes à Fort-de-France et surtout à Paris, celles-ci liées à sa fuite d'une société antillaise qui ne correspondait pas à ses attentes.

Il est l'arrière-petit-fils d'un esclave. Son grand-père est instituteur. Aimé est né le 26 juin 1913 à Basse-Pointe, sur la côte nord de l'île de la Martinique. Son père occupe, d'abord la position de chef d'équipe, d'économe dans une plantation sucrière, l'Habitation Eyma, puis devient instituteur[50]. Après avoir passé un concours, il accède à un emploi de contrôleur des contributions indirectes. Sa mère participe aux besoins de ce ménage modeste en tant que couturière. La famille compte six enfants qui, ultérieurement mèneront des carrières d'enseignants, de juriste, de commerçant ou de typographe. Pour l'heure, ils logent sur cette propriété, près du quartier Morne Balai. Les conditions d'existence sont plus que modestes. La maison qu'il décrit dans le *Cahier d'un retour au pays natal* et dont il ne resterait aujourd'hui qu'un pan de mur, serait comme une juxtaposition de celle de ses parents et celle de sa grand-mère, constructions peu éloignées des cases-nègres décrites par Joseph Zobel[51] :

> « Au bout du petit matin, une autre petite maison qui sent très mauvais dans une rue très étroite, une maison minuscule qui abrite en ses entrailles de bois pourri des dizaines de rats et la turbulence de mes six frères et sœurs, une petite maison cruelle dont l'intransigeance affole nos fins de mois et mon père fantasque grignoté d'une seule misère, je n'ai jamais su laquelle, qu'une imprévisible sorcellerie assoupit en mélancolique tendresse ou exalte en hautes flammes de colère ; et ma mère dont les jambes pour notre faim inlassable pédalent, pédalent de jour, de nuit, je suis même réveillé la nuit par ces jambes inlassables qui pédalent la nuit et la morsure âpre dans la chair molle de la nuit d'une Singer que ma mère pédale, pédale pour notre faim et de jour et de nuit[52]. »

Le jeune Aimé connaît la vie des ouvriers agricoles. Il les fréquente de par son insertion dans cet environnement de plantation. Il s'agit, entre autres, des nombreux travailleurs originaires des Indes recrutés aux lendemains de l'abolition : les coolies. Il aura une nourrice, une tamoule. Il apprécie ce contexte et la mixité des populations qui l'entourent, éléments qui ne seront pas sans effet sur ses positions antiracistes ultérieures. Par ailleurs, son caractère épouse le cadre de cette nature rude tant de la côte que des pentes et des forêts qui l'entourent sinon de la montagne Pelée, autant de lieux où il retournera à diverses occasions. Son père et sa grand-mère participent à son goût de la lecture de par leurs savoirs et l'émulation dans laquelle ils tiennent leurs enfants ou petits-enfants afin que ceux-ci puissent, ultérieurement, atteindre des statuts sociaux significatifs. Ce qu'ils feront. Compte tenu de la qualité de ses résultats scolaires à l'école primaire de Basse-Pointe (1919-1924), Aimé Césaire obtient une bourse. De ce fait il quitte, âgé de 11 ans, la côte nord, littoral vers lequel il reviendra régulièrement, son père ayant installé sa famille à Fort-de France pour faciliter les études de ses enfants. Il continue sa scolarité au petit lycée où il passe son certificat d'études puis accède au lycée Victor Schœlcher. Là, il se trouve entouré de descendants de la bourgeoisie de couleur. Ces derniers, dépeints par Jules-Marcel Monnerot en 1932 dans *Légitime Défense*, n'envisagent que de s'assimiler au moule dominant, celui que propose la France. Ses origines modestes et proches du peuple, par ses ascendants, le préservent de cette attitude et participent à son refus des valeurs de ses condisciples noirs ou mulâtres. Ces derniers ne manquent pas de se montrer désagréables avec ceux qui sont plus noirs qu'eux, les ressortissants non de la ville mais des régions rurales. Ils ignorent et ne veulent avoir aucun lien avec le continent africain.

Le jeune lycéen ne se sent pas en accord avec les valeurs de cette société martiniquaise. Son repli, c'est à la fois l'étude, l'univers des livres dont en particulier Rimbaud, Baudelaire, mais également tous les ouvrages qu'il peut se procurer et les quelques amis avec lesquels il s'adonne, comme le fera Fanon, au football. « L'enfant docile est aussi un enfant rebelle […] Le jour de sa première communion [,] la cérémonie achevée, il s'échappe. On le cherche, il n'est plus à l'église, pas davantage à la maison. On finit par le retrouver sur la savane, en train de jouer au foot en tenue de cérémonie[53]. » À plusieurs années de distance, Frantz Fanon sera également lycéen à Schœlcher. Il analysera ces peaux noires aux masques blancs relevant de la même couche sociale que celle côtoyée par son aîné, celle de gens de couleur au fort désir d'assimilation. Césaire a heureusement la chance d'y rencontrer un Guyanais, Léon-Gontran Damas, qui partage ses critiques vis-à-vis des autres élèves. Tous deux s'affrontent pour l'obtention des meilleures notes et places aux classements. Ce dernier, Damas, publie un recueil,

Pigments, référence directe à la couleur de peau de l'auteur. L'un de ses textes, il le dédie à Césaire[54]. Ce dernier n'a qu'une hâte, celle de fuir ce monde faux, ce côté « petite colonie » qu'il exècre au plus haut degré, comme il le confiera à Édouard Maunick, ressortissant d'une autre île, ex-colonie : Maurice[55].

Frantz Fanon, né le 20 juillet 1925, est le cadet de Césaire. Plus de dix ans les séparent. Ce laps de temps influe fortement sur leurs parcours et les choix qui seront les leurs. Les parents de Fanon sont également issus, pour la plupart, de la masse des esclaves africains dont une minorité fait maintenant partie d'une nouvelle petite bourgeoisie de couleur. Sa mère détient un commerce, son père est fonctionnaire. Dans la situation économique du moment, cette situation assure les lendemains beaucoup plus que ne peut le faire la condition d'un coupeur de canne.

Le père, Casimir, est descendant d'esclaves, sa mère a des ascendants alsaciens, d'où le prénom de Frantz. Fanon a cinq frères et sœurs vivants. L'atmosphère familiale est celle d'un ménage de la petite bourgeoisie. À la différence du tout jeune Césaire, ils habitent dans le centre de Fort-de-France, la « capitale » martiniquaise, petite ville provinciale vis-à-vis de laquelle ils partagent les mêmes réserves : « Parce que, il faut le dire, Césaire fut magnanime dans son *Cahier d'un retour au pays natal*. Cette ville, Fort-de-France, est véritablement plate, échouée[56]. » Leur niveau de vie est, avant la mort de Casimir, fonctionnaire des Douanes relativement différent de celui qui pouvait prévaloir dans un contexte plus proche du monde agricole que citadin, celui de Césaire sur la côte nord, à Basse-Pointe. La mère de Fanon, Éléonore, tient une mercerie. Les itinéraires de ces deux auteurs se rejoignent, à plusieurs années de différence, au lycée Schœlcher. Leurs familles ont habité le centre-ville, la rue Saint-Louis (devenue rue Antoine-Siger) pour Césaire, la rue de la République pour Fanon, avant que ces lieux se transforment. Aujourd'hui, ils sont quasiment désertés par leurs habitants, partis dans les banlieues, à l'avantage de divers types de magasins. Ce lycée est, à cette époque, le principal établissement public conséquent de l'île pour celui ou celle qui veut accomplir des études secondaires. On se moquera de la tenue vestimentaire non dégrossie du jeune Césaire, comme il le relate, alors

Centre ville habité par les familles Césaire et Fanon

que Fanon est un Foyalais, natif de l'ancien Fort-Royal (renommé Fort-de-France) dégourdi mais relativement éloigné, dans cette « petite cour » que constitue ce chef lieu urbain, des grands espaces et des produits et bienfaits de la campagne[57]. Fanon est également un adepte du football. Cela s'effectue entre équipes ponctuelles de lycéens puis de jeunes adultes s'impliquant dans des clubs à prétention quoique purement locale mais néanmoins, en l'occurrence, effective et reconnue, non au niveau de la métropole coloniale mais de la Martinique ou du moins de sa principale agglomération faisant office de capitale. Joby Fanon, un des frères aînés de Frantz, relatera ces parties et rivalités entre équipes locales montrant ainsi que les descendants d'esclaves savaient s'approprier des pratiques que leurs ascendants ignoraient. Comme Césaire, il est sensible à toute humiliation. La différence d'âge, quasiment celle d'une génération, fait que Fanon n'a pu être, *stricto sensu*, comme l'affirme son frère aîné Joby, élève du jeune professeur rentré de France. Mais il l'a certainement croisé, écouté, et a eu en mains les cours de ce professeur dont ses amis, comme Marcel Manville, plus âgé, lui ont abondamment vanté les mérites, sinon transmis les enseignements[58]. Celui-ci soulignera les qualités de Césaire, véritable iconoclaste introduisant Baudelaire, Rimbaud, et proclamant l'honneur d'être un descendant du continent africain[59]. Aimé Césaire perçoit, très tôt, cette tendance au mimétisme chez certains de ses compatriotes et ceci pour des raisons qui tiennent à ce que sa famille vit dans des conditions modestes, proches de celles des populations du nord de la Martinique. Cette région est austère, éloignée des plages de l'autre face méridionale, mais proche de la montagne Pelée et au bord d'une mer agitée. Eugénie Macni, sa grand-mère paternelle, née au Lorrain en 1868, auprès de laquelle il se rend fréquemment dans ses primes années, vit également et modestement à Basse-Pointe. Son environnement est celui d'ouvriers des plantations. Ces derniers, par la distribution des rapports sociaux, n'en restent pas moins dépendants du bon vouloir des détenteurs du pouvoir, des donneurs d'ordre économique, autant de liens conditionnant la survie. Dans les cas de Césaire et de Fanon, leurs capacités réciproques à s'emparer d'éléments intellectuels et culturels transcendant leur situation initiale, celle de colonisé, s'ouvrent sur des ambivalences. Le chantre de la négritude présente, dans ses

écrits, une maîtrise remarquable et originale du français, la langue
« coloniale ». Celle-ci perd ce statut par les qualités du poète et par
ses capacités à se l'approprier. L'écrivain deviendra une personnalité
siégeant au cœur du dispositif colonial, à l'Assemblée, en métropole,
et s'exprimant peu, officiellement, en créole, langue vernaculaire de
la Martinique. Pour sa part, en 1952, Fanon, malgré son expérience
douloureuse, est conduit à s'interroger sur ce paradoxe : « Le Noir
veut être comme le Blanc. Pour le Noir il n'y a qu'un destin. Et il
est blanc[60] » Ce sera l'objet d'un de ses premiers livres. Déjà, bien
avant ces deux auteurs, des romanciers ont exposé les contingences
multiples et dramatiques propres à la colonisation, aux Antilles et à
leurs habitants. Victor Hugo, dans la version définitive de *Bug-Jargal*
écrite en 1826 alors qu'il n'a que 24 ans, met en scène la révolte de
Saint-Domingue. Le personnage principal est le fils d'un roi africain
devenu esclave[61]. Le monarchiste légitimiste Hugo est partagé entre
les intérêts matériels qui le lient à la colonie et l'attrait que suscite
son héros, ce nègre marron à la fois intrépide, fier et généreux. On
retrouve, dans cet ouvrage, l'écho tant de la richesse que de la défaite
et de l'abandon de cette « Perle des Antilles ». Cette veine est présente
chez d'autres écrivains, sous divers angles. Le personnage imaginé par
Alexandre Dumas *Georges*, mulâtre au teint clair, est un quasi-double
de lui-même[62]. L'auteur de la *Reine Margot*, des *Trois mousquetaires*,
etc., est né de l'union d'un général de Bonaparte et d'une descendante
d'esclave de Saint-Domingue. Il n'aura de cesse d'oublier sinon de nier
cette filiation ancestrale. Comme d'autres Rastignac de son époque, fort
d'un modelage centré sur les valeurs des classes supérieures, Dumas
se confronte, et avec talent, à ceux qui représentent l'intelligence, le
pouvoir et les possessions matérielles. Ce type de personnage, tel le
Georges du roman dumasien, est présent chez de nombreux auteurs
du XIXe siècle. Dans *Mathilde, mémoires d'une jeune femme*, ouvrage
d'Eugène Sue, le milliardaire brésilien Lugarto est, lui, vilipendé en
tant que *nègre blanc* (en italique dans le texte), figure de parvenu
antinomique aux valeurs de la noblesse européenne à laquelle il ose
prétendre[63].

[Les alternatives poétiques et politiques

[Aimé Césaire, une narration discursive : la négritude

Ce terme, la négritude, trouve son origine, à Paris dans les années 1930, autour des échanges entre quelques fortes individualités dont, au premier rang, Aimé Césaire et Léopold Sédar Senghor.

À la veille et aux lendemains de la Première Guerre mondiale, les critiques émises par les ressortissants des Antilles françaises portent sur divers points du régime colonial dont la ségrégation larvée, qui est le lot de ces « citoyens ». Néanmoins la dite mission civilisatrice du colonialisme n'est pas remise en cause dans ses fondements. Elle ne l'est pas non plus par les organisations politiques de gauche telles que le parti socialiste SFIO (Section française de l'internationale ouvrière). Le Parti communiste français ne considère pas, pour sa part, que la question coloniale présente un problème purement spécifique. Il reste étroitement dépendant des enjeux propres aux avancées que lui seul, le PCF, initie dans le cadre des oppositions liées aux conflits entre les intérêts des différentes classes sociales, en métropole.

Mémoire et recomposition

C'est donc à l'initiative de quelques écrivains réunis à Paris, originaires des vieilles colonies, qu'apparaissent, dans les années 1930, une prise de conscience et une volonté de l'exprimer publiquement. Ces intellectuels regroupent également, autour d'eux, des individualités européennes et africaines. Leurs réflexions les conduisent à dénier toute naturalité au colonialisme. Elles l'abordent dans une démarche qui ne s'en tient pas qu'aux conditions présentes. Elles envisagent d'autres lendemains que ceux subis. Cette approche se concrétise autour de diverses publications. Parmi celles qui vont au-delà de critiques ponctuelles, il faut retenir *Légitime Défense*. Cette publication, parue en 1932, réunit plusieurs étudiants originaires des Antilles se trouvant à Paris, dont Jules-Marcel Monnerot, René Ménil, Étienne Léro. L'éditorial prend comme assises tant les manifestes surréalistes que les thèses du matérialisme dialectique de Marx :

> « Nous nous dressons ici contre tous ceux qui ne sont pas suffoqués par ce monde capitaliste, chrétien, bourgeois dont à notre corps défendant nous faisons partie [...] Issus de la bourgeoisie de couleur française, qui est une des choses les plus tristes du globe, nous déclarons [...] face à tous les cadavres administratifs, gouvernementaux, parlementaires, industriels, commerçants, etc. que nous entendons, traîtres à cette classe, aller aussi loin que possible dans la voie de la trahison. Nous crachons sur tout ce qu'ils aiment, vénèrent, sur tout ce dont ils tirent nourriture et joie[1]. »

Elle ne connaîtra qu'un seul numéro mais celui-ci fait figure de brûlot. Il critique sans ménagement le régionalisme passéiste, la copie souvent maladroite des courants parnassiens et symbolistes, l'oubli du passé africain, de la traite et de l'esclavage. Le spectre de ce manifeste est large. Il stigmatise les comportements de la bourgeoisie de couleur. Les désirs d'intégration, le conformisme, l'incapacité à s'identifier, à se reconnaître, si ce n'est au miroir déformant de la domination blanche, sont autant d'attitudes vivement dénoncées par ces étudiants, enfants de cette même couche sociale : « C'est à la Martinique que le visage hideux de la bourgeoisie de couleur s'est penché sur mon berceau [...] Les enfants des bourgeois de couleur sont élevés dans le culte de la fraude. [...] Quelques-uns d'entre eux "réussissent" Les blancs n'ont pas de mérite, qui sont nés blancs. Eux, à force de conformisme se font une blancheur[2] » écrit Jules-Marcel Monnerot. Étienne Léro s'attache à la production littéraire :

> « Le caractère exceptionnel de médiocrité de la poésie antillaise est donc nettement lié à l'ordre social existant. On est poète aux Antilles comme l'on est bedeau ou fossoyeur, en ayant une "situation" à coté [...] Du jour où le prolétariat noir, que suce aux Antilles une mulâtraille parasite vendue à des blancs dégénérés, accédera, en brisant ce double joug, au droit de manger et à la vie de l'esprit, de ce jour-là seulement il existera une poésie antillaise[3]. »

Imprégnés de divers courants de la pensée occidentale : Karl Marx, Sigmund Freud, André Breton, ces écrivains et essayistes n'en restent pas moins, pour Édouard Glissant, comme en suspens, sans capacité à sortir de leurs attaches[4]. Il n'y a pas de prise en charge effective de leur propre identité si ce n'est dans ce déchirement fondamental entre deux mondes : les Antilles et la France, thème récurrent et toujours actuel. La sortie attendue, c'est également l'ouverture à l'universel, éléments que l'on retrouve chez Césaire et plus encore chez Fanon dans la dynamique des libérations nationales.

L'Étudiant noir

Aimé Césaire, ayant concouru avec succès pour l'obtention d'une bourse, est inscrit, depuis septembre 1931, en hypokhâgne au lycée Louis-le-Grand. Il a alors 19 ans. C'est donc dans le Paris du début des années 1930 qu'il parfait ses connaissances. Il prend la suite, dans cet établissement, de personnalités aussi différentes que Sartre, Nizan puis Vailland, membre du groupe littéraire des simplistes proche des surréalistes[5], Maulnier, Brasillach, Pompidou et fait la connaissance irréversible d'un khâgneux sénégalais : Léopold Sédar Senghor. Cette revue éphémère, *Légitime Défense*, a une influence indéniable : « Lorsque Jules Monnerot, Étienne Léro, et René Ménil lancèrent le manifeste de "Légitime Défense" à la bourgeoisie antillaise, Aimé Césaire, alors élève de "khâgne" au lycée Louis-le-Grand, fut le premier à l'écouter et à l'entendre[6]. »

Une forte amitié se noue entre ces deux jeunes condisciples. La vie quotidienne dans la métropole n'est pas évidente pour ces adolescents transplantés loin de leur terre originelle. Externe, Césaire vit dans un meublé en proche banlieue dans des conditions qui participent à une dégradation de sa santé. L'association qu'ils se sont donnée s'attache à l'amélioration de leurs situations d'autant que le régime de leurs bourses risque d'être modifié. Fin 1934, un comité est élu avec, pour première tâche, de tenter de résoudre ces problèmes. Le jeune Césaire en est élu président.

Parallèlement à cette implication plus politico-administrative que culturelle se met en place un journal ayant une vocation beaucoup plus large. Avec *L'Étudiant noir, journal de l'association des étudiants martiniquais en France* publié en mars 1935, s'annoncent les débuts d'une rupture. Cette revue regroupe également, à Paris, un cercle élargi d'étudiants en provenance des Antilles, de la Guyane et d'Afrique. Parmi ceux-ci, on compte, à coté des ressortissants d'outre-mer : Aimé Césaire, Gilbert Gratiant, Léon-Gontran Damas, des étudiants originaires d'Afrique occidentale tels que Léopold Sédar Senghor, Birago Diop. *L'Étudiant noir* a une autre ambition que *Légitime Défense* dans le sens où l'idée principale de ses rédacteurs et auteurs est de dépasser les complaintes virulentes. Césaire, dans son premier article « Nègreries, jeunesse noire et assimilation », avec en exergue une citation de Michelet : « Le difficile n'est pas de monter, mais en montant, de rester soi », moque vertement ses compatriotes et plus précisément leur volonté d'assimilation, attitude à laquelle nombre de Martiniquais adhèrent :

> « Un jour, le Nègre s'empara de la cravate du Blanc, se saisit d'un chapeau melon, s'en affubla et partit en riant… Ce n'était qu'un jeu, mais le Nègre se laissa prendre […] C'est un peu l'histoire du Nègre d'avant-guerre qui n'est que le Nègre d'avant-raison. Il s'est mis à l'école des Blancs ; il a voulu devenir "autre" : il a voulu être "assimilé" »[7].

Césaire annonce les thèmes qui seront les siens et en particulier ces références à « l'identité/altérité », à la prise de conscience nécessaire de la différence, celle qui distingue de manière violente l'homme noir de l'homme blanc. Il décline les différents stades qui ont marqué l'histoire de ses semblables. Il s'agit d'abord de la scène primitive et fondamentale de l'esclavage, de l'asservissement puis, plus récemment, comme suite à l'abolition et à la nécessaire utilisation des ressources humaines, d'une relative assimilation. Dans cette phase transitoire, les qualificatifs de « brutes » sont remplacés par ceux de « grands enfants » Vouloir se couler dans la peau et les conduites du colonisateur relève d'une impossibilité. Ce leurre débouche sur une haine d'autant plus exacerbée qu'illusoire. On ne peut être le même. Il faut être soi-même, porteur de sa propre histoire. D'autres articles complètent ce numéro : un article de Léopold Sédar Senghor sur René Maran et un texte de Paulette Nardal, « Guignol ouolof », satire du mimétisme. Celle-ci est l'une des initiatrices, avec ses sœurs, de la *Revue du Monde Noir*, publication dont les six numéros parurent fin 1931-début 1932[8].

Ayant effectué son diplôme d'études supérieures, portant sur le thème du Sud dans la poésie négro-américaine, Césaire réussit le concours d'entrée à l'École Normale supérieure. Pendant toute cette période, sur presque dix ans, il fréquente plus ses camarades africains que sa propre famille d'autant qu'il n'a pas les moyens d'assumer le coût des voyages entre la Martinique et la France. Comme à défaut, avec son ami de la Sorbonne, le linguiste croate Petar Guberina, il séjourne sur la côte dalmate où s'égrènent de nombreuses îles dont l'une porte un nom proche de celui de sa terre natale. À « Normale sup », l'élève ne veut, en aucune façon, mimer ses maîtres mais utiliser à bon escient, c'est-à-dire à son avantage et à ceux des siens, les savoirs qu'il s'approprie. Pour Césaire :

> « La jeunesse noire ne veut jouer aucun rôle ; elle veut être soi. [...] Elle veut contribuer à la vie universelle, à l'humanisation de l'humanité ; et pour cela, encore une fois, il faut se conserver ou se retrouver : c'est le primat du soi[9]. »

Il en appelle à une littérature capable de rendre compte des heurts et malheurs du peuple noir, littérature créée par ses membres même. Le concept de « négritude », déjà esquissé par quelques travaux antérieurs dont ceux des collaborateurs de *La Revue du Monde Noir* ou de compagnons de *L'Étudiant noir*, prend ses marques. Il ne s'agit pas de « négrisme » ni d'hypostasier les valeurs de la race noire mais de conjuguer l'identité, l'altérité et les combinatoires qui résultent de leur alliance. Le peuple martiniquais est, comme le souligne Gilbert Gratiant, situé à la croisée d'origines multiples, celles, pour mémoire, des Amérindiens, celles des Européens, en l'occurrence des Français, celles des esclaves d'origine africaine sans oublier les vagues successives de coolies indiens, de Levantins, de Malais et de Chinois. Mais la part essentielle revient aux descendants des esclaves noirs quand bien même un indéniable et récurrent métissage soit effectif.

On est en présence, dès ce premier texte, de cette dialectique qui traverse l'œuvre et la vie de Césaire, *praxis* construite entre les notions d'authenticité et d'universalisme. Cette démarche, on la retrouve également, quoique sous des traits ou, plus précisément, des engagements sensiblement différents, chez l'homme et dans l'œuvre de Frantz Fanon. L'un de ses ressorts est cette expérience partagée d'une inégalité et de ce fait d'une injustice vécue quotidiennement par l'homme et la femme noirs.

L'ensemble populationnel qui s'est constitué autour de *l'Étudiant noir* ne nie pas l'intérêt des critiques sociales et politiques de *Légitime Défense*, mais il porte ses regards au loin, vers une inscription dans un passé le plus souvent occulté par l'entourage îlien. La présence, parmi ces intellectuels, de ressortissants de villes sénégalaises les confronte radicalement aux illusions éventuelles d'une blancheur antillaise, celle d'une petite bourgeoisie aux teints métissés. À la lecture de différents ouvrages dont ceux de Léo Frobenius (*Histoire de la civilisation africaine*), Maurice Delafosse (*Les Civilisations négro-africaines*), de Michel Leiris (*L'Afrique fantôme*), sinon de Lucien Lévy-Bruhl (*La Mentalité primitive*), tout comme à l'écoute des surréalistes et des peintres d'avant-garde, le continent africain, son histoire, ses civilisations et ses cultures, leur apparaît comme une référence essentielle. Il y est question de leur propre origine, celles des peuples noirs et de la situation présente des Antillais.

Césaire et ses compagnons se réapproprient ce passé et ses abîmes et analysent comment, à l'instar de philosophes de l'Antiquité pour lesquels les « barbares » étaient aux marges de l'espèce, proches de l'animalité et de ce fait assignables au statut d'esclave, les Européens ont pu longtemps faire preuve de cécité vis-à-vis des Autres et ceci dans le contexte même de leurs politiques expansionnistes dont la dite « découverte » des Amériques. Celle-ci a entraîné une circulation intense d'hommes et de biens. Ces étudiants commentent la richesse potentielle de ces terres et la façon dont le lieu de passage obligé que constituent les Caraïbes suscita la convoitise des commerçants, négociants et, à terme, de ceux qui veulent en exploiter directement les ressources. Pour ce faire, qu'il s'agisse de plantation ou de minerai, une main-d'œuvre abondante est nécessaire. Les aborigènes ayant été décimés, il devint nécessaire de recourir à une autre force de travail. Cette période est concomitante avec l'installation de comptoirs sur les côtes du golfe de Guinée. Césaire, à la lumière de ces ouvrages et des débats avec ses compagnons, remémore ce passé :

« Et l'on nous vendait comme des bêtes, et l'on nous comptait les dents…
et l'on nous tâtait les bourses et l'on examinait le cati ou décati de notre
peau et l'on nous palpait et pesait et soupesait et l'on passait à notre cou de
bête domptée le collier de la servitude et du sobriquet[10]. »

Ces groupes humains, hommes et femmes, deviennent, au voisinage
des colons, planteurs, commerçants ou fonctionnaires des métropoles,
la source essentielle de peuplement. Les étudiants noirs réunis à
Paris se retrouvent, sinon des ancêtres communs, du moins une
histoire partagée entre ceux qui ont traversé les mers dans les pires
conditions et ces coreligionnaires, les Africains, dont les parents ont
pu rester à quai et éviter le transbordement. La métropole est le lieu
de leur rencontre. Ce cadre est à la fois neutre et lourdement chargé
des mobiles portés par la colonisation et par les avatars qui font, de
ces jeunes Antillais, ce qu'ils sont, en cette première moitié du XXe
siècle. Il convient alors de remonter aux sources, de détricoter le fil
de l'histoire. Il n'y a pas, s'agissant des Antilles et de ses populations,
de table rase. C'est cependant ce qu'affirment nombre d'Européens
et d'Antillais. Ces derniers ne voulaient en aucune façon être reliés à
l'Afrique : « C'était un monde qui se voulait complètement assimilé à
la France[11] » Césaire souligne qu'une même histoire unit les uns aux
autres, Afrique et Caraïbes, du moins dans ses débuts. Ce constat est
celui que font également les Sénégalais Léopold Sédar Senghor, Birago
Diop, le Guyanais Léon-Gontran Damas.

Un écart existe cependant entre eux. C'est celui d'une volonté ou
d'une illusion d'intégration beaucoup plus forte aux Antilles, de par
son histoire, qu'en Afrique. Cela lie plus fortement ces insulaires. Cette
illusion renforce leur dépendance et le mimétisme face aux valeurs
blanches. Les populations africaines, ancrées de tout temps dans un
sol et des cultures multiples, sont moins sujettes à ce traumatisme. Ce
conflit, ce dilemme est, comme l'indique Césaire, la part propre des
Antillais.

Il participe ainsi aux premières vagues de ces interrogations :

« Personne ne mettait en doute la supériorité de la civilisation
européenne, sa vocation de l'universel, personne n'avait honte d'être
colonie […] Autrement dit, nous étions dans un siècle dominé par la théorie
de l'assimilation. Il ne faut pas oublier cela. Ainsi la Négritude c'était pour

> nous une réaction contre tout cela : d'abord l'affirmation de nous-mêmes, le retour à notre propre identité, la découverte de notre propre "moi". Ce n'était pas du tout une théorie raciste renversée. La Négritude, c'était pour moi une grille de lecture de la Martinique[12]. »

Son approche ne s'en tient pas à une présentation et à une étude des conditions coloniales comme données naturelles. Césaire, et ceux qui dans ces années 1930 l'entourent, et qu'il fréquente, exercent une mise à distance. Elle leur permet, à côté des expressions véhémentes mais peu documentées des marronnages coutumiers, de relater les conditions concrètes que suscite le colonialisme. Pour cela ils vont au-delà des clichés. Leur confrontation avec l'Europe change la perception qui était la leur que ce soit aux Antilles ou au Sénégal. Là-bas, les Blancs quoique représentant le pouvoir et les richesses sont, somme toute, peu nombreux. De plus, ils se tiennent à l'écart dans des quartiers et des banlieues aisées. La fréquentation ne se fait que ponctuellement et en rapport avec des contextes précis : les mairies, l'école, les bureaux de telle ou telle administration. On pourrait sinon les ignorer du moins les éviter facilement :

> « En ce temps-là, en Guadeloupe, on ne se mélangeait pas. Les nègres marchaient avec les nègres. Les mulâtres avec les mulâtres. Les blancs-pays restaient dans leur sphère et le Bon Dieu était content dans son ciel[13]. »

En France, avant la Seconde Guerre mondiale, il n'en est pas de même. À l'exception de quelques très petites minorités, l'immense majorité est blanche et d'origine européenne. Le marquage par la couleur reste objectif. Césaire et ses collègues ne peuvent se fondre comme ils pouvaient naturellement le faire dans les foules de leurs pays d'origine. À tout moment, et surtout à cette époque où ils ne sont que quelques-uns, ils risquent de susciter l'interpellation ou du moins la curiosité. Le succès de l'Exposition coloniale universelle qui se tient à Vincennes en 1931, est consacrée par l'édification d'un Palais des Colonies. Elle contribue à cet intérêt pour les personnes originaires d'autres horizons. S'agissant de l'esprit de ces expositions coloniales :

> « Il s'agissait de mettre sous les yeux des visiteurs en un raccourci saisissant tous les résultats de la colonisation française et européenne[14]. »

La mise en scène de l'exotisme renforce l'attention portée aux distinctions dites raciales sinon au racisme lui-même. La couleur de la peau est, en l'occurrence, à cette époque, le premier signe de repérage, comme l'indique Maryse Condé :

> « Paris, pour moi, était une ville sans soleil, un enfermement de pierres arides, un enchevêtrement de métro et d'autobus où les gens commentaient sans se gêner sur ma personne Elle est mignonne, la petite négresse ! Ce n'était pas le mot "négresse" qui me brûlait. En ce temps-là, il était usuel. C'était le ton. Surprise. J'étais une surprise. L'exception d'une race que les Blancs s'obstinaient à croire repoussante et barbare[15]. »

L'illusion entretenue, à la Martinique, depuis l'abolition de l'esclavage, n'a plus cours. Les multiples tentatives d'assimilation fortement teintées du folklorisme des poètes ou des romanciers « doudouistes » tout comme celles de nombreux membres de la bourgeoisie mulâtre ou noire sont renvoyées au monde des chimères, à la réalité des rapports hiérarchiques entre Blanc et populations de couleur. Sous peine de s'enfoncer plus encore dans l'aliénation, il est nécessaire de trouver des portes de sortie, des moyens pour pouvoir exister. L'Afrique et ses évidences dont celle, première, d'une certaine couleur de peau de ses habitants, s'impose ou du moins propose une alternative à l'enfermement dans un monde, le plus généralement indifférent sinon compassionnel ou hostile. Il convient de prendre acte de cette réalité que la présence en métropole précise, ce que fait l'étudiant Césaire dans les années 1930 :

> « Dans le monde où je vivais, dans ce pays qui n'était pas le mien, pays que je ne détestais pas, d'ailleurs, mais qui n'était pas le mien, je le sentais bien, où les gens avaient des mœurs particulières, j'ai senti très vite que je n'étais pas un Européen, que je n'étais pas non plus un Français, mais que j'étais un Nègre[16]. »

Paradoxalement, Césaire prend une distance beaucoup plus nette que le fera, du moins au début, Frantz Fanon. Cette prise en compte rapide du fait noir, de la Négritude fonctionne comme une dimension qui permet à Césaire de ne pas ou de peu connaître de manière psychosomatique l'aliénation et les illusions de l'intégration dont nombre de « nègre-blanc » sont atteints. Ses origines plus modestes y participent. Sa perception des réalités sociales et économiques rejoint l'attention des populations ouvrières et paysannes quant au passé esclavagiste. Elles ne craignent pas de s'y référer de manière plus que significative dans certaines situations ordinaires : « Je ne suis pas ton esclave ! » Il exerce même un regard quasi ethnographique sur les diversités de peuplement dont celles concernant alors les provinces françaises et ceci d'autant qu'il a trouvé ou retrouvé son histoire et son identité de « Nègre fondamental » !

Ceci n'implique cependant pas que cette autoscopie se fasse sans heurts. Au contraire, les années passées rue d'Ulm sont, pour Césaire, celles d'une crise tant physique que morale. Confronté à la somme des savoirs académiques dispensés, à l'instar de beaucoup de ses condisciples, il tend à désespérer. Comme le souligne Georges Ngal, la tension est trop forte entre cette propédeutique classique et les horizons qui se lèvent vers d'autres mondes que l'Occident[17]. Auteur d'un mémoire sur les écrivains noirs du sud des États-Unis, il échoue à l'agrégation mais obtient sa licence de lettres. Il effectue, en 1936, un séjour à la Martinique, moment, selon Georges Ngal, des débuts de l'écriture du *Cahier d'un retour au pays natal*, qui le remet en face de la réalité antillaise un temps estompée par les brumes européennes. David Alliot situe plutôt ces débuts lors du séjour, à l'été 1935, en Croatie[18]. À Paris, il donne à lire ce manuscrit aux nombreuses parturitions, dont un tapuscrit est déposé à l'Assemblée nationale, et le fait publier, non sans mal, en 1939 avant, justement, son retour effectif au pays natal.

« *Je suis devenu un Congo bruissant*[19] »

Cette mise en forme littéraire par plusieurs écrivains prend les traits d'une narration discursive et pratique. Elle tente de libérer tant celui qui écrit et compose les textes que les lecteurs potentiels c'est-à-dire les alter ego de l'auteur également prisonniers des marquages dus au colonialisme et à l'esclavage. Une Afrique « enchantée », celle des siècles précédant l'arrivée des Européens, en constitue la toile de fond ou du moins l'arrière-scène. En filigrane ou de manière plus affirmée, elle constitue la matrice essentielle. Elle occupe d'autant plus cette position que, généralement, une occultation dédaigneuse sinon un dévoiement dans des rêveries à forte teneur exotique lui tiennent lieu de référence. Les Occidentaux : explorateurs, voyageurs, missionnaires voire ethnologues, développent la thématique d'une grande division entre culture et nature. Dans ce schéma, l'Afrique et son histoire relève de cette nature luxuriante mais irréfléchie. Ses habitants sont assignés aux rôles de gardiens d'un stade premier de l'humanité, celui d'un état qui conjugue barbarie et candeur.

Ces représentations, d'une certaine manière, sont reprises par ceux que l'on désigne comme les chantres de la négritude. Mais ils les retournent. Leur but est, face à la stigmatisation et à l'humiliation, de présenter une autre vision de leurs propres histoires, de casser le silence mortifère qui entoure leurs ascendances. L'Afrique dont ils proviennent est plus que riche d'un passé immémorial. Elle doit pouvoir s'imposer sur la scène de l'humanité tout autant que l'Occident. La traite et l'esclavage ont réduit ses réalisations à des pusillanimités. Les conditions qui prévalent depuis l'essor du colonialisme concourent à minimiser les apports et les richesses des multiples peuples et régions du continent africain. Cependant, au fil des recherches archéologiques et anthropologiques, cette terre se révèle comme étant le berceau de l'humanité, ce qui n'est pas sans susciter des controverses car elle renvoie l'Europe à n'être qu'un des lieux d'installation forgés par des populations migrantes et non autochtones.

Ce sont ces éléments que développent, dans les années 1930 et 1940, un certain nombre d'auteurs antillais, africains et nord-américains. Concernant les premiers et aux côtés des Gilbert Gratiant, Étienne Léro ou Paul Niger, Aimé Césaire, tout comme ces autres poètes, se réfère tant à la déréliction de leurs situations de descendants d'esclaves qu'à une Afrique confrontée au colonialisme et y résistant. Il ne s'agit plus, en 1943, de chanter la douceur des Antilles, les « Isles fortunées » chères à Pierre Ronsard et à toute une littérature relevant d'un doudouisme bon enfant, version locale du régionalisme conjuguant lettres classiques et créolisme :

> *à la 61ᵉ minute de la dernière heure*
> *la ballerine invisible exécutera des tirs au cœur*
> *à boulets rouge d'enfer et de fleurs pour la première fois*
> *à droite les jours sans viande sans yeux sans méfiance sans lac*
> *à gauche les feux de position des jours tout court et des avalanches*
> *le pavillon de phimosis à dents blanches du Vomito-Negro*
> *sera hissé pendant la durée illimitée*
> *du feu de brousse de la Fraternité*[20]

Une Afrique rêvée

Les parents de Maryse Condé ne voyaient de devenir que vers la France. Ils ignoraient ou plutôt voulaient oublier un avant africain dévalué[21]. La négritude, elle, se présente comme une notion tant théorique que pratique. Ses valeurs visent une opérationnalité heuristique et pragmatique. Les colonisés n'ont plus à subir l'occultation de leur identité et de leur provenance. Le mépris alimenté par une dévalorisation symbolique et des traitements physiques inhumains ne peuvent ni ne doivent plus avoir cours. Dans un premier temps, il convient de s'appuyer sur une relecture du passé et en particulier sur celui de la traite et des lieux d'origine de leurs ancêtres : l'Afrique. Poètes, essayistes, écrivains redonnent un lustre à ce qui avait été spolié et déprécié, sinon passé sous silence par les intéressés eux-mêmes. La situation des années 1930 aux Antilles est marquée par la misère économique et plus encore morale d'un grand nombre. Dans le *Cahier d'un retour au pays natal,* la confrontation de cette réalité du contexte antillais aux multiples facettes de la métropole est sans appel. Césaire ne veut taire l'humiliation :

> « Dans cette ville inerte, cette foule désolée sous le soleil, ne participant à rien de ce qui s'exprime, s'affirme, se libère au grand jour de cette terre sienne. Ni à l'impératrice Joséphine des Français rêvant très haut au-dessus de la négraille. Ni au libérateur figé dans sa libération de pierre blanchie. Ni au conquistador. Ni à ce mépris, ni à cette liberté, ni à cette audace[22]. »

En opposition à cette situation, il en appelle à la Mère Afrique, aux qualités intrinsèques de ses enfants :

> *véritablement les fils aînés du monde*
> *poreux à tous les souffles du monde*
> *aire fraternelle de tous les souffles du monde*
> *lit sans drain de toutes les eaux du monde*
> *étincelle du feu sacré du monde*
> *chair de la chair du monde palpitant du mouvement*
> *même du monde !*[23]

De telles envolées disent la souffrance présente, celle du « nègre blanc » pris dans les rets de l'inexistence. Elle invite à aller au-delà de la plainte : « Accommodez-vous de moi. Je ne m'accommode pas de vous ! [24]» Elle s'inscrit dans le contexte social, dans des enjeux et des perspectives aptes à transformer les situations imposées. Césaire constate sinon espère que « la vieille négritude progressivement se cadavérise[25] » En opposition avec cette négritude antérieure, lourde des douleurs et des résignations, le poète exprime, avec force, ses intentions, celles de pousser « d'une telle raideur le grand cri nègre que les assises du monde en seront ébranlées[26]. »

S'élabore dorénavant une autre approche que celle qui a longtemps prévalue dans les Antilles, chez les populations colonisées. Se retrouvent autour de cette nouvelle perspective en premier lieu les rédacteurs de *L'Étudiant noir* et plus particulièrement Césaire, Senghor, Diop, Ménil. Proches mais moins impliqués, les Jules Monnerot, les Étienne Léro de *Légitime Défense* adhèrent à ces références à la civilisation africaine et aux liens qui unissent les Antillais à ce continent, tout en mettant en avant des thèses plus sociales et politiques.

En fait une ligne de fracture se met en place. Elle distingue d'une part ceux pour lesquels la négritude a une composante d'abord culturelle, littéraire et civilisationnelle et d'autre part les tenants d'une négritude inscrite et porteuse de valeurs sinon marxistes du moins fortement reliées aux mouvements politiques et littéraires, surréalistes, de l'époque, dont ceux liés aux luttes anticoloniales. À l'évidence, la réalité des positions est plus complexe que voudrait l'affirmer cette typologie. Césaire en est un bon exemple. Ces poèmes frappent par leur radicalité et par leur appel à la violence, condition de libération pour l'ancien esclave. Toutefois ce dernier se méfie de théorisation excessive. De plus, tout en reconnaissant l'importance de l'influence du surréalisme sur ses propres manières de voir et d'écrire, il ne veut pas s'enfermer dans un courant auquel ses compatriotes de *Légitime Défense* ont tendance à s'adonner. L'Afrique et ses fréquentations ininterrompues avec certains de ses ressortissants lui permettent d'en utiliser les outils, dont l'écriture automatique, sans donner dans un nouveau mimétisme celui d'écrivains reproduisant une approche d'abord européenne. Il a, de plus en plus, la conviction que son identité profonde relève de ce continent. « L'Afrique m'a sauvé », dira-t-il à Maunick[27]. Il l'atteint au-delà de la surface des formules littéraires surréalistes dont il se réclame mais qu'il dépasse. L'influence de Senghor y participe fortement. Ce dernier resitue le contexte de cette émergence. La négritude telle qu'ils l'ont envisagée dans les années 1931-1935 et vis-à-vis de laquelle Frantz Fanon restera, ultérieurement, sceptique :

> « […] est projet et action. Elle est projet dans la mesure où nous voulons nous fonder sur la Négritude traditionnelle pour apporter cette contribution à la Civilisation universelle. Elle est action dans la mesure où nous réalisons concrètement notre projet dans tous les domaines, singulièrement, dans les domaines de la littérature et des arts[28]. »

Quelques années plus tard, en 1948, Jean-Paul Sartre écrit une longue préface au recueil de poésie intitulé *Anthologie de la nouvelle poésie nègre et malgache de langue française*, tout comme il préfacera, en 1961, *Les Damnés de la terre*. Ce texte parait sous le titre de « Orphée noir », référence à la mythologie grecque. Il est pris, ici, dans sa relation avec la question noire. C'est-à-dire dans la mesure, plus ou moins explicite, où s'opère un retour sur soi, une remontée « endoréique », celles des descendants d'esclaves penchés sur leurs origines et les recompositions ultérieures de leur personnalité. Dans cet essai, Sartre analyse les raisons qui conduisent les poètes noirs, plus que leurs contemporains blancs, à exprimer avec force et talent leurs conditions et leurs attentes. Pour lui le prolétariat européen est trop inséré. Il est dépendant d'un monde réformiste où les revendications des plus démunis peuvent, malgré tout, un jour, se réaliser. Dans cet univers prévalent des enjeux économiques et politiques, sinon institutionnels, plus que des valeurs proprement culturelles et anthropologiques. S'appuyant sur les nombreux ressortissants des territoires d'outre-mer ou des ex-colonies françaises l'auteur de *L'Être et le Néant* explicite les raisons de cette récurrence épistémique qui traverse, dès les années 1930, leurs écrits. L'oppression exprimée dans ces poèmes n'est que l'évidente réalité à laquelle ces populations sont confrontées, celle du colonialisme, de sa morgue raciste et de ses injustices flagrantes. Le poète travaille cette réalité liée à la couleur de sa peau : « Le nègre ne peut nier qu'il soit nègre ni réclamer pour lui cette abstraite humanité incolore : il est noir. Ainsi est-il acculé à l'authenticité : insulté, asservi, il se redresse, il ramasse le mot de "nègre" qu'on lui a jeté comme une pierre, il se revendique comme noir, en face du blanc, dans la fierté[29]. »

De plus il doit savoir forger les mots pour l'exprimer au travers même des embûches de la langue qu'il utilise, celle du colon.

La référence ou plutôt l'immersion dans cette quête, celle à laquelle est donné le nom de négritude constitue la condition nécessaire pour se réinscrire dans l'universalisme, la négritude étant le moment dialectique où l'homme noir, en la dépassant, retrouve, délivré des corsetages et des stigmatisations, son humanité. Le statut d'ancien esclave ne se présente plus que comme une marque indélébile.

Les sens à donner au terme de négritude alimentent des débats qui ne cessent de s'imposer, en particulier dans les années de l'après-guerre, autour de la revue *Présence Africaine*, débats auxquels participera Fanon, lors du premier Congrès des écrivains et artistes noirs, ou qui ré émergent et continuent à interpeller la position du colonisé ou du postcolonial noir. Suivant les époques la notion paraît obsolète. C'est contre cette appréhension que s'élèvent ses pères tutélaires. En 1961, dans le contexte de la décolonisation, au-delà des tensions entre régimes de l'Est ou de l'Ouest et contre toute idée essentialiste négriste sinon raciste, Senghor s'en fait l'écho : « Non, le problème de la Négritude n'est pas dépassé […] Nous avons à défendre un certain nombre de valeurs culturelles, qui sont nécessaires au monde : le don de l'émotion à la chaleur du monde, le don de l'image et du rythme, le don de la forme et de la beauté, le don de la démocratie et de la communion[30] » Césaire, plus de vingt ans après, lors d'un colloque en 1987, répond aux critiques répétitives quant à ce qu'est la Négritude et aux raisons de cette démarche :

> « Recherche de notre identité, affirmation de notre droit à la différence, sommation faite à tous d'une reconnaissance de ce droit et du respect de notre personnalité communautaire […] Je vois que certains s'interrogent de temps en temps sur la Négritude. Mais, en vérité, ce n'est pas la Négritude qui fait question aujourd'hui. Ce qui fait question, c'est le racisme ; c'est la recrudescence du racisme dans le monde entier […] Nous sommes de ceux qui refusent d'oublier. Nous sommes de ceux qui refusent l'amnésie même comme méthode. Il ne s'agit ni d'intégrisme, ni de fondamentalisme, encore moins de puéril nombrilisme. Nous sommes tout simplement du parti de la dignité et du parti de la fidélité ; je dirai donc : provignement, oui ; dessouchement, non[31]. »

En 2004, lors d'un entretien avec Françoise Vergès, il affirme ce qui est l'une de ses idées-forces : « Nègre je suis, nègre je resterai. » Celle-ci développe, en postface, des éléments pour une analyse postcoloniale de l'auteur du *Cahier*[32]. On ne peut nier au poète-politique une persévérance et des convictions indéniables sinon roboratives nonobstant les critiques récurrentes dont il fait l'objet.

La notion voit revenir régulièrement des débats dans le contexte de la décolonisation et des affirmations identitaires. René Ménil, un compagnon des premiers écrits, collaborateur à *Tropiques*, n'approuve pas l'angle adopté :

> « La Négritude [...] c'est une doctrine politique qui sera élaborée à partir de la prise de conscience raciale par des intellectuels issus de la petite bourgeoisie coloniale dans le but de résoudre, dans la perspective de cette petite bourgeoisie, les problèmes posées par la lutte de libération dans les colonies françaises à l'époque de l'écroulement de l'impérialisme et de la montée du socialisme, à la fin de la Deuxième Guerre mondiale[33] »

Pour ce dernier, la négritude prend une direction qui ne correspond pas aux développements premiers dont l'accent mis sur la ruralité, le solidarisme de race, l'insertion dans l'économie néocoloniale. En marxiste, il n'envisage la négritude que d'abord dans une relation étroite avec les luttes de classe. C'est sous un même registre que se situe l'Haïtien René Depestre. Lors du congrès culturel de La Havane tenu en novembre 1967, il soulignait, fort à propos, que l'on utilise le terme de peuple de couleur pour désigner toutes les populations sauf la blanche. Celle-ci serait par trop lumineuse et hors catégorie pour se voir attribuer un qualificatif quant à la pigmentation de son épiderme. Pour Depestre, Cuba sait allier, au-delà de critères raciaux, l'arc en ciel des origines. Rejetant l'adage de Senghor suivant lequel « l'émotion est nègre et la raison est hellène », il stigmatise l'utilisation en Haïti de la négritude : « Les petits-bourgeois noirs comme Duvalier, qui depuis 1946, alliés à des latifundiaires noirs et à des "compradores" mulâtres contrôlent le pouvoir politique se servant démagogiquement de la notion de "négritude", ont essayé de faire croire aux masses noires qu'elles sont désormais au pouvoir et que la "révolution duvaliériste" est une victoire éclatante de la négritude[34]. » Dans *Bonjour et adieu à la négritude* il dit ses réserves face à une notion éloignée de la nécessaire prise en compte des implications sociopolitiques tout en distinguant les positions de Senghor, les plus essentialistes, de celles de Césaire, dont il est plus proche[35]. Ce dernier lui répond en l'appelant aux révoltes et au passé-présent anti-esclavagistes :

> *Se peut-il*
> *que les pluies de l'exil*
> *aient détendu la peau de tambour de ta voix*
> *marronnerons-nous*
> *Depestre marronnerons-nous[36] ?*

Le Dahoméen Stanislas Adotevi publiera un pamphlet virulent contre la rhétorique de la négritude : « Choisissant d'affronter le vertige, le nègre s'abîmera avec volupté dans le "grand trou noir". Il s'engloutit et s'aveugle, proclamant des profondeurs de sa détresse, sa foi dans un regard nouveau. Si la noirceur ne peut être niée, du moins pourra-t-il échapper au rétrécissement épidermique en réveillant les muscles du cœur : le cœur de l'*homme* s'entend ![37] » Il conclut que la négritude n'est qu'un des visages de l'ethnologie et du néocolonialisme, une manière noire d'être blanc et que la négritude étant morte, « il faut lâcher le Nègre…[38] »

Ce débat ne cessera, au fil des décennies, comme en témoigne sa reprise sous d'autres formes ici même en France par des ressortissants français d'origine africaine ou antillais. Aux connotations identitaires et communautaristes répondent des arguments prônant la pleine intégration mais, à l'école de Césaire, refusant l'assimilation, négation d'une part d'eux-mêmes. Dans l'entre-deux guerres, aux Antilles, dans ces temps de prise en compte du passé et de son expression dans la négritude, la situation est paradoxale. Les acquis, *a priori* incontestables, de l'abolition de l'esclavage et du statut de citoyen français, et ce depuis près d'un siècle, suscitent de plus en plus de réinterprétations. La relative quiétude des décennies passées, nonobstant les mouvements sporadiques d'ouvriers agricoles, apparaît, du moins pour une petite minorité de couches moyennes, comme moins établie. Elle ne l'était déjà pas pour les hommes et les femmes libérés, certes, du joug de l'esclavage mais connaissant maintenant le sort peu enviable qui est celui de la paysannerie pauvre et du prolétariat. La situation sanitaire comme celle de l'éducation reste très lacunaire. L'analphabétisme touche un tiers de la population. L'ensemble des décisions se prend en métropole. Un gouverneur, représentant du pouvoir central, est chargé de les mettre en œuvre.

C'est face à cette situation que s'élève Aimé Césaire dans le *Cahier d'un retour au pays natal* publié, en août 1939, dans le vingtième numéro de la revue mensuelle *Volontés*. Participent également à cette livraison des textes de Senghor : « Aux tirailleurs sénégalais morts pour la France », ainsi que d'auteurs tels que Audiberti, Queneau. L'écriture, sur plusieurs années[39], du *Cahier*, de cette plongée en abîme rimbaldienne est douloureuse. Le Normalien exprime, par la voie de la poésie, ses souffrances existentielles et sociétales dans un style lyrique et complexe comme peut l'être cette personnalité déchirée entre de multiples mondes.

Pour ceux qui se sont confrontés à la métropole, ce qui est, entre autres, le cas d'Aimé Césaire puis celui de Frantz Fanon, s'associe le choc des attentes et des désillusions. Le *Cahier* en est l'expression la plus marquante. De retour à la Martinique, le normalien prend, en 1940, un poste de professeur de français au lycée de Fort-de-France. Il a épousé, en 1937, Suzanne Roussi. Ils auront six enfants et se sépareront ultérieurement. Les années sombres, il les vit sur son sol natal, si ce n'est un séjour de plusieurs mois en Haïti à l'invitation de Pierre Mabille. Cette échappée, dans le cadre de conférences et de contacts nombreux, le conduit à se tourner plus directement vers l'histoire de cette île donc vers ses figures de légende que sont Toussaint Louverture et le roi Christophe. Elles seront au centre d'un essai et d'une pièce de théâtre écrits postérieurement. L'expression de sa résistance se formule, durant cette période, en particulier, par le biais de l'écriture. Avec quelques compatriotes, dont René Ménil, Aristide Maugée, Suzanne Roussi, son épouse, il participe à la mise sur pied d'une revue. Elle s'intitule *Tropiques*, revue culturelle. Le premier numéro paraît en avril 1941. L'éditorial dénonce, sous la plume de Césaire, tant la situation des Antilles que le racisme éhonté auquel elle est confrontée. Il se réclame de « ceux qui disent *non* à l'ombre[40] », ainsi que d'un humanisme apte à contrer le totalitarisme. Parallèlement, sinon en symbiose, l'influence de courants littéraires dont celui du surréalisme est plus que patente. André Breton, fuyant l'Occupation et en route vers les États-Unis, découvre dans la mercerie que tient la sœur de René Ménil, ce professeur de philosophie et collègue de Césaire, avec stupeur et admiration, la revue *Tropiques*. Cette rencontre lui donne l'accès aux écrits du poète dont le *Cahier*. Il écrira, sous le titre de « Martinique charmeuse de serpents. Un grand poète noir », une préface à cet ouvrage : « Et c'est un noir qui est non seulement un noir mais *tout* l'homme, qui en exprime toutes les interrogations, toutes les angoisses, tous les espoirs et toutes les extases et qui s'imposera de plus en plus à moi comme le prototype de la dignité[41] »

[Bovarysme et assimilation : Fanon, l'adolescent intégré

L'enfance et la prime éducation tiennent Fanon relativement loin des réminiscences des combats antérieurs des temps de la traite et de l'esclavage. Ceci n'est pas indifférent à l'attitude relativement réservée de ses parents et, du moins au début, de leurs enfants vis-à-vis des mouvements sociaux et de la question noire. Les sirènes des politiques d'intégration ne leur seront pas indifférentes compte tenu des possibilités de mobilité ascendante, combien même limitées, qui se présentent à cette famille nombreuse dont le leitmotiv serait : « Travailler à l'école. Travailler et encore travailler[42]. » Ses références sont d'abord celles qui proviennent de l'éducation dont les programmes sont à l'image de ceux disponibles en métropole. À l'histoire des Caraïbes ou de l'Afrique, terre originelle de la majorité des Antillais, est préférée, dans les manuels, celle de la Gaule, de l'Ancien Régime et des péripéties que traverse la France, mère patrie. À l'école sinon à la maison le créole, langue vernaculaire élaborée au cours des métissages successifs d'hommes et de femmes en provenance des diverses régions françaises, africaines, asiatiques, n'est pas de mise. Comme le veut la couche sociale à laquelle Fanon appartient, il y fait peu référence. « Dans un groupe de jeunes Antillais, celui qui s'exprime bien, qui possède la maîtrise de la langue, est excessivement craint ; il faut faire attention à lui, c'est un quasi-Blanc[43]. » Les mythes et mythologies du continent situé à des milliers de kilomètres sous des latitudes climatiques et géographiques en peu de points semblables avec ceux des îles, peuplent les livres scolaires où les personnages illustres se nomment non Toussaint Louverture, Victor

Hughes, ou les rois du Bénin, mais la bataille de Marignan, la cour de Versailles ou l'entourage de Napoléon, leurs commensaux, poètes et hommes de guerre.

Sur le plan religieux le mimétisme fonctionne également. Le christianisme, dans ses diverses moutures, correspond souvent aux dogmes des pays dominants : catholique pour les possessions espagnoles et françaises, protestant pour celles relevant des couronnes britanniques et néerlandaise. Le catholicisme, dans les premières, a fait une percée indéniable[44]. Son expansion est bien vue par les métropoles d'autant que son influence s'oppose aux rites des anciens esclaves. Ceux-ci sont plus difficiles à contrôler. Ils font référence, de manière latente, aux pratiques des nègres marrons, ceux qui s'enfuient des plantations et se retrouvent autour de pratiques et de cérémonies où se croisent références animistes et christiques, indépendamment du bon vouloir des autorités. À la Martinique, ces habitudes, et plus qu'à la Guadeloupe et *a fortiori* en Haïti, n'ont pas pignon sur rue. Les guérisseurs et les lanceurs de sort exercent toujours mais discrètement, à l'écart. L'officialité est du coté des prêtres et de leurs lieux de culte, les églises ou les temples présents dans maints bourgs. Ils occupent, autour de la cathédrale, des lieux stratégiques dans les villes. S'y côtoient les diverses couches sociales mais selon des règles de préséance stricte et ce à l'avantage des Blancs. Joseph Zobel s'y réfère dans son ouvrage *La Rue Cases-Nègres*.

En 1935, le tricentenaire de la présence française dans les Caraïbes avait célébré les liens qui unissent la France à ces « lambeaux palpitants d'elle-même ». À cette date, l'étudiant Césaire se trouve à Paris, et Fanon est encore un adolescent. Ils font partie d'une minorité de couleur relativement moins dépourvue que la plupart de leurs compatriotes car ces Antilles sont celles d'une misère endémique où la majorité de la population vit chichement, sous-alimentée et peu instruite, à des exceptions près. À l'âpreté de la lutte menée au siècle dernier semblait succéder une relative stagnation. La résistance à l'exploitation se fait sur un mode sourd. Le travailleur « invente » la grève perlée. Les colons assimilent cette résistance au caractère indolent des Noirs. Ils ne veulent ou ne peuvent imaginer une autre explication.

Le monde politique copie le modèle métropolitain. Les partis de gauche ont peu d'assises nonobstant des initiatives telle que celle d'André Aliker et du journal *Justice*. Les mots d'ordre viennent de la métropole. Le sort des masses martiniquaises ne se décide qu'à Paris. Tout dépend de la lutte menée par la classe ouvrière française. En 1936, les représentants des fédérations martiniquaises et guadeloupéennes des partis de gauche ont eu écho du grand élan du Front populaire. Des espoirs se dessinent, ce ne sont que des attentes d'une plus grande intégration, l'obtention des améliorations de la manne arrachée au patronat. Pour essayer de fuir la misère, il semble n'y avoir qu'une possibilité, celle de devenir un vrai Français.

C'était le temps du ressac qu'illustre Aimé Césaire, alors que Fanon vit ses jeunes années : « Et dans cette ville inerte, cette foule criarde si étonnamment passée à côté de son cri [...] cette foule à côté de son cri de faim, de misère, de révolte, de haine, cette foule si étrangement bavarde et muette[45]. » Et Fanon connaît cette misère mais sur un mode second. Pour l'instant il se situe objectivement parmi les siens, ceux qui disent à l'Europe de ne pas faire attention à la couleur de peau. Écolier turbulent, peu assidu mais capable de rattraper très rapidement ses retards, Fanon aime à se retrouver avec ses camarades à la Savane, lieu où se côtoie la jeunesse de Fort-de-France, là où Césaire s'adonnait également au football. On bavarde, on se moque sans méchanceté de « celui qui est très noir », on épie celui qui revient de là-bas, de Paris, prêt à le classer suivant les normes de la bourgeoisie de couleur en passe d'assimilation : « On comprend aussi que le débarqué ne s'exprime qu'en français. C'est qu'il tend à souligner la rupture qui s'est désormais produite. Il réalise un nouveau type d'homme [...] Si à ses camarades le débarqué dit : "Je suis très heureux de me retrouver parmi vous. Mon Dieu, qu'il fait chaud dans ce pays, je ne saurais y demeurer longtemps", on est prévenu : c'est un Européen qui arrive [...][46]. » Ces préoccupations sont similaires à celles des Madames Bovary, des petites bourgeoisies désireuses de rejeter leur ascendance paysanne ou ouvrière pour se hisser auprès des nouveaux maîtres, ceux de l'aristocratie de l'argent et du paraître.

Cependant des événements commencent à intriguer, à interpeller cette normalité. De retour, en 1939, il est clair que le jeune Normalien

Aire de jeu sous les regards de feu l'Impératrice

Césaire ne se prête pas au mime habituel. Dans « Antillais et Africains », Fanon rapporte le choc que suscitent les prises de position d'Aimé Césaire : « Pour la première fois, on verra un professeur de lycée donc apparemment un homme digne, simplement dire à la société antillaise "qu'il est beau et bon d'être un nègre". Pour sûr, c'était un scandale […] Quoi de plus grotesque, en effet, qu'un homme instruit, un diplômé, ayant donc compris pas mal de choses, entre autres que "c'était un malheur d'être nègre", clamant que sa peau est belle et que le "grand trou noir" est source de vérité ?[47] » De bons esprits répandent le bruit que ce dernier est fou. Effectivement son comportement est anormal par rapport à la société martiniquaise, c'est-à-dire vis-à-vis de la bourgeoisie locale, couche sociale qu'un professeur de lycée touche en premier lieu.

Frantz Fanon n'est qu'un adolescent. Le masque blanc dont l'a affublé la civilisation coloniale colle à sa peau. Il ne fait qu'une différence factuelle entre békés, mulâtres et Noirs. Seul le mauvais Blanc pouvait amener l'Antillais à revendiquer sa couleur. Les Blancs : les békés de Martinique et métropolitains ne représentent, alors, que quelques milliers d'individus sur une population de plus de 200.000 personnes. Ils vivent entre eux sur la colline Didier qui domine la ville, se rencontrent dans des clubs privés, forment un groupe très fermé. Les békés sont soucieux de préserver leur mainmise sur toutes les richesses de l'île : « [Ils] se serrent les coudes, s'entraident financièrement, veillent à conserver les plantations dans l'indivis, se marient entre eux, monopolisent la totalité des bénéfices réalisés par l'industrie sucrière, contrôlent les banques, la presque totalité du commerce d'exportation et d'importation et dominent la préfecture[48] » Le peuple n'est ordinairement peu à même de les approcher. Ainsi il ignore ou peut facilement faire semblant d'ignorer l'attitude que cette poignée d'« aristocrates » éprouve à son égard, racisme qui s'affiche peu ouvertement, les békés se souvenant des révoltes passées. La scolarisation dont les enseignements portent sur la civilisation occidentale, l'histoire et la philosophie suscite l'intérêt du jeune Martiniquais. Il adhère aux valeurs rationnelles, humanistes et progressistes dont elle est porteuse et ce malgré l'impasse faite sur d'autres faces sombres telles que l'esclavage et la traite qu'elle occulte à dessein. Cette imprégnation, Fanon ne la renie pas, mais il saura faire la part entre l'ouverture aux autres et les violences symboliques et physiques dont elle est porteuse. Il optera, ultérieurement, pour les Lumières, Sartre ou Aragon et, en 1952, considère : « Je suis Français. Je suis intéressé à la culture française, à la civilisation française, au peuple français[49]. »

Les premières lézardes : Vichy

La déroute de la stratégie militaire des commandements de l'armée française et plus généralement de l'ensemble de la classe politique conduisent à un armistice et à l'instauration d'un succédané de régime sous l'égide du maréchal Pétain. Ces évènements, plus qu'inattendus, concourent à une remise en cause du fait racial.

La marine est restée fidèle à l'État national institué par Pétain. Des navires débarquent leurs hommes à la Martinique et les cantonnent pour contrer les forces américaines et anglaises, ennemies du régime nazi et de ses collaborateurs pétainistes. Précédemment les soldats présents sur place ne représentaient qu'une force subsidiaire à la gendarmerie.

Dorénavant, et pour plusieurs années, paradent dans les rues ces métropolitains armés. Ces marins sont peu amènes avec la population locale cela d'autant que celle-ci est de couleur, ce qui exacerbe leurs préjugés. Les Anglo-Américains instaurent un blocus naval de l'île afin d'empêcher ces bâtiments et leurs troupes de rejoindre les forces de l'Axe. Ceci est au-delà des capacités des forces militaires de l'amiral Robert, officiant au nom du régime de Vichy. Les békés et l'oligarchie lui apportent leur soutien, appui qui pourrait permettre de restreindre un peu plus les quelques avancées sociales ou économiques obtenues par les populations.

Rétifs à cette situation, Aimé Césaire, son épouse Suzanne, René Ménil, Aristide Maugée, ont fondé la revue *Tropiques*, publication à périodicité trimestrielle. Les conditions économiques et les provocations des marins conduisent les Martiniquais à s'interroger et à douter du moins de cette France-là. Cependant l'arriéré assimilationniste mis en place par la démocratie libérale résiste. Ces comportements sont considérés comme relevant de faux Français, les véritables Français ne pouvant être que les enfants de 1789, de Victor Schœlcher… L'appel du Général de Gaulle, la France libre renforcent la certitude « que la France, la leur, n'avait pas perdu la guerre mais que des traîtres l'avaient vendue[50]. » La prise de conscience, un instant matérialisé, se trouve reportée, du moins pour le plus grand nombre.

Frantz Fanon fait partie de ceux-là. En avril 1943, alors que Césaire enseigne, il part vers l'île britannique de la Dominique, point de ralliement des « gaullistes », et ce pour rejoindre les opposants au régime de Vichy et défendre la liberté. « La naissance de la France libre eut un écho extraordinaire en Guadeloupe. On a appelé cette époque, l'époque de la dissidence. Les gens, les jeunes surtout, quittaient l'île par petits bateaux pour gagner les îles anglaises, notamment la Dominique très proche, où ils s'enrôlaient dans les forces de la France libre[51]. » Quelques mois plus tard, devant le blocus économique organisé par les États-Unis et devant la révolte des masses martiniquaises, l'amiral Robert est contraint de quitter l'île. De retour à la Martinique, Fanon, comme ses amis Marcel Manville et Pierre Mosole, décide, contre l'avis des siens, de continuer la lutte contre l'ennemi immédiat : le nazisme[52]. En 1944, un bataillon de volontaires est levé. Il en fait partie : « Quand des hommes, non pas fondamentalement mauvais mais mystifiés, ont envahi la France pour l'asservir, mon métier de Français m'indiqua que ma place n'était pas à côté, mais au cœur du problème. Je suis intéressé personnellement au destin français, aux valeurs françaises, à la nation française[53]. »

Cependant une fissure a ébranlé le décor, le trompe-l'œil assimilationniste. « Jusqu'en 1939 l'Antillais vivait, pensait, rêvait [...] composait des poèmes, écrivait des romans exactement comme l'aurait fait un blanc. [...] L'Antillais s'identifiait au blanc, adoptait une attitude de blanc, "était un blanc"[54] » Dorénavant il n'est plus tout à fait ce citoyen français de plein droit, à la peau sombre, qu'il voulait être. Les élections qui suivent la Libération et le succès des partis de gauche, marquent le réveil du peuple antillais[55].

Le contact avec l'Europe

Le 12 mars 1944, Fanon embarque sur l'*Oregon*, vers le Maroc. À Guercif, puis Meknès, les conditions sont très dures. L'inactivité, le racisme des officiers, les rivalités politiques entre gaullistes, dont Fanon, et partisans du Général Giraud, l'ambiguïté de la situation des Antillais concourent à l'isoler, lui et ses amis. Dans l'armée, Fanon est directement confronté aux Africains. Lui qui, enfant, s'esclaffait des coutumes des sauvages sénégalais, lui qui associait automatiquement noir à mauvais se trouve face aux « barbares ». Antillais, il sert à titre d'Européen, mais cette situation qui, de Fort-de-France, semble naturelle, lui apparaît comme un « privilège ». Étant « Blancs et bacheliers », le commandement les transfère à Bougie, dans une école préparatoire d'officiers. En août 1944, volontaire pour les opérations de débarquement, Fanon touche, en libérateur, le sol de la mère patrie. Début septembre, le bataillon remonte vers Besançon. Le froid, les marches forcées déciment les troupes. En novembre, Fanon est blessé d'un éclat de mortier. Évacué, il demande à revenir sur le front. Au lendemain de l'armistice, il retourne à Fort-de-France. Le pari des « masques blancs » de la guerre de 1914-1918 est tenu. C'est un libérateur décoré que la province martiniquaise retrouve.

Pendant cette longue pérégrination, Fanon commence à appréhender la difficulté et l'écartèlement de l'Antillais pris entre d'une part son statut de Français et d'autre part la couleur de sa peau. En contact avec la réalité raciste d'un certain monde blanc, Fanon se sent, se voit, comprend qu'il est « différent », qu'il n'est pas à l'image de ce que son enfance et son éducation lui désignaient. « Dans sa jeunesse, il avait cru pouvoir surmonter, par sa culture et sa valeur, la ségrégation raciale ; il s'était voulu français : pendant la guerre, il avait quitté la Martinique pour se battre. Faisant sa médecine à Lyon il avait compris qu'aux yeux des Français un Noir restait toujours un Noir[56]. »

Au contraire de Césaire qui s'engage avec plus ou moins de réserve dans la lutte politique, car il a, plusieurs années auparavant, réglé certains comptes avec lui-même, le « masque blanc » Fanon n'en finit pas d'agoniser. Cette lente et douloureuse situation tient aux outils intellectuels et idéologiques dont il dispose. Face au traumatisme du regard raciste des Blancs, il ne détient que les arguments de l'adversaire, ceux de l'imposition culturelle du colonialisme. Il s'efforce de fuir son identité quotidienne en se référant à l'idéologie libérale : retrouver l'Homme, les concepts purs. Il se révolte contre l'ostracisme dont il est l'objet, lui Frantz Fanon, en s'efforçant de saisir les raisons du « préjugé de couleur ». Des années de contact direct avec le monde raciste feront tomber, peu à peu, les illusions. De *Peau noire, masques blancs* aux *Damnés de la terre*, une compréhension socioanthropologique de l'histoire se dessine.

Frantz Fanon, en France, dans le contexte du conflit armé auquel il a participé comme combattant, appréhende d'autres mondes dont celui tant d'un racisme effectif que d'une désillusion. Les valeurs qui l'avaient fait rejoindre les troupes françaises s'appuyaient sur des convictions tant négatives, celles d'un rejet du nazisme et du racisme qu'il implique, que positives, le ralliement aux forces qui s'y opposaient. La réalité n'a pas été celle qu'il pouvait imaginer si ce n'est la défaite allemande à laquelle il a physiquement contribué dans le cadre de l'armée du Rhin. Pour sa vaillance, blessé lors d'une opération dans les Vosges, il est décoré, paradoxe, par le futur général Salan, l'un des artisans des tentatives d'éradication de la rébellion algérienne. L'idée que Fanon se fait de la France, de la république garante des droits de tous les citoyens dont à l'évidence les siens, ceux d'un Martiniquais, ne sont pas au rendez-vous. Tant au sein de l'armée que dans divers contextes métropolitains, il constate que ses attentes sont erronées : « Un an que j'ai laissé Fort-de-France. Pourquoi ? Pour défendre un idéal obsolète [...] Car cette fausse idéologie, bouclier des laïciens et des politiciens imbéciles, ne doit plus nous illuminer. *Je me suis trompé* (*sic*). Rien ici qui justifie cette subite décision de me faire le défenseur des intérêts du fermier quand lui-même s'en fout[57]. »

Cette attitude est renforcée, lors de son retour, par le constat que, à la différence de certains en France, il n'y a pas eu de résistance radicale à la Martinique. Une telle situation, la population ne paraît pas prête à la remettre fondamentalement en cause. Pourtant la gauche est fortement représentée dans diverses instances. Aimé Césaire annonce ses intentions de répondre aux attentes de ses concitoyens. Fanon n'en reste pas moins sceptique. Il s'en fait l'écho dans un discours qu'il prononce en 1946 dans une ville martiniquaise : « Je vous exposerai les raisons pour quoi, nous jeunes, affranchis de toute conception politique, nous avons décidé de nous dégager de ce marasme sordide dans lequel nous nous trouvons [...] Les heures troubles de l'humanité vous ont trouvés amorphes et obliques... à l'heure où votre propre destinée était en jeu vous êtes restés étendus, la face au soleil [...] le Martiniquais, selon une formule célèbre d'un humoriste contemporain "se lève, hésite, se campe, tremble et le poids du soleil aidant, retombe"...[58] » Ce constat correspond à ses frustrations. Elles le conduisent à quitter cette terre qui, comme le constatait Césaire, dix ans plus tôt dans le *Cahier d'un retour au pays natal*, « passe à coté de son cri ». Mais ce dernier, député et maire élu à une très large majorité, pense, dorénavant, pouvoir, de l'intérieur du système, en modifier les conditions. Il s'agira d'abandonner le statut de colonie pour s'engager dans un autre contexte, celui postcolonial, de département.

L'humaniste écorché : Peau noire, masques blancs

Courant 1946, Fanon, désillusionné par ses compatriotes, est de retour en métropole. Les fantasmes de l'intégration le poursuivent. Désireux de se perdre dans la population blanche, il quitte Paris. Pour l'heure Fanon qui, un moment, envisageait de s'inscrire à l'école dentaire, choisit la faculté de médecine de Lyon. Il pense pouvoir trouver des éléments aptes à rendre compte des phénomènes psychologiques qui le concernent, lui et ses compatriotes antillais. Là, du moins, les Noirs sont exception. Il peut espérer ne plus voir ces douloureux reflets de lui-même.

Ces années de l'après-guerre marquent, après l'espoir d'une véritable transformation politique, économique et sociale, le reflux des forces progressistes. Malgré la majorité obtenue par les communistes et les socialistes à l'Assemblée nationale, les perspectives d'un gouvernement populaire sont repoussées. Les Francs-Tireurs et Partisans ayant été dissous, la démobilisation civile tout comme les difficultés de vie quotidienne dues aux rationnements facilitent le retour des représentants de la droite. En 1947, le Parti communiste est écarté du pouvoir. Aimé Césaire est l'un de leurs députés. L'embellie des lendemains de la Libération s'étiole. Le ministre socialiste Jules Moch fait intervenir l'armée contre les ouvriers en lutte. La France, aux mains d'intérêts économiques, un moment discrets, se distingue par sa politique antisociale et ses expéditions punitives dans ses possessions d'outre-mer. La répression s'abat sur des travailleurs martiniquais : trois morts au Carbet en mars 1948, ce qui conduit Césaire à s'en faire l'écho non seulement sur la scène politique mais également sur celle de la littérature, celle du poète à la plume acérée :

> *préfet*
> *dans le rire du vent*
> *dans les yeux des enfants*
> *on voit trembler tes mains de sang*
> *nous avançons sur le chemin*
> *germez fruits germez et pavoisez soleils*
> *à travers les rayures mille et une*
> *au ciel comme sur la terre de la pluie notre volonté*
> *bourreaux dans les bouses de l'avenir*
> *nous avançons notre chemin*[59]

En septembre de la même année, 1948, à la suite d'affrontements, un béké, commandeur dans une plantation autour de Basse-Pointe, est tué. Seize coupeurs de canne, dont un certain nombre de syndicalistes et de membres du Parti communiste, sont arrêtés. Jugés à Bordeaux, de crainte d'incidents à la Martinique, ils seront, faute de preuves, acquittés. Leur retour, auquel s'associe Césaire, sera, en 1951, occasion de liesse. Les partis traditionnels, ceux de la social-démocratie et du centre, s'efforcent en reprenant le pouvoir d'étouffer le scandale que les ailes les plus extrémistes de l'échiquier politique avaient suscité, attitude que Césaire stipendiera dans son *Discours sur le colonialisme*. Le procès des nazis et de leurs collaborateurs s'éternise. Le réarmement, lié à la guerre froide entre l'Ouest et l'Est, est à l'ordre du jour.

Dans ce monde équivoque et en porte-à-faux, l'intellectuel qu'est Fanon, pris entre sa position de classe et ses idéaux humanistes, cherche les siens. Il les trouve près des progressistes et libéraux de gauche, près d'Albert Béguin de la revue *Esprit*, de Sartre et de la revue *les Temps Modernes*, ainsi que, pour un intellectuel des départements d'outre-mer, de la revue *Présence Africaine* créée, en 1947, par Alioune Diop.

Cependant, en Afrique, en Asie, aux Antilles même, les intérêts des puissances occidentales rencontrent des résistances croissantes. Dès 1944, Charles de Gaulle a senti l'irrémédiable. Le discours de Brazzaville et ses accents autonomistes, celui de Constantine et ses appels à la fraternité essaient, par-delà la recherche d'un appui indispensable à la réussite de ses ambitions, de colmater les brèches. Dès la Libération, les intentions « généreuses » de l'Union française tombent. Les classes dirigeantes s'opposent à la réduction de leurs bénéfices provenant des territoires coloniaux ainsi qu'aux velléités autonomistes. La répression s'abat sur l'Algérie, sur Madagascar où, à l'appel du Mouvement démocratique de la rénovation malgache (MDRM), les Malgaches réclament l'indépendance. Des dizaines de milliers de morts répondraient de ces prétentions[60]. Dans « Du prétendu complexe de dépendance des colonisés », Fanon cite les dépositions faites au procès de Tananarive, dépositions accablantes pour la bonne conscience métropolitaine. Après l'échec de la conférence de Fontainebleau, en septembre 1946, l'Indochine à son tour s'embrase. Pendant plus de sept années, un peuple de couleur s'oppose aux intérêts européens.

À la Martinique, que Fanon a quittée, les forces de gauche ont enlevé, dans un premier temps, tous les sièges de députés. Basse-Pointe, résidence antérieure de Césaire, élit un maire communiste Les syndicats se développent très rapidement. Des grèves violentes éclatent. Les blancs-pays craignent cette nouvelle situation. Le préfet,

Pierre Trouillé, n'hésite pas à employer la manière forte… Cependant, peu à peu, comme le constate Césaire, l'assimilation se révèle sous sa véritable nature : les départements d'outre-mer ne sont que des entités de seconde classe. La situation des Blancs n'a pas de commune mesure avec les conditions économiques et sociales de la population de couleur. Plus vulnérables que la métropole, les îles retombent entre les mains des grands propriétaires, des industriels et des négociants. Les partis de gauche, plus fragiles que leurs aînés de France, restent étroitement dépendant des directives émanant de Paris quant aux spécificités des luttes à mener aux Antilles même.

En France, dans cette démocratie qui se dit égalitaire et dénuée de toute trace de racisme, Fanon et également Césaire continuent à devoir faire face dans la rue, dans les transports en commun, à la faculté, à ces manifestations aux multiples visages que les Antillais de retour de France n'évoquaient pas : « "Tiens, un nègre !" C'était un stimulus extérieur qui me chiquenaudait en passant. J'esquissai un sourire. "Tiens, un nègre !" C'était vrai. Je m'amusai. "Tiens, un nègre !" Le cercle peu à peu se resserrait. Je m'amusai ouvertement. "Maman, regarde le nègre, j'ai peur !"… Peur ! Peur ! Voilà qu'on se mettait à me craindre. Je voulus m'amuser jusqu'à m'étouffer, mais cela m'était devenu impossible[61]. » Mille phrases, mille situations où Fanon éprouve, au tréfonds de sa chair, la curiosité et la suffisance de l'Européen. « Mais je refusai toute tétanisation affective. Je voulais être homme, rien qu'homme[62]. » Ce contexte politique et social auquel se confronte avec ténacité Aimé Césaire, Fanon s'y réfère dans *Peau noire, masques blancs* mais d'une manière voilée. Une gêne semble le retenir ou plutôt peut-être le sentiment qu'il ne peut pas encore, qu'il ne connaît pas encore suffisamment les bases de l'oppression que lui-même et tous les colonisés subissent : « Le pronostic est entre les mains de ceux qui voudront bien secouer les racines vermoulues de l'édifice[63]. » Il n'est pas encore le militant algérien, l'auteur des *Damnés de la terre*. Il n'adhère pas à la perspective choisie par Césaire dont l'implication politique et administrative, déjà engagée depuis plusieurs années, ne lui semble pas capable de répondre aux traumatismes subis.

Cependant, lorsqu'il se trouve confronté au racisme, il s'exclame : « Le beau nègre vous emmerde, madame[64] ! » tout comme le fait

Césaire : « Le petit nègre t'emmerde[65]. » Ce dernier a, par le détour de la négritude, pris conscience des traumas antérieurs et de l'impossibilité de prétendre à autre chose qu'à la réalité différente noire mais tout aussi honorable que celle des Blancs.

La colère ne change rien. Proche des thèses du Jean-Paul Sartre de *Réflexions sur la question juive*, Fanon considère qu'à l'inverse du Juif esclave de l'idée que les autres ont de lui, le Noir est victime de son apparence. Il ne peut lui échapper. La noirceur est là, dense et indiscutable, cause première, irrémédiable : « Le linge du nègre sent le nègre [...] Les pieds du nègre sont grands – la large poitrine du nègre[66]. » Parallèlement à cette agression le monde de l'enfance s'effondre. À Fort-de-France, pendant la projection d'un film ayant comme personnage principal Tarzan, l'Antillais s'identifiait *de facto* à Tarzan, et ce à l'encontre des nègres. Dans une salle européenne la chose est beaucoup plus difficile car l'assistance qui est blanche l'apparente automatiquement aux sauvages de l'écran. De même, pendant la projection d'un documentaire sur les tribus africaines l'Antillais demeure pétrifié : « Là, il n'y a plus de fuite : il est à la fois Antillais, Boschiman et Zoulou.[67] »

À ce double choc, rejet violent du monde blanc, déliquescence de l'imposition culturelle, Fanon s'efforce d'opposer une démarche qui reflète les contradictions qui sont les siennes, celles d'un colonisé des classes moyennes. Il se rapproche, alors, des thèses avancées par Aimé Césaire et par Léopold Sédar Senghor, celle de la négritude, celle d'une revendication affirmée de sa couleur.

La remontée des fleuves

Devant ce mur infranchissable dont il n'a pas reconnu les bases sociales et économiques, Fanon, comme à regret, se décide à « pousser son cri nègre ». Il reprend les thèmes que Césaire avait brandis à la face de l'homme blanc. Le rythme, la Terre-Mère, le cosmos… Autant de manifestations qui dérangent son esprit critique. Fanon revient aux écrits des poètes antillais et noir-américains. Il passe sous silence leur contenu progressiste. Il essaie de s'attacher à ce qu'il croit pouvoir lui donner, cette identité qui fuit entre ses doigts. Il voudrait remonter à la source, retrouver l'essence du monde que chantent les poètes, tel Senghor.

Masques! Ô Masques!
Masque noir masque rouge, vous masques blanc-et-
*   noir*
Masques aux quatre points d'où souffle l'Esprit
Je vous salue dans le silence!
Et pas toi le dernier, Ancêtre à tête de lion.
Vous gardez ce lieu forclos à tout rire de femme, à tout
*   sourire qui se fane*
Vous distillez cet air d'éternité où je respire l'air de
*   mes Pères.*
Masques aux visages sans masque, dépouillés de toute
*   fossette comme de toute ride*
Qui avez composé ce portait, ce visage mien penché
*   sur l'autel de papier blanc*
À votre image, écoutez-moi!
Voici que meurt l'Afrique des empires – c'est l'agonie
d'une princesse pitoyable[68]

Fanon, dix ans après Senghor, également confronté à l'écriture, pense avoir retrouvé l'Un primordial. Tout au long de son étude revient cette constante : le désir de relever d'un ensemble populationnel sinon d'un monde cohérent.

Cependant, cette authenticité qu'il croit se reconnaître chancelle de nouveau. Ce lyrisme, cette soif d'absolu, les Blancs l'ont connu depuis fort longtemps comme en témoigne leur littérature. Une découverte redonne cependant l'espoir à Fanon : les civilisations noires. Depuis plusieurs décennies, l'histoire des peuples africains perce les murs du silence. Dès le début du siècle, à la suite des expéditions coloniales et des récits colportés, un intérêt très fort se fait parmi les artistes et intellectuels. L'art africain, art « naïf » puisqu'il s'agit de peuples « sans histoire », revivifie l'air pollué des grandes métropoles occidentales. Dans les recherches que mènent Henri Matisse, Georges Braque, Pablo Picasso, la sculpture nègre ce sera « l'autonomie du fait plastique ». Les missions scientifiques mettent au jour un nombre considérable d'éléments. Un passé féodal complexe et subtil apparaît sous la plume d'ethnologues. De toute façon, il n'est plus possible d'ignorer le royaume du Bénin ou l'Empire sonrhaï… Dans les années 1950, les travaux de Cheikh Anta Diop concourent à cette renaissance[69].

Néanmoins, là où Aimé Césaire et Léopold Senghor se laissent porter par la scansion littéraire, là où ils la dirigent, la mènent dans les chemins qui sont ceux qu'ils désignent sous le nom de négritude, l'étudiant lyonnais regimbe. Fanon a intégré, lui, l'aura scientifique qui entoure les travaux des hommes de sciences occidentaux. Il leur reconnaît un statut effectif en termes de résultat ou de finalité. Plus précisément, pour la psychiatrie, il voit le champ d'application qu'il peut leur assigner, et les manifestations cliniques qu'elle révèle.

Fanon mène une analyse réflexive, une autoscopie dont les instruments lui sont fournis par les sciences sociales et médicales. Cette approche scientifique contribue, par le statut qu'elle lui confère au sein de la société, à retarder une prise de conscience plus radicale des réalités politiques, à recréer un instant une matrice pour l'Antillais. Cependant elle est riche d'une profondeur remarquable par les résultats dont elle est porteuse, ceux qui marquent les empreintes les plus novatrices de l'œuvre à venir. En 1951, l'un de ses premiers écrits paraît sous le titre « L'Expérience vécue du Noir », dans un numéro de la revue *Esprit*[70]. Cette livraison s'ouvre sur l'étude de Fanon. « En bon tacticien, je voulus rationaliser le monde, montrer au Blanc qu'il était dans l'erreur[71]. » Le texte de Fanon rejoint une mise en cause plus générale des thèses racistes. Le temps où les qualités d'homme n'étaient reconnues au Noir qu'à condition qu'il professe la foi chrétienne et reçoive les sacrements est révolu.

Dès sa création, l'Unesco s'est préoccupée de définir et de condamner le racisme. En 1946, l'acte constitutif de l'Organisation dénonce, comme source de conflits, le « dogme de l'inégalité des races ». En 1950, un certain nombre de scientifiques, biologistes et anthropologues, rédigent une déclaration à la maison de l'Unesco, à Paris. Celle-ci conteste les thèses prônant la supériorité raciale pour leur opposer les similitudes fondamentales qui lient les membres de l'espèce humaine. Claude Lévi-Strauss, Otto Klineberg, Michel Leiris, Juan Comas, et d'autres, participent, sous l'égide de cette institution, à la rédaction d'un ouvrage intitulé *Le Racisme devant la science*. Claude Lévi-Strauss, dans sa contribution intitulée « Race et histoire », souligne l'importance de tenir compte de la diversité des cultures : « C'est le fait de la diversité qui doit être sauvé, non le contenu historique que chaque époque lui a donné et qu'aucune ne saurait perpétuer au-delà d'elle-même[72]. » Malgré la bonne volonté de ces hommes de science, de nombreuses réserves subsistent. Au lendemain de l'effondrement du fascisme poussé dans ses dernières outrances, le racisme se tient relativement coi. Mais il est toujours là, comme est toujours en place l'une de ses matrices, la société coloniale. Fanon n'a pas reconnu encore entièrement ces fondements. Pour faire face, il s'appuie sur les résultats scientifiques de ses pairs. Le rationnel doit forcer, jusque dans ses retraites, le préjugé de couleur.

À Lyon, à Paris, dans ces années 1950, Fanon se rend compte qu'il n'en est rien, que tous ces arguments s'effritent contre le quotidien, contre une certaine appartenance. L'égalitarisme n'est qu'une spéculation d'intellectuel.

[Les prises de conscience

Au troisième assaut que lui porte le monde blanc, Fanon demande grâce. L'attaque se fait sous l'angle politique. Elle se réfère à l'engagement du militant noir. Son porte-voix est le texte introductif à une anthologie de la poésie nègre : « Orphée noir », de Jean-Paul Sartre. La pensée de Sartre irrigue Fanon dans sa veine la plus existentielle, celle qui affirme l'homme libre de ses choix, hors des contingences. Et là c'est justement à la réalité historique que l'auteur de *l'Existentialisme est un humanisme* renvoie Fanon : « En fait, la Négritude apparaît comme le temps faible d'une progression dialectique : l'affirmation théorique et pratique de la suprématie du blanc est la thèse ; la position de la Négritude comme valeur antithétique est le moment de la négativité [...] Ainsi la Négritude est pour se détruire, elle est passage et non-aboutissement, moyen et non fin dernière[73]. » Pour Sartre, ce n'est pas un hasard si les chantres de la négritude sont aussi des militants engagés politiquement. Jacques Roumain, Aimé Césaire, Alioune Diop associent les causes de leur oppression en tant que nègres à celles des autres opprimés.

L'homme de bonne volonté Fanon est confronté à une démarche qu'il n'est pas, alors, à même d'assumer. Il ne se reconnaît pas ni, en l'occurrence, ne se réfère à la dynamique proposée par Georg Lukacs.

L'auteur d'*Histoire et conscience de classe* souligne que l'avènement de la société sans classe ne peut passer que par la disparition du prolétariat. Celle-ci implique la fin d'une société composée de différentes classes sociales antagoniques. Elle signifierait, à terme, l'avènement du socialisme, c'est-à-dire une extinction des intérêts divergents, suscitant, par là même, une fraternité entre tous les membres de l'espèce humaine[74]. De manière analogique, la négritude porte le dépassement de sa propre identité. Pour le Noir, c'est par un retour réflexif sur lui-même, sur ses origines, dont l'esclavage, et sur les conditions sociales et économiques qui l'astreignent qu'ultérieurement il pourra aborder de plain-pied l'universel. Cette perspective, énoncée par Sartre dans « Orphée noir », est l'une de celles que développe Césaire et que poursuit, de manière plus radicale l'Haïtien Jacques Roumain. En 1952, Fanon ne peut du moins alors n'être que renvoyé à ses propres fantasmes : « Je voulus me lever, mais le silence éviscéré reflua vers moi, ses ailes paralysées. Irresponsable, à cheval entre le Néant et l'Infini, je me mis à pleurer[75] ».

Dans une note de lecture de *Présence Africaine*, (note 12), Alioune Diop suggère que le titre de l'article de Fanon aurait pu être « L'Expérience vécue de l'intellectuel noir » plutôt que celui de « L'Expérience vécue du Noir », Fanon étant doublement déraciné en tant qu'Antillais et qu'Antillais cultivé. Par-delà la dramatisation quelque peu théâtrale du récit, par-delà ses contradictions « L'Expérience vécue du Noir » montre assez bien qui pouvait être alors, à 26 ans, l'étudiant Fanon. Au même âge, Césaire avait déjà réglé un certain nombre d'interrogations socioanthropologiques, dont les rapports que lui-même et les siens entretenaient entre race et société.

Le médecin lyonnais

Ayant quitté Paris pour s'installer à Lyon, Fanon a, de ce fait, peu d'occasions de croiser Aimé Césaire. Celui-ci vient souvent dans la capitale en particulier lors des sessions parlementaires. Fanon préfère Lyon, ville plus provinciale et moins trépidante. Il y a de nombreuses activités. Il participe à la rédaction d'un journal d'étudiants noirs, *Tam-Tam*, fait des conférences sur la poésie, sur le jazz qu'il a pu apprécier sur les ondes de la radio américaine lors de son séjour au Maroc, écrit des pièces de théâtre restées inédites : *Les Mains parallèles*, *L'Œil se noie*, *La Conspiration*, d'inspiration sartrienne[76] :

> *Un acte ! Je veux éclabousser le ciel enceint d'un acte*
> *vertigineux.*
> *Mains parallèles, d'un acte nouveau faites retentir le*
> *monde empesé.*
> *Un jour, un seul jour, l'homme a un jour à vivre.*
> *En un jour doit clore son existence.*
> *Un jour*
> *Un seul jour et c'est la mort*[77]

Il manifeste avec des éléments de la gauche contre la politique colonialiste du gouvernement. En mai 1949, les cendres de Victor Schœlcher sont transférées au Panthéon, brève embellie alors que s'est engagé le conflit indochinois. Pendant plus de sept années, Fanon, parallèlement à ses études et à ses diverses implications, prépare l'ouvrage séminal *Peau noire, masques blancs*. Il s'initie à la philosophie et plus particulièrement à l'école existentialiste, à la phénoménologie mais aussi aux thèses de Hegel et de Marx. Dans le cadre de sa pratique médicale, il se penche sur les travaux du père de la psychanalyse Freud et de ses multiples continuateurs dont Adler, Lacan, Bonaparte, etc.[78]. Dans les salles d'hôpital, en tant qu'interne, il se trouve en contact avec des travailleurs algériens. Peu à peu l'Antillais se reconnaît dans ces « sous-hommes », ces parias qui ne suscitent de la part des médecins, de tous les Européens, que pitié ou colère. Il prépare à la faculté de médecine de Lyon une thèse en psychiatrie. Entre-temps, il a eu une fille Mireille, d'une liaison avec une étudiante lyonnaise[79]. Ultérieurement, Mireille Fanon-Mendès France organisera des rencontres autour de l'œuvre de son père et présidera une fondation Frantz Fanon.

Fanon soutient sa thèse avec succès en novembre 1951, mais non sans accrocs, dus aux réticences de son directeur auquel il proposa, d'abord, son manuscrit *Peau noire, masques blancs*. L'intitulé de cette dernière est : « Altérations mentales, modifications caractérielles, troubles psychiques et déficit intellectuel dans l'hérédo-dégénération spino-cérébelleuse. À propos d'un cas de maladie de Friedreich avec délire de possession ». Jacques Postel souligne que cette thèse « permet [...] de saisir qu'il [Fanon] ne tient pas à isoler le biologique, pas plus que le sociologique, d'une psycho-pathogenèse[80] » Comme l'indique le directeur de cette livraison, c'est d'une vision globale dont il est question. Cette dernière se dira dans la praxis et l'œuvre en devenir.

En février 1952, Fanon quitte la métropole pour la Martinique. Pendant quelques mois il occupe un poste de médecin dans le sud de l'île, au Vauclin[81]. La vie antillaise et le manque de sollicitation intellectuelle lui sont difficilement supportables. De plus il n'a pas les implications politiques qui sont celles de Césaire et ne partage pas les opinions du Parti communiste. Il embarque de nouveau pour la métropole et ne reverra plus son île natale.

De retour en France, Fanon est attaché à divers services hospitaliers. Il s'est marié en 1952 avec Marie-Josèphe Dublé dont il aura un fils, Olivier. Le jeune Martiniquais, relativement insouciant durant son adolescence, plus féru d'escapade que de bachotage, est devenu une personne au statut reconnu et indiscutable, comme le relate son frère Joby[82]. Il est dorénavant docteur en médecine, professionnel appelé, comme il se doit normalement, à de hautes fonctions dans l'institution hospitalière. La reconnaissance universitaire s'accompagne d'un statut social plus qu'honorable dans le contexte de la société française, de sa répartition des rôles et des perspectives.

Il n'en reste pas moins que ce docteur a conscience des spécificités qui lui sont propres et qui le distinguent de manière objective de celles de ses alter ego. Il est noir, caractéristique d'autant plus marquante que rare pour un diplômé des facultés de médecine dans la France provinciale des années de l'après-guerre.

De cette situation il est averti par des étudiants originaires des colonies ainsi que par ses lectures de Césaire. Y participe également un registre ouvert d'ouvrages relevant de la philosophie, de la psychologie, de l'ethnologie et des sciences humaines et sociales. Il ne néglige dans ce spectre ni les auteurs et leurs textes canoniques ni les avancées les plus récentes.

Dans *Peau noire, masques blancs*, l'auteur travaille des thèmes césairiens tout en se distinguant de la perspective de la négritude. Il lui préfère l'ouverture humaniste : « Qu'il me soit permis de découvrir et de vouloir l'homme, où qu'il se trouve. Le nègre n'est pas. Pas plus que le Blanc[83]. » Pour Frantz Fanon, il ne faut pas s'attarder ni s'arrêter à ce premier stade, celui de la négritude, moment nécessaire mais non suffisant à l'insertion de subjectivités libérées dans un monde ouvert. La négritude, si elle est posée comme une fin en soi, ce qui n'est pas le cas pour Césaire, pourrait même se retourner contre ses contempteurs et susciter un racisme antiraciste reproduisant à terme les erreurs contre lesquelles elle s'élève.

Peau noire, masques blancs sort des presses des éditions du Seuil au printemps 1952 avec, en exergue, un extrait du *Discours sur le colonialisme* d'Aimé Césaire : « Je parle de millions d'hommes à qui on a inculqué savamment la peur, le complexe d'infériorité, le tremblement, l'agenouillement, le désespoir, le larbinisme[84]. » Ceci est une indication, parmi d'autres, de l'influence du poète-politique sur son cadet, comme le souligne Christian Lapoussinière, surtout si l'on s'attache à ce premier ouvrage de Fanon, comme le fait cet auteur[85].

Le corps, poids et mesure

L'ouvrage reprend le texte paru, en 1951, dans la revue *Esprit* : « L'expérience vécue du Noir ». D'autres études s'y ajoutent. Leur cohérence s'inscrit au niveau du titre : *Peau noire* au singulier et ses divers masques blancs au pluriel. Les sept chapitres éclairent de l'intérieur des comportements du colonisé face aux valeurs du colonialisme, attitudes névrotiques dont Fanon cherche la résolution. Ses instruments ne sont pas encore ceux qu'il utilisera dans *L'An V de la Révolution algérienne*, c'est-à-dire une analyse matérialiste des faits et des comportements dans une optique radicale. Ce sont les outils d'un intellectuel colonisé en rupture de valeurs cherchant, à travers divers cas cliniques, à ébaucher la problématique de l'imposition coloniale. *Peau noire, masques blancs* opte pour la solution libérale.

Dans son introduction Fanon éclaire sans équivoque son projet :

> *Vers un nouvel humanisme…*
> *La compréhension des hommes…*
> *Nos frères de couleur…*
> *Je crois en toi, Homme…*
> *Le préjugé de race…*
> *Comprendre et aimer…*[86]

En cela il est proche de l'interpellation également douloureuse du Rebelle d'Aimé Césaire, de ce constat d'une volonté d'exprimer sa simple humanité au-delà des prescriptions stigmatisantes : « Je suis un homme de soif bonne qui circule fou autour de mares empoisonnées[87]. »

Il s'agit de réunir, dans la famille idéale, des frères ennemis : le Noir et le Blanc. En fait ils ne seraient pas véritablement opposés étant donné que l'un est comme l'image renversée, la copie malhabile dont la seule couleur détermine la déqualification brutale : le Noir veut être Blanc. Mais le corps du Noir, sa densité chromatique conditionne l'idée même d'un échange possible. Le poids de ce corps stratifié dans des conjonctures biologiques raciales et socioanthropologiques n'est pas en mesure d'engager un dialogue. Le Blanc, lui, dégagé de tout poids génétique que signifierait son corps, s'acharne à réaliser une condition d'homme. Après ses tentatives infructueuses vers la négritude relatée dans « L'expérience vécue du Noir », Fanon se tourne exclusivement vers les valeurs blanches. Son corps et la totalité de ses virtualités se voient réduits à la seule dimension stigmatisante de l'épiderme pigmenté. La capacité qu'instruit l'altérité cesse d'être possible. Le corps dans sa « noirceur » est déclassé, par le regard et les propos de l'Autre. Il s'agira du raciste ou simplement du Blanc lambda, lui, comme innocent des préjugés que l'histoire a construits, et qui, mécaniquement, sans malice, énonce les termes et attitudes qui viennent à sa conscience, à sa manière d'adresser cet Autre réifié dans l'épaisseur que l'histoire et que la colonisation ont secrété. La colère ne débouche pas : « Le plus souvent il n'y a rien, rien que l'indifférence ou la curiosité paternaliste[88]. » Celui qui est habillé d'un tel parement est condamné à jouer la partition qui lui est impartie et dans laquelle il prend « naturellement » place. Il se coule. Il fait plus qu'adhérer car il n'y a plus l'espace d'une mise à distance. Son corps obstrue toute discussion. Il est triplement déterminé par l'histoire, par l'Autre – le Blanc – et par lui-même, le Noir, en société : « Le Martiniquais ne se compare pas au Blanc, considéré comme le père, le chef, Dieu, mais se compare à son semblable sous le patronage du Blanc[89]. » C'est cette complexité qu'il s'agit, pour Fanon, d'élucider, celle de descendants d'esclaves qui ne se seraient pas battus mais auraient accepté la complaisance et la magnanimité du maître, leur libérateur : « Le Noir a été agi[90]. » Ce ne sera pas le moindre intérêt que de voir, au terme de l'ouvrage, l'auteur toujours masqué, mais cette fois du loup de l'intellectuel libéral et progressiste qui interroge le poids de son corps lesté de plomb à la mesure de ses attentes : « La densité de l'Histoire ne détermine aucun de mes actes. Je suis mon propre fondement[91]. »

Par ces propos, que ne renierait aucun idéaliste libéral, ce libéral Fanon cherche cependant à cerner les facettes de cette « infériorité du Noir ». L'enseignement à la Martinique ne se fait qu'en français. Le créole est banni. Le Français devient pour le jeune Antillais, malgré le fait que son corps s'exprime « spontanément » en créole, la clef des connaissances, de la promotion sociale. Dans les années de repli qui suivent la Première Guerre mondiale, peu d'alternatives contestent cette imposition. La quasi-totalité des écrivains antillais, à quelques exceptions près tel Gilbert Gratiant, s'exprime par le biais de la langue coloniale. Des thèses soutenant le créole sans forcément s'y adonner ne viendront que vers la fin du siècle.

Corps contre corps

Des rapports sexuels entre les deux couleurs, Fanon n'envisage que le schéma Noir vers Blanc, situation hétérosexuelle qu'il connaît[92]. En accord avec l'analyse de l'oppression culturelle et de la servitude du Noir, il essaie d'en dégager les vecteurs antérieurs. Pour les approcher, il s'appuie sur la trame de deux romans illustrant certaines des névroses que présente, face au partenaire blanc, le colonisé.

Les comportements phobiques vis-à-vis du monde blanc, il veut tenter de les résoudre par le recours à la psychanalyse : « L'amour authentique demeurera impossible tant que ne seront pas expulsés ce sentiment d'infériorité ou cette exaltation adlérienne, cette surcompensation, qui semblent être l'indicatif de la Weltanschauung noire[93] » La recherche du corps blanc devient un mythe sexuel qui, « transité par des consciences aliénées[94] », gêne une compréhension active. Pour se faire il met en perspective deux ouvrages mettant en scène ces tensions : *Je suis Martiniquaise* de Mayotte Capécia et *Un homme comme les autres* de René Maran. Ce dernier, prix Goncourt, de 1921, est salué, alors, par la communauté noire parisienne. Ces romans argumentent, avec subtilité, cette humilité, ce comportement phobique du Noir ou de la

Noire face aux représentants du monde blanc, désirés et, *a priori*, hors de portée, inaccessibles. L'éventuelle liaison officielle signifie un saut radical de statut, une mutation de l'intéressé(e) : pour Capécia, « elle était reconnue dans son comportement sur compensatoire. Elle n'était plus celle qui avait voulu être blanche, elle était blanche. Elle entrait dans le monde blanc[95]. »

Cette situation entre sexe et racisme, d'autres auteurs s'y sont attachés. Le personnage shakespearien Othello est un des classiques de la littérature. Noir tout-puissant, il ne peut se convaincre de l'amour que lui porterait, malgré les intrigues montées à son insu, la Blanche pure et innocente Desdémone. Bug-Jargal, le nègre marron de Victor Hugo, connaît également, quoique dans d'autres circonstances, cette aporie. Son amour pour la fille du colon blanc Marie, épouse de son ami français, Léopold d'Auverney, n'en est pas moins, consciemment, désespéré et sans issue. Il l'absoudra dans son sacrifice. Cette attitude névrotique, on la retrouve sous d'autres latitudes, dans des contextes où les rapports entre peuples sont soumis au principe de domination. *Madame Butterfly* de Giacomo Puccini, tirée du drame de David Belasco, est composée dans sa version parisienne, en 1906. L'héroïne se croit, par son union officielle avec l'officier américain blanc Pinkerton, une Américaine et non plus une pauvre geisha japonaise, statut qu'elle rejette avec vigueur malgré les admonestations de son entourage. Le Blanc dominateur reviendra. Mais c'est pour annoncer son mariage avec une authentique blanche américaine et qui plus est pour enlever le fils né de sa liaison éphémère, le petit métis auquel on s'efforcera de faire oublier une partie de ses origines, jaunes en l'occurrence. Ce dramatique scénario se répète, ailleurs, en contexte colonial.

Hors des contingences historiques, au-dessus des réalités socio-économiques, il faut s'efforcer de réconcilier l'homme noir et l'homme blanc. Le divan du psychanalyste pourrait apporter une solution aux traumatismes nés de la situation coloniale. L'intérêt des analyses fanoniennes tient, ici, à la mise au jour de la psychologie du Noir assimilé ou en voie de l'être, qui se veut ou qui se fait, *nolens volens*, l'allié de la puissance coloniale et assume l'imposition culturelle.

Psychologie de la colonisation

L'ouvrage *Psychologie de la colonisation*, d'Octave Mannoni, un temps professeur à Fort-de-France, lui en a fourni l'occasion. Dans un chapitre intitulé « Du prétendu complexe de dépendance du colonisé », Fanon s'oppose aux propos de Mannoni qui, sous couvert d'objectivité et de travail scientifique, ne fait qu'objectivement légitimer le fait de la colonisation : « Presque partout où les Européens ont fondé des colonies du type qui est actuellement "en question", on peut dire qu'ils étaient attendus, et même désirés dans l'inconscient de leurs sujets. Des légendes, partout, les préfiguraient sous la forme d'étrangers venus de la mer et destinés à apporter des bienfaits[96]. » Contre ces arguments, Fanon fait appel aux « vieilles civilisations courtoises » chères aux chantres de la négritude.

Déjà Césaire avait pointé les failles de l'approche mannonienne. Dans le *Discours sur le colonialisme*, il vilipende ces thèses toujours présentes chez de nombreuses célébrités européennes, arguments participant à légitimer les comportements les plus inhumains, ainsi des propos d'Ernest Renan, de Jules Romain, du révérend père Tempels ou d'Octave Mannoni : « Qu'on le suive pas à pas dans les tours et détours de ses petits tours de passe-passe, et il vous démontrera clair comme le jour que la colonisation est fondée en psychologie ; qu'il y a de par le monde des groupes d'hommes atteints, on ne sait comment, d'un complexe qu'il faut bien appeler complexe de dépendance [...] Foin du racisme ! Foin du colonialisme ! ça sent trop son barbare. M. Mannoni a mieux : la psychanalyse. Agrémentée d'existentialisme, les résultats sont étonnants : les lieux communs les plus éculés vous sont ressemelés et remis à neuf ; les préjugés les plus absurdes, expliqués et légitimés ; et magiquement les vessies deviennent des lanternes[97] » De tels propos, énoncés en 1950, avec la verve habituelle du poète, ne peuvent que toucher Fanon qui écrit donc, en 1952, ce chapitre de *Peau noire, masques blancs* intitulé « Du prétendu complexe de dépendance du colonisé ».

L'ethnologue médecin Mannoni pose l'équation que les populations colonisées, en l'occurrence les Malgaches, cadre de ses recherches, ont, par des valeurs spirituelles et religieuses particulières telles que plus précisément le culte des morts, un rapport au monde où prévalent les instances hiérarchiques, le respect des anciens et de la coutume. Selon Mannoni, ces données s'opposent à une dynamique de changement et de transformation sinon de progrès, telle qu'entendue par les occidentaux. Cet immobilisme rend compte de l'état dans laquelle se trouve la population malgache, c'est-à-dire dans un contexte bloqué par des cultes et des références centrés sur le passé. Cette situation ne permet pas de construire des devenirs adaptés à des données changeantes. La remise en cause par les colonialistes de ces valeurs assimilées à des éléments rétrogrades où se conjuguent tradition, statisme et magie, peut déboucher sur le chaos. L'absence d'autorité régulant et reproduisant des pratiques inscrites dans les dimensions fondamentales de l'*ethos* et des pratiques de ces populations conduirait, dès lors, à des comportements irrationnels. Ils rendraient compte d'actes de violence antérieurement contenus par une non-transgression des lois et des usages sous peine de sanctions. Ces thèses, que Fanon stipendie, concourent à enfermer les populations colonisées dans des prénotions et renforcent leur dépendance. Pour des médecins, psychologues, neurologues de l'École dite d'Alger, également critiques des « mentalités » indigènes, le colonisateur prend, peu ou prou, la place des anciens et des hiérarchies antérieures. Il assure ainsi l'autorité nécessaire non seulement à la reproduction des statu quo mais également le maintien de la paix au sein des populations colonisées.

Alice Cherki considère que les théories mannoniennes auxquelles Fanon est particulièrement attentif auraient pu avoir, comme effet second, de contribuer à « la réticence de Fanon à s'engager personnellement dans une cure psychanalytique[98] ». Les études dans lesquelles il est alors engagé lui imposent d'analyser précisément les propos de ce « confrère » Manonni. Il en retient qu'ils confortent, aux lendemains des insurrections menées par le Mouvement démocratique de la rénovation malgache (MDRM) et de leurs répressions sanglantes, en 1947, les opinions voulant que la colonisation ait des vertus particulières dont celle de résoudre les conflits internes de ces sociétés : « Tous les peuples ne sont pas aptes à être colonisés, seuls le sont ceux qui possèdent ce besoin[99] » En fait, nombre de sociétés féodales de l'Afrique des côtes n'ont vu rapidement en l'étranger que sa puissance. Ne pouvant pas toujours s'approprier ses richesses par la diplomatie et les jeux de la séduction, la force brutale marqua, pour des siècles, les conditions de l'échange inégal. Quant aux légendes autour du thème de l'étranger, bienfaiteur venu de la mer, il faut les resituer dans leurs fonctions religieuses, retrouver leurs référents historiques, les rapprocher de mythes semblables qui hantent les sagas religieuses de nombreux peuples.

La colonisation, Mannoni ne la conçoit que sous un angle positif, les exactions n'étant que le fait de subalternes : « La civilisation européenne et ses représentants les plus qualifiés ne sont pas responsables du racisme colonial ; mais celui-ci est l'œuvre de subalternes et de petits commerçants, de colons qui ont beaucoup trimé sans grand succès[100] » Ce type d'affirmation, émise après une occupation nazie pendant plusieurs années en France, laisse perplexe. Pour Mannoni, les racismes diffèrent entre eux. Césaire a pourtant montré les connivences entre le nazisme et le colonialisme. Fanon déconstruit cette psychologie et dégage son envers : les complexes du colon face au colonisé, ceux de Prospero vis-à-vis de Caliban, c'est-à-dire fondamentalement de l'omnipotence face à la différence et à l'altérité.

Le masque libéral dont Fanon est encore victime ne résiste pas à de telles assertions. Césaire, Sartre, Jeanson, sont là pour l'aider à refuser cette dichotomie. Fanon cite longuement un extrait du *Discours sur le colonialisme* de Césaire, passage qui rappelle à la bourgeoisie européenne qu'à un certain moment de son histoire ses prisons se sont emplies, que les tortionnaires se sont mis à discuter autour des chevalets. « On s'étonne, on s'indigne, on dit : " Comme c'est curieux ! Mais, bah ! C'est le nazisme, ça passera ! " Et on attend et on espère ; et on se tait à soi-même la vérité, que c'est une barbarie, mais la barbarie suprême, celle qui couronne, celle qui résume la quotidienneté des barbaries ; que c'est du nazisme, oui, mais qu'avant d'en être la victime, on en a été le complice ; que ce nazisme-là, on l'a supporté avant de le subir, on l'a absout, on a fermé l'œil là-dessus, on l'a légitimé, parce que, jusque-là, il ne s'était appliqué qu'à des peuples non européens[101] » Pour Fanon, face aux massacres des peuples de couleur, la responsabilité est collective. L'interprétation psychanalytique doit, une fois les mobiles éclairés, permettre au Noir « de *choisir* l'action (ou la passivité) à l'égard de la véritable source conflictuelle, c'est-à-dire à l'égard des structures sociales[102]. »

Les deux derniers chapitres de *Peau noire, masques blancs* précisent la pensée de Fanon vis-à-vis des possibilités thérapeutiques. Il les nomme « Le nègre et la psychopathologie » et « Le nègre et la reconnaissance » L'humour n'y est pas absent : « Dernièrement je lisais dans un journal pour enfants cette phrase, qu'illustrait une image où un jeune scout noir présentait un village nègre à trois ou quatre scouts blancs : "Voici la chaudière où mes ancêtres faisaient cuire les vôtres" […] Je pense que l'auteur a, sans le savoir, rendu service aux nègres. Car le jeune Blanc qui le lira ne se représentera pas le nègre comme mangeant le Blanc, mais comme l'ayant mangé. Incontestablement, il y a progrès[103]. »

Fanon reprend et développe, dans le contexte des Antilles, la notion de la subjectivité. Celle-ci est confrontée à l'objectivation qui résulte de la présence de l'Autre, du regard de l'Autre et des impositions de sens qu'il assigne. Il s'appuie en particulier sur Sartre et son étude *Réflexions sur la question juive* et le cite : « Le Juif est un homme que les autres hommes tiennent pour Juif : voilà la vérité simple d'où il faut partir… C'est l'antisémite qui *fait* le Juif[104] » Tout comme Aimé Césaire associant étroitement le sort des colonisés à celui des juifs :

> *Partir.*
> *Comme il y a des hommes-hyènes et des hommes-*
> *panthères, je serais un homme-juif,*
> *un homme-cafre*
> *un homme-hindou-de-Calcutta*
> *un homme-de-Harlem-qui-ne-vote-pas*
> *l'homme-famine, l'homme-insulte, l'homme-torture*
> *on pouvait à n'importe quel moment le saisir le rouer*
> *de coups, le tuer – parfaitement le tuer – sans avoir*
> *de compte à rendre à personne sans avoir d'excuses à*
> *présenter à personne*
> *un homme-juif*
> *un homme-pogrom*
> *un chiot*
> *un mendigot*[105]

Transposant cette allocation de sens, dont l'apparente naturalité porte en elle plus que de l'opprobre mais à terme l'éradication, Fanon interroge la situation du Martiniquais noir également réifié par les Autres et leur idéologie colonialiste. Cette appréhension est fondée sur des valeurs attachées aux notions de races humaines, réflexions développées au XIXe siècle par nombre d'observateurs européens quant à la pigmentation de la peau et aux valeurs physiques et intellectuelles supposées correspondre à cette catégorisation. Le concept de négritude a tenté, en s'appropriant des éléments de cette typologie, de retourner les valeurs négatives associées à la couleur noire pour, en l'assumant partiellement, redonner au sujet une part de sa subjectivité, de sa capacité à devenir ce qu'il est et ainsi à ne pas être le jouet des assignations de sens que les autres lui imposent. Ainsi pourra-t-il échapper à la fausse conscience pour construire, comme l'analyse Fanon, sa propre liberté au-delà des déterminations et de l'objectivation que le monde extérieur, et en particulier la situation coloniale, génère pour les personnes dites de couleur. Au terme de son étude sur la peau et ses masques, Fanon, néanmoins, se veut français. Dans le monde utopique dont il rêve, il aperçoit au-dessus d'un champ de bataille qui aura enfin forcé le Blanc à reconnaître le Noir en tant que personne, un monument au sommet duquel « un Blanc et un Nègre *qui se donnent la main*[106]. »

En 1952, Fanon semble n'aspirer qu'à cette reconnaissance mythique. La valorisation personnelle, il la connaît déjà en tant que médecin diplômé des facultés métropolitaines. La sortie de *Peau noire, masques blancs* dans une grande maison d'édition, autre symbole, marque son entrée dans l'intelligentsia parisienne. Il s'affirme en tant qu'écrivain au style nerveux, « quasi poétique » (Jeanson), à la pensée neuve, « révolutionnaire ». Un possible recherché par tous les masques blancs s'ouvre devant lui. Tout concourt à le pousser peu à peu au sein de la grande famille de la bourgeoisie libérale européenne, celle qui sait, qui peut se permettre de parfois contester l'ordre établi, le sien, sans que cette critique ne remette en question son statut d'intellectuel ou d'artiste reconnu, sa notoriété et par là, son impunité. Pour Fanon, les choix semblent ouverts : Fanon, médecin-chef des hôpitaux, grand spécialiste des névroses « de couleur », exemple de ces colonisés émancipés prenant le relais d'une certaine forme de l'impérialisme et dont l'agrégé Senghor est une des figures-types ou bien, autre possibilité, Fanon, pamphlétaire, écrivain de renommée internationale, député « français » siégeant à l'Assemblée française, autonomiste et progressiste sincère... à l'image de Césaire.

La révolte humaniste

Dans le mécanisme d'intégration de ce Français à la peau sombre, quelque chose grince et enraye de plus en plus le processus normal. Ces rapports à sa famille peuvent participer aux mobiles de ses comportements ultérieurs. Ils ne sauraient cependant donner lieu à une littérature voyant dans sa réserve vis-à-vis d'une parentèle trop assimilée, ou du moins peu engagée, des mobiles l'ayant porté vers cette nouvelle famille rencontrée auprès de combattants et d'intellectuels algériens.

Fanon apparaît, avant tout, comme un homme désintéressé, un écorché. Les rets des compliments et des promotions ne peuvent l'atteindre car il se trouve beaucoup trop loin, trop près de la réalité, de ce réel qu'il appréhende et dont il donne, à travers *Peau noire, masques blancs*, une transcription convertissant la douleur, la déchirure qu'il ressent quotidiennement en appel à la fraternité. Ne citant que pour mémoire les modalités d'une thérapeutique radicale, niant toute détermination historique, Fanon ne débouche, au terme de son approche, que sur une résolution principalement psychologique. La Liberté et l'Amour seuls portent réponse : « Ma liberté ne m'est-elle donc pas donnée pour édifier le monde du *Toi* ? [107] » La logique du colonialisme, l'hypocrisie de la bourgeoisie antillaise ne lui paraissent alors qu'ignorance, quasi-épiphénomènes véniels.

Cette aporie rousseauiste correspond à l'idéologie de la frange néo-marxiste de la bourgeoisie libérale. Elle est partiellement celle de la revue *Esprit*, celle des éditions du Seuil où paraissent ses écrits, sinon celle de certains existentialistes... Cependant, à l'inverse de ses pairs européens, le réel va faire craquer ce paysage. L'auteur de *Peau noire* ne peut plus se contenter du registre de la plainte. Il lui apparaît que sa place n'est plus auprès des hommes de science de bonne volonté, des idéalistes qui se contentent d'analyses, de vœux pieux, mais auprès de ceux qui luttent pour que les souffrances de l'homme prennent fin. Ceux-ci voient dans le réel la cause des afflictions, dans le colonialisme les racines des névroses, dans l'exploitation le terreau de la damnation.

Ces analyses, il en perçoit les limites, et la nécessaire prise de conscience des réalités économiques et sociales. De cet aspect fondamental Fanon fait, alors, plus qu'un rappel. « Pour le nègre qui travaille dans les plantations de canne du Robert, il n'y a qu'une solution : la lutte. Et cette lutte, il l'entreprendra et la mènera non pas après une analyse marxiste ou idéaliste, mais parce que, tout simplement, il ne pourra concevoir son existence que sous les espèces d'un combat mené contre l'exploitation, la misère et la faim[108] » Il cite, une fois encore, un passage du *Cahier d'un retour au pays natal* où Césaire s'exhorte à cette attention aux autres : « Et surtout, mon corps, aussi bien que mon âme, gardez-vous de vous croiser les bras en l'attitude stérile du spectateur, car la vie n'est pas un spectacle, car une mer de douleurs n'est pas un proscenium, car un homme qui crie n'est pas un ours qui danse…[109] » Ses prises de position ultérieures seront le résultat de sa pratique militante aux côtés du peuple algérien, des corps humiliés et souffrants se libérant des gangues de l'histoire. Elles féconderont les notions déjà latentes dans *Peau noire* et remettront sur ses pieds l'idéalisme hégélien dont il est, alors, porteur et prisonnier.

Des présupposés à l'implication

Dans l'exercice de sa profession, Fanon se trouve en contact, dans les hôpitaux, avec d'autres colonisés : des ressortissants du Maghreb. Leur peau « claire » ne les protège pas des sarcasmes sinon de la haine de certains Européens. La Tunisie et le Maroc ont rejeté, à leur tour, après l'Indochine, le colonialisme. L'Empire s'effondre sous la marée des luttes de libération. À Lyon, les travailleurs immigrés algériens et marocains subsistent misérablement. Manœuvres, ouvriers non qualifiés, ils constituent le contingent corvéable nécessaire à la production voire la réserve de main-d'œuvre utilisable en cas de grèves ou de conflits entre patronat et ouvriers français. Les organisations syndicales ne s'opposent pas toujours avec succès à cette politique qui vise à diviser les travailleurs. Il en résulte une méfiance latente d'une certaine partie des masses françaises à l'égard des Nord-Africains alimentée par les guerres coloniales et les perversions qu'elles suscitent au sein même de la classe ouvrière. Exploités, maltraités, mal-logés, sous-alimentés, suspectés par la population, les Nord-Africains constituent une part importante de la « clientèle » des hôpitaux. Le racisme dont ils sont l'objet suscite des similitudes avec les névroses que Fanon a reconnues chez les Antillais, quoique ceux-ci, de par leur volonté d'intégration, nient souvent ces effets. Albert Memmi, Juif tunisien, témoigne également de cette situation à la fois d'évitement et de mimétisme névrotique : « J'avais honte des miens et de moi-même ; de ma langue natale, de nos institutions et de nos habitudes collectives. C'est en essayant de dépasser ce refus de soi que j'ai découvert, intellectuellement cette fois, tout le reste[110] » Ce qui conduit Memmi à déconstruire les effets du colonialisme, thème abordé dans ses ouvrages écrits en ce milieu du XXᵉ siècle dont, en particulier, *Portrait du colonisé* également préfacé par Jean-Paul Sartre[111]. Cette décennie 1950 est riche du *Discours du colonialisme* de Césaire et de *Peau noire, masques blancs* de Fanon. Cependant, à la différence des Antillais, les Algériens, les Marocains, les Tunisiens constituent autant d'entités nationales avec leur sol, leur langue, leur religion… Caractéristiques que l'imposition culturelle ne peut contourner et encore moins détruire. Fanon, désespérant des Antillais, se rapproche de ces colonisés qui, face à la morgue blanche, ont une réalité, une solidité incomparablement plus positives que celles des « nègres blancs ». De plus il ne connaît des Antillais que principalement la bourgeoisie n'ayant pas, comme Césaire, côtoyé les ouvriers agricoles des plantations et les petits exploitants des mornes de l'île. Les Nord-Africains avec lesquels il est en contact dans les hôpitaux font partie de la masse des travailleurs. Ils se présentent comme bloc d'un peuple réel contre lequel l'intellectuel Antillais bute. L'ouvrier algérien ignore les fantasmes les plus spécifiques des masques blancs car pour lui, à des exceptions près, l'assimilation est au-delà de son horizon quotidien. Son raidissement et son mutisme renvoient l'Antillais, en mal d'assimilation, à sa complaisance. Elle renvoie Fanon au possible, à la thérapeutique radicale de la décolonisation.

Les corps en souffrance

Les difficultés que rencontrent ces populations d'origine immigrée, en particulier celles qui vivent dans les banlieues des grandes villes françaises, relèvent d'abord d'une histoire économique. Cette dernière correspond à l'expansion industrielle des lendemains de la Seconde Guerre mondiale. L'Europe, dont la France, est marquée par l'émergence d'une société de consommation de masse. Ce développement, lors des Trente Glorieuses, induit une accélération des productions de biens matériels. Le volant de main-d'œuvre endogène disponible s'avère insuffisant. Le recours à des travailleurs allogènes apparaît comme la solution incontournable. Elle renoue avec une longue histoire d'immigration du travail et ce depuis la fin du XIXe siècle. L'automatisation des procédés de production n'est pas encore engagée de manière extensive. Cette dernière induira des effets sur les conditions matérielles de travail et de vie. Ces conditions sont d'abord sinon principalement la relégation de ces travailleurs immigrés dans les tâches les plus pénibles physiquement. Le travail à la chaîne dans l'industrie en est comme le paradigme. Ceci concerne les grandes entreprises dont la construction automobile. Dans de nombreuses autres ou dans les mines par exemple, les conditions de travail gardent, le plus souvent, des caractéristiques les rapprochant plus de celles de la révolution industrielle du XIXe siècle que de celles de la modernisation néo-taylorienne. Dans la région lyonnaise, c'est ce contexte qui prévaut généralement. Cette situation, dans laquelle se trouve la main-d'œuvre immigrée, est lourde de contraintes tant physiques que psychologiques et anthropologiques.

Ceci constitue le cadre sociologique et salarial des années 1950 auquel est confronté Frantz Fanon. Étudiant, dispensé des premières épreuves universitaires pour campagnes militaires, il a accédé directement à la faculté de médecine de Lyon. Là, il s'est intéressé plus spécialement à la psychiatrie et il a suivi les cours du professeur de neuropsychiatrie : Dechaume[112]. Il commence à exercer et est confronté lors de ses diverses consultations à des patients de multiples horizons dont ces Nord-Africains employés dans les entreprises de la région lyonnaise. Par ailleurs, au niveau anthropologique et personnel, son insertion dans une société française provinciale peu frottée à la présence d'un étudiant noir ne peut que susciter un rapport instable à son environnement. Ainsi, il est conduit à s'attacher non plus seulement à des écrits et des enseignements théoriques, mais à des individus de chair et d'os appelés à devenir l'horizon du médecin praticien en hôpital. Fanon est appelé à mettre en synchronie théorie et pratique, pratique et théorie[113]. Ceci devient une réalité dans le cadre du stage qu'il effectue dans le service du professeur Dechaume. Celui-ci est plus féru des formes traditionnelles de l'intervention médicale neuropsychiatrique auprès des aliénés que de remises en cause des traitements organicistes et de l'internement, comme le soulignera le médecin socio-thérapeute de Saint-Alban (Lozère) François Tosquelles. « Fanon venait comme tant d'autres de la faculté de Médecine de Lyon. Caricature, s'il le faut, du cartésianisme analytique appliqué à l'événement pathologique[114]. » C'est lors des consultations à l'hôpital de la Grange-Blanche que le jeune médecin est en contact effectif avec ces travailleurs immigrés maghrébins. Les conditions économiques de l'époque font que, lors de ses fonctions d'interne à l'hôpital de Saint-Ylie, à Dole, dans le Jura, il retrouve également, parmi les· centaines de personnes auprès desquelles il intervient, ce type de patients : des travailleurs nord-africains relevant de traitement d'ordre psychiatrique. Ceci signifie principalement, si ce n'est exclusivement : enfermement, discipline stricte sinon, pour le réfractaire, recours aux camisoles de force, dans l'espace foucaldien de l'asile, celui du « surveiller » et du « punir », tel qu'il prévaut alors dans nombre de ces institutions.

Cette fréquentation renforce les interrogations existentielles qui sont les siennes, celles de ce Martiniquais en déséquilibre entre deux cultures, celles d'un passé longtemps insoupçonné ou du moins non énonçable, celles des ancêtres esclaves venus à leur corps défendant des côtes de l'Afrique, et celles d'un intellectuel diplômé des universités françaises et reconnu en tant que tel de par ses qualités personnelles. Le croisement de ces deux facteurs et les recouvrements auxquels il donne lieu suscite pratiquement, sinon quotidiennement, un déséquilibre. Une interrogation latente sur les identités de référence, celles des Antilles et celles de la France, celles des colonies et de la métropole, taraude, sans cesse, le jeune médecin. Les malades qu'il côtoie et qu'il soigne vont lui permettre de déplacer sinon de transférer

tant soit peu ses angoisses existentielles vers ces « autres lui-même » :
des colonisés en douleur radicale. « Quelles sont-elles, ces créatures
affamées d'humanité qui s'arc-boutent aux frontières impalpables
(mais je les sais d'expérience terriblement nettes) de la reconnaissance
intégrale ?[115] » Les similitudes s'accompagnent, cependant, d'une
différence claire : celle qui est la sienne face à eux, c'est-à-dire du
médecin traitant face à des patients en souffrance, du savoir face à
des comportements jugés, par les autorités dont il relève, sans pour
autant partager ces jugements, comme incohérents. Paradoxalement,
ces analogies partielles lui permettent d'appréhender de manière plus
analytique ses propres questionnements.

Ces travailleurs ne sont pas, en France, comme le médecin Fanon, à
la suite d'un libre choix. Ils s'en distinguent du fait que leur migration
est d'abord liée à des contraintes d'ordre économique. Elle n'est pas ou
très peu susceptible de permettre une expression et un développement
de la personnalité. Ils sont là compte tenu de la situation de pauvreté
qui prévaut dans ces autres départements français que sont Alger,
Oran, Constantine à l'instar, toutes choses égales par ailleurs, des
conditions propres à ces autres colonies : les Antilles.

L'article intitulé « Le Syndrome nord-africain » relève de ces
conditions socioanthropologiques et économiques. Fanon analyse les
effets induits par le processus de colonisation sur ces populations. Il
le fait non en tant qu'économiste ou sociologue, *stricto sensu*, mais
d'abord en tant que médecin. Ce docteur, à l'inverse de nombre de ses
collègues, n'est pas cantonné dans les techniques et les procédures de
la profession. Il met en place une approche de ses patients qui ne les
relègue pas dans l'habituelle incompréhension affichée par l'institution
médicale. Cela lui est possible car lui aussi participe de ces corps en
souffrance. Le colonisé martiniquais rencontre, de manière latente, ses
propres traumatismes et affres psychologiques. Il les perçoit derrière
les douleurs organiques de ces travailleurs perdus loin de leurs cultures
et leur histoire. Un biais cependant distend les trop rapides analogies.
Les populations algériennes relèvent d'un passé fortement marqué par
des antécédents immémoriaux et singuliers ainsi que par l'influence
d'une religion plus qu'impliquante. Ces éléments sont moins du
ressort des Petites Antilles. La colonisation et la traite transatlantique

ont participé à l'érosion des marqueurs culturels d'origine, ceux de l'Afrique, pour laisser place, du moins officiellement, à ceux des métropoles européennes.

Ceci crée une distance. Elle permet un diagnostic plus pertinent car elle croise des interrogations personnelles, en partie transposables, et des histoires socioanthropologiques différentes.

C'est un élément sur lequel Frantz Fanon insiste particulièrement. Il s'agit pour lui de comprendre la situation clinique de ces travailleurs au regard de la distorsion qu'ils subissent culturellement. Il souligne que s'adresser à eux dans le langage et les codes façonnés par les habitudes et les procédures métropolitaines, diagnostic, pronostic, traitement, ne peut que renforcer les incompréhensions. L'échange est forcément inégal. Il se fait à l'avantage de l'autorité, en l'occurrence médicale, et au détriment de ces « malades imaginaires », sinon simulateurs, que ne peut comprendre ni même appréhender l'institution située aux antipodes des quotidiennetés de ce type de patients. L'absence d'un diagnostic possible, compte tenu de l'imprécision et des difficultés du travailleur immigré à exprimer, en termes convenus, la nature et le lieu de ses douleurs, scelle l'impossibilité pour les collègues hospitaliers, que côtoie Fanon, de mettre en place un traitement rationnel. « Le personnel médical découvre l'existence d'un syndrome nord-africain. Non pas expérimentalement, mais selon une tradition orale. Le Nord-Africain prend place dans ce syndrome asymptomatique et se situe automatiquement sur un plan d'indiscipline (cf. discipline médicale), d'inconséquence (par rapport à la loi : tout symptôme suppose une lésion), d'insincérité (il dit souffrir alors que nous savons ne pas exister de *raisons* de souffrir)[116]. »

L'Antillais Fanon perçoit, lui, les limites sinon les aberrations de telles attitudes. Dans ce court article, contemporain de *Peau noire, masques blancs*, il ne fait pas de référence explicite aux analyses qui lui ont permis d'aborder, de manière novatrice, la position du colonisé face aux instances coloniales et aux traumatismes qu'elle détermine au niveau des comportements psychiques. Pour l'heure, il s'attache aux corps en souffrance, à la difficulté de se dire, de décrire ses douleurs, biais inscrit dans la distance effective qui sépare l'ouvrier maghrébin du médecin européen. Fanon trace l'insécurité « plurisegmentaire » qui est celle de celui-là dans une société où il n'a aucune place si ce n'est celle que lui destine sa force de travail. Relations, occupations, préoccupations, sexualité, tensions intérieures, insécurité généralisée, autant d'éléments qui sont à la base des états névrotiques de ces patients, en amont des lésions organiques : « Sans famille, sans amour, sans relations humaines, sans communion avec la collectivité, la première rencontre avec lui-même se fera sur un mode névrotique, sur un mode pathologique, il se sentira vidé, sans vie, en corps à corps avec la mort, une mort en deçà de la mort, une mort dans la vie, et qu'y a-t-il de plus pathétique que cet homme aux muscles robustes qui nous dit de sa voix véritablement cassée : "Docteur, je vais mourir[117]." »

Toutefois, ces travailleurs immigrés ne sont pas ou peu sujets aux désirs et aux tentatives traumatisantes de l'intégration et de l'assimilation qui constituent l'horizon habituel de l'Antillais, modelé par la traite puis par plusieurs siècles de dépendance. Ceci, cette problématique, est au centre de son premier projet de thèse, refusé par les instances universitaires car projet trop iconoclaste. Il est devenu l'ouvrage précité : *Peau noire, masques blancs.*

Dans le style flamboyant qui est le sien, Fanon dénonce non seulement l'attitude de ses collègues mais plus généralement les conditions qui prévalent en France et en Algérie pour ces populations. Il s'en prend à la cécité des divers représentants de l'autorité et, plus généralement, à une société qui refuse de comprendre et d'intervenir effectivement pour que la situation de ces travailleurs nord-africains soit fondamentalement modifiée. Avant son départ pour l'Algérie, et alors qu'Aimé Césaire s'interroge sur les choix qu'il a pris sur le plan politique, Fanon exerce en divers lieux dont la clinique de Saint-Alban, établissement dirigé par le docteur Tosquelles, adepte de la psychothérapie institutionnelle. Ce dernier relate cette relation, en 1975, dans *L'Information psychiatrique.* Il dresse un portrait de la praxis, incarnée, du jeune médecin-théoricien : « Il travaillait et il était travaillé par son verbe. Il y jouait de son être [...] Ne lui échappaient point ni la dimension poétique, ni la dimension rationnelle de ses productions discursives. Son discours était porté par tout son corps. [...] Il ne cachait pas son travail de polisseur de concepts – ces « armes-outils » de l'artisan – où son rôle d'animateur ne lui était contesté par personne. L'artisan, soit dit en passant, ne détruit point la matière qu'il travaille. En fait il la respecte, il en saisit ses lignes de force, et les dégage à l'aide de ses outils. Voilà ce qui parfois – et c'est important en ce qui concerne l'artisan Fanon – peut donner l'impression de violence[118] » Le maïeuticien Tosquelles appréhende pleinement la personnalité de celui qui a exercé pendant près de deux ans à ses côtés. Alice Cherki, elle-même psychiatre, ayant exercé avec Fanon à Blida, en Algérie, et en Tunisie, précisera cette émergence et les dynamiques thérapeutiques à l'œuvre ainsi que l'écoute qu'elles ont alors suscitée[119].

Après une brève affectation en Normandie, à l'hôpital-hospice de Pontorson (Manche), Fanon se décide à rechercher un poste dans les territoires d'outre-mer, et d'abord au Sénégal. Les Antilles ne sont apparemment pas dans l'ordre de ses priorités. Pendant cette période, Fanon n'a pas de rapports suivis avec Césaire si ce n'est l'attention vive qu'il porte aux écrits du poète et du pamphlétaire et les échos que lui rapportent ses camarades. Sa mutation en Afrique du Nord ne modifiera pas cette situation.

Le 22 octobre 1953, il est mis à la disposition du gouverneur général d'Algérie. Le 23 novembre de la même année, il entre, avec les fonctions de médecin-chef, à l'hôpital psychiatrique de Blida-Joinville, à une trentaine de kilomètres d'Alger. En novembre 1954, éclate la guerre de libération des Algériens contre le statut colonial et pour la reconnaissance de leur identité nationale en tant que composante pleine et entière.

[Césaire entre départementalisation et autonomie

Les changements qu'a entraînés la Libération ont eu un vif écho aux Antilles. Il n'est plus question de reproduire le statut antérieur, celui des siècles passés, le lot des « vieilles colonies », contexte de brutalité, de pauvreté teintée d'un éventuel paternalisme emprunt d'indifférence.

Avec le retour du régime démocratique, Césaire ne s'en tient plus exclusivement à l'écriture poétique. La montée des suffrages pour les partis de gauche en France, socialistes et communistes, a des répercussions à la Martinique. De nouvelles élections se tiennent et les organisations politiques métropolitaines souhaitent présenter des candidats portant leurs couleurs qu'il s'agisse de la droite, de la gauche ou de l'extrême gauche. *A priori*, Césaire n'envisage pas de s'impliquer dans ce processus, comme l'explique Pierre Aliker : « Ni Aimé Césaire, ni moi, n'avions d'autre objectif que de bien exercer notre métier. Lui comme enseignant, il adorait enseigner et ses élèves adoraient son enseignement. Moi, comme médecin, je m'attachais à soulager les gens autant que possible. Nous n'avions donc jamais songé à une carrière politique. […] À son retour [d'Haïti] il a fait une conférence publique pour rendre compte de sa mission. Le succès a été extraordinaire. À ce moment-là, je me suis dit qu'avec une telle manifestation de confiance et d'amitié envers lui, Césaire avait un avenir certain en politique. […] Nous nous considérions comme des fils de la Révolution de 1789. Tout ce que nous avons reçu après l'Abolition, nous l'avons reçu de la Révolution. Nous étions les fils de la Révolution. Il y avait la nécessité de se battre pour arriver à cette égalité[120] » Pierre Aliker rend compte avec pertinence du contexte idéologique et du processus qui a conduit Césaire à opter pour l'une de ses facettes : le politique dans son sens le plus progressiste. Ici aussi, dans cette position d'implication, se dit la forte dialectique qui traverse l'homme et l'œuvre, la nécessité d'allier à l'épaisseur de l'introspection littéraire l'expression sociale. Se conjugue la prise en compte des traits symboliques et anthropologiques les plus profonds avec une présence active au monde, celle de la négritude mémorielle s'ouvrant vers la responsabilité citoyenne. Le poète n'est pas pure réflexion créative. « Je ne pensais pas faire une carrière politique, mais très tôt, j'ai compris que nègre, homme de couleur, colonisé appartenant à une société opprimée, je n'avais pas le droit de me croiser les doigts, et d'avoir pour idéal l'art pour l'art[121]. »

Il s'associe de longue date sinon de toujours aux pérégrinations de ses ancêtres. L'un de ses aïeuls a participé, au XIXe siècle, à une des révoltes. Dans son bureau, dans l'ancienne mairie devenue aujourd'hui un théâtre, est accroché, parmi une collection innombrable d'objets, de photos, d'œuvres d'art résumant des pans entiers de son existence, un tableau contenant un décret royal stipulant : « Sont déclarés libres et seront inscrits définitivement en cette qualité sur les registres de l'état civil […] les individus dont les noms suivent : Césaire, maçon esclave de 20 ans, Jacqueline, blanchisseuse de 19 ans, négresse ibo, libre de lait[122]. » Il est sensible à la souffrance des siens et il anticipe déjà, en 1944, alors que les troupes pétainistes sont vivement incitées à se retirer par les foules antillaises, des voies de résolution non religieuses mais sociales face à l'oppression coloniale :

Ce pays souffre d'une révolution refoulée.
On nous a volé notre révolution.
La pire erreur serait de croire que les Antilles dénuées de partis politiques
puissants sont dénuées de volonté puissante. Nous savons très
bien ce que nous voulons.
La liberté, la dignité, la justice, Noël brûlé.
[...]
Je dis que nous étouffons.
Principe d'une saine politique antillaise : ouvrir les fenêtres. De
l'air, de l'air.
Par quoi je condamne toute idée d'indépendance antillaise.
Mais ce n'est pas pour aboyer avec les chiens.
... Mais ce n'est pas pour jeter mes perles aux pourceaux. La dépendance
martiniquaise, voulue, calculée, raisonnée autant que
sentimentale ne sera ni-déchéance ni sous-chéance.
Je ne connais qu'une France. Celle de la Révolution. Celle de Tous
saint Louverture.
Tant pis pour la cathédrale gothique.
Nous voulons pouvoir vivre passionnément.
Et c'est le sang de ce pays qui statuera en dernier ressort. Et ce
sang a ses tolérances et ses intolérances, ses patiences et ses impa
tiences, ses résignations et ses brutalités, ses caprices et ses lonigani
mités, ses calmes et ses tempêtes, ses bonaces et ses tourbillons.
Et c'est lui qui en définitive, agira
Ce sang là ne vote pas.
Ce sang là revigore ou étrangle.[123]

Dans ce texte, Césaire explicite ses espoirs tout comme ses réserves envers des solutions telles que l'indépendance. Il considère que la quatrième République « doit être » afin de satisfaire aux attentes d'un peuple qui depuis « trois siècles cherche à *s'exprimer* et à *créer*[124] ». Sollicité par le Parti communiste désireux de constituer une liste aux élections municipales de 1945, il accepte de se présenter devant les suffrages de ses compatriotes. À sa surprise, il est adoubé non seulement comme maire mais également comme député : « J'avoue que j'avais un peu l'impression qu'une cheminée me tombait sur la tête, mais enfin élu, il fallait faire face, il fallait s'y mettre, je m'y suis mis et j'ai fait de mon mieux[125] » La renommée qui est la sienne, tout comme ses convictions, l'engagent dans une trajectoire politique s'étendant sur près d'un demi-siècle, de novembre 1945 à mars 1993. Conseiller, député communiste s'en détachant pour se rapprocher, non inscrit, du parti socialiste, il siège à l'Assemblée nationale tout en conciliant cette tâche avec celle de maire de Fort-de-France et initiateur du Parti Progressiste Martiniquais.

La question nationale : le pari de l'intégration dans le giron métropolitain

Un enjeu considérable se présente aux populations des Antilles françaises. Comment convient-il d'aborder cette nouvelle ère qui s'ouvre avec la Libération ? Elle remet en cause, de manière patente, des dispositions antérieures dont celles qui légitiment et justifient l'Empire colonial français et plus généralement des territoires et des populations que les Européens se sont appropriés ou ont mis sous tutelle à travers le monde.

Dès ses premières réflexions, en 1934, Césaire, ce fils de fonctionnaire a rejeté avec virulence la notion d'assimilation. « Il est donc vrai que l'assimilation, née de la peur et de la timidité, finit toujours dans le mépris et dans la haine, et qu'elle porte en elle des germes de lutte ; lutte du même contre le même, c'est-à-dire, la pire des luttes […] Mais pour être soi, il faut lutter ; d'abord contre les frères égarés qui ont peur d'être soi : c'est la tourbe sénile des assimilés. Ensuite contre ceux qui veulent étendre leur moi ; c'est la légion féroce des assimilateurs. Enfin, pour être soi, il faut lutter contre soi : il faut détruire l'indifférence, extirper l'obscurantisme, couper le sentimentalisme à sa racine[126] » Ces propos de Césaire, Frantz Fanon, le futur auteur des *Damnés de la terre*, les exprimera avec vigueur dans son chapitre sur la violence paradoxale, celle qui conduit le colonisé à se retourner contre les siens du fait même de l'exacerbation des contraintes, des stigmatisations dont il est la victime et de l'impossibilité de s'en prendre à ceux qui en sont les vrais responsables : le colonialisme et ses agents.

En 1945, Césaire est déjà confronté à ce problème. Quel statut promouvoir pour lui-même et ses concitoyens ? Ses convictions n'ont pas changé quant au caractère négatif d'une politique ou d'une posture assimilationniste. Il lui paraît difficile, dans le contexte sociopolitique de l'époque, de prôner une prise de distance radicale d'avec les situations antérieures, celles qui prévalaient dans ces vieilles colonies. Il tient compte de l'étroitesse de son île et des limites de ses capacités à promouvoir, par elle-même, les changements nécessaires au bien-être de ses habitants. De son séjour à Haïti en 1944, il est revenu sceptique : « À Haïti, j'ai surtout vu ce qu'il ne fallait pas faire ! Un pays qui avait prétendument conquis sa liberté, qui avait conquis son indépendance et que je voyais plus misérable que la Martinique, colonie française ![127] » et dont les intellectuels s'adonnent à des travaux coupés du peuple. Cette situation, pour Césaire, pourrait devenir celle de ses concitoyens martiniquais. Cette confrontation a dû être, dans ces années là, déterminante face aux options présentes à la Libération : soit s'associer plus étroitement à la métropole, soit s'engager dans la voie poursuivie par Haïti, celle de l'indépendance.

Par ailleurs, les forces présentes sur l'échiquier politique, même celles situées les plus à gauche, dont le PCF dont il est devenu un élu, n'envisagent pas une coupure fondamentale entre les parties constitutives de l'ex-Empire français. Ce dernier se présente, dorénavant, bon gré mal gré, comme l'Union française.

Pris dans ce dilemme Césaire opte, avec l'appui de son groupe politique, pour un statut nouveau, celui de la départementalisation. Cette demande avait antérieurement été déjà formulée de manière récurrente au cours de la seconde moitié du XIXe siècle par le conseil général de la Martinique. Le 26 février 1946, Césaire présente un rapport à l'Assemblée nationale : « Mesdames, messieurs, les propositions de loi qui vous sont soumises ont pour but de classer la Martinique, la Guadeloupe, la Réunion et la Guyane française proprement dite en départements français. Avant même d'examiner le bien-fondé de ce classement, nous ne pouvons manquer de saluer ce qu'il y a de touchant dans une telle revendication des vieilles colonies[128] » Dans son intervention, il précise que : « L'intégration réclamée ne constituerait pas une improvisation. Ce serait l'aboutissement normal d'un processus historique et la conclusion logique d'une doctrine. » Césaire établit une nette distinction entre les périodes de discrimination, sous l'Empire ou la Restauration et, à l'opposé, « la doctrine républicaine de l'intégration ». Les notions d'intégration sinon d'assimilation paraissent alors comme vertus et non plus comme stigmates de dépossession des véritables identités antillaises, comme l'indiquait le texte publié antérieurement dans *L'Étudiant noir*. L'adoption de la loi du 19 mars 1946, dont il est le rapporteur, fait de la Martinique, de la Guadeloupe, de la Guyane et de la Réunion des départements français. Le but poursuivi par les rédacteurs du projet est celui d'une insertion dans le cadre français mais surtout d'une procédure permettant aux Antillais noirs ou mulâtres, habitants des territoires d'outre-mer, d'obtenir les mêmes avantages que les Français de métropole. Césaire intervient autour du préambule de la constitution du 27 octobre 1946 : « La France rappelle solennellement que sa mission traditionnelle est de conduire les peuples dont elle a pris la charge à la liberté de se gouverner eux-mêmes et de gérer démocratiquement leurs propres affaires[129] » La tutelle antérieure a desserré son emprise sans pour autant y renoncer, ce que souligne Césaire : « Si l'on supprime radicalement la liberté d'adhésion à l'Union française, on ne bâtit pas un édifice nouveau mais on reconduit purement et simplement le colonialisme en le rebaptisant[130] » Aux administrateurs coloniaux et au gouverneur succède l'autorité des préfets, relais de la métropole.

Cet argumentaire « intégrationniste », on le retrouve chez l'alter ego de Césaire, l'ancien khâgneux du lycée Saint-Louis, Léopold Sédar Senghor, également député. Depuis 1916, quatre communes du Sénégal (Dakar, Gorée, Rufisque et Saint-Louis) peuvent envoyer des députés à l'Assemblée nationale du fait que le statut de citoyen a été reconnu à leurs habitants. Senghor s'exprime, au nom du groupe socialiste, à l'Assemblée constituante, en septembre 1946 : « La démocratie veut que tous les hommes et toutes les femmes qui forment le peuple soient, selon l'expression de Merle, "membres du souverain", c'est-à-dire citoyens. Elle veut ensuite que tous les membres concourent à la désignation des députés, à qui sera déléguée la souveraineté populaire.

Nous pensons, nous, socialistes, que la première tâche des constituants est de proclamer que notre constitution sera démocratique et pour la France métropolitaine et pour les territoires d'outre-mer qui, on a trop tendance à l'oublier, font partie de la République française[131] » Cette déclaration illustre cette conviction des représentants attitrés de ces régions, dont les Antilles, que le devenir des populations colonisées s'inscrit dans une intégration au sein de la Nation française et non vers un ailleurs hypothétique. Aimé Césaire met en application son nouveau rôle de représentant des populations martiniquaises. Il siège dans de nombreuses commissions parlementaires, en particulier celles traitant des territoires d'outre-mer. L'instauration effective de la Sécurité sociale fait partie de ses combats. Il convient, plus généralement, de participer pleinement au développement économique, social et démocratique ainsi que de s'opposer tant au racisme qu'à la mainmise des békés sur de multiples secteurs de la société martiniquaise. En 1958, pour le centenaire de la révolution de 1848, celle de l'abolition, il compose un poème *An neuf* :

> *Les hommes ont taillé dans leurs tourments une fleur*
> *qu'ils ont juchée sur les hauts plateaux de leur face*
> *la faim leur fait un dais*
> *une image de femme se dissout dans leur dernière*
> *larme*
> *ils ont bu jusqu'à l'horreur féroce*
> *les monstres rythmés par les écumes*
> *[...]*
> *Ce fut l'année où les germes de l'homme se choisirent dans*
> *l'homme le tendre pas d'un cœur nouveau*[132]

Aux lendemains du centenaire, cette perspective d'intégration correspond à ce que Césaire a pu observer, c'est-à-dire à la volonté de ces populations d'obtenir des droits et des salaires équivalents à ceux attribués, à tâche égale, aux métropolitains et d'être représentés et gouvernés de la même manière que le sont leurs concitoyens des autres départements français : « L'assimilation, c'est devenir semblable ; mais je me disais que, pour nous, Martiniquais, fils et petits-fils d'Africains, cette assimilation était une aliénation. Et je ne pouvais pas être pour l'aliénation. C'était, en fait, une erreur de vocabulaire. Ce que les gens souhaitaient vraiment, ce n'était pas de devenir autre ; ce qu'ils voulaient, c'était l'égalité avec les Français. [...] Ce que voulaient les Martiniquais, dans l'ensemble, qui crevaient alors littéralement de faim, c'était obtenir des salaires équivalents à ceux dont bénéficiaient les Français en France. C'étaient les lois sociales appliquées en France, votées, mais pas appliquées en Martinique [...] Eh bien, bon, on s'est battu pour ça[133]. »

La gageure est évidente. Comment réussir à être soi-même si l'on devient un peu plus à l'image des dominants, insérés dans leurs usages, leurs codes et leurs conduites ? Le député-maire a-t-il une perception suffisante des freins et des contraintes que ce nouveau statut va générer ? Joue-t-il une carte personnelle, celle d'une notabilité et d'une reconnaissance officielle ou poursuit-il, comme il l'affirme et s'attachera à le montrer, le désir d'éradiquer la misère et l'humiliation qu'il ne cesse de dénoncer ? Plus littéraire que théoricien, a-t-il les instruments purement politiques pouvant lui permettre de structurer une vision à long terme des évolutions et des transformations nécessaires ? Mais quel aurait été le devenir de Césaire dans l'hypothèse où l'indépendance de l'île serait advenue ? Cette question, il n'a pu que se la poser sans forcément lui trouver des réponses satisfaisantes : destin à la roi Christophe, à la Sékou Touré ou retrait et solitude ? Ces ambiguïtés, la praxis qu'implique une démarche sur le fil du rasoir entre pure dépendance et revendication existentielle et sociétale accompagnent le parcours du poète politicien. Son propos premier est d'intervenir sans cesse pour obtenir plus d'égalité et de justice et ce dans le cadre des dispositions républicaines qui, du moins *a priori*, se réclament d'un partage équitable des droits. Confronté à l'ambivalence de cette position, Césaire évoque Victor Schœlcher : « Assimilation. Fédération. Inutile de se jeter ces vocables à la face. Ils ne sont pas exclusifs l'un de l'autre et il est remarquable qu'en plein XIXᵉ siècle, en plein messianisme européen, Schœlcher soit descendu de l'idéologie de *La Civilisation*, l'unique, la vraie (l'européenne) et qu'il eut assez d'imagination, assez de sympathie dans le sens le plus large de ce mot, pour évoquer une République caribéenne, s'éveillant des vieilles torpeurs et tentant de régénérer ses civilisations détruites et ses peuples pressurés. Qu'eût-il dit aujourd'hui de l'Indochine et de Madagascar ? Assimilation. Fédération. Il est clair que l'élément discriminatoire est ici des circonstances, des lieux, du temps. C'était l'avis de Schœlcher, et que l'assimilation était un pas en avant, une manière de mettre le prolétariat colonial à l'abri des coups spécialement dirigés contre lui… Victor Schœlcher, un des rares souffles d'air pur qui aient soufflé sur une histoire de meurtres, de pillage, d'exactions[134]. » Cette introduction porte en elle des éléments de critiques qui se feront plus acerbes dans le pamphlet publié quelques années plus tard, *Le Discours sur le colonialisme*, véritable « discours sur la méthode » de la manière d'analyser ces faits et leurs conséquences. Fanon, dans cet ordre d'idée, moins littéraire et disposant d'un bagage théorique et clinique conséquent, sera à même de formaliser des thèses tant psychoanalytiques que socioanthropologiques qui, si elles n'ont pas le charisme du verbe césairien, n'en constituent pas moins un socle de réflexion similaire, à grande portée.

En 1952, comme pour vérifier la pertinence *mezza voce* des acquis liés à la départementalisation, option avancée par Césaire, une étude est commandée par les services de l'Unesco à Michel Leiris. La finalité poursuivie, telle que l'indique la préface de l'ouvrage *Contacts de civilisations en Martinique et en Guadeloupe*, est d'approfondir la connaissance des rapports entre races dans ces îles. Elle part de l'idée qu'aux Antilles on serait en présence d'une situation « heureuse » en ce qui concerne ces relations. Pour l'auteur, non mentionné de cette préface mais commanditaire de l'étude, la politique poursuivie a fait des Antillais des citoyens équivalents à ce que sont des Normands ou des Picards, c'est-à-dire intégrés dans la nation française. Si des préjugés raciaux continuent à s'exprimer, ils ne seraient que des reliquats du passé. Michel Leiris est plus circonspect. Les attitudes qu'il a pu observer et en particulier ceux des Blancs originaires de Martinique sinon de Guadeloupe relèvent de comportements de type féodaux. Cela tient à leur emprise sur les secteurs économiques et les flux d'échanges, et à l'arrogance qui est la leur face à l'ensemble des autres catégorisations raciales : « Les conflits entre "usine" blanche et main-d'œuvre de couleur représentent le problème pratiquement le plus ardu, car on voit mal comment il pourrait être résolu en dehors d'une transformation profonde de la structure économique des deux îles[135]. » Dans les années 1950, la situation n'a connu que des modifications marginales vis-à-vis de ces structures fondamentales et de leurs effets psychologiques et existentiels. Césaire mais également Fanon seront comptables de cet état de fait.

Le député-maire

La solution de la départementalisation dans le cadre national montre, ici, plus que ses limites, quand bien même les populations savent marronner et se jouer, suivant l'intelligence des contextes, adoptant tantôt des postures d'assistés tantôt des revendications de citoyens ou d'autonomistes voire d'indépendantistes, stratégies que les mondes populaires, ici et ailleurs, ont, de tout temps, initiées pour, tant soit peu, se préserver suivant les circonstances.

Cette position, postule la responsabilisation et le développement. Elle vaut à Césaire l'ire des conservateurs et des partisans du maintien des manières d'être et de faire du colonialisme le plus classique. Ses talents oratoires, sa causticité tout autant que sa connaissance étayée des dossiers en font, à l'Assemblée nationale comme dans les commissions où il siège, un avocat recherché. Inscrit au PCF, il représente, pour le parti, l'occasion de mettre en avant ses propres critiques tant du colonialisme que du racisme. L'action, la réflexion et l'écriture, Césaire essaie de les concilier. : « J'ai employé les armes qui étaient à ma disposition : maire, j'agissais d'une certaine manière, mais, en même temps, je repensais l'histoire de ce peuple, je revivais tout cela et, inévitablement, ça débouchait sur des textes [...] J'étais dans un combat et j'employais toutes les armes possibles[136] » Il publie dans diverses revues[137] : *Confluence, Les Quatre Vents, Poésie 4*. Dans le numéro 50 de la revue mensuelle de la poésie et des lettres françaises *Fontaine*, dirigée par Max-Pol Fouchet, en mars 1946, on trouve trois de ses poèmes : « La femme et le couteau », « Le bouc émissaire », « Les oubliettes de la mer et du déluge ». Aux éditions Gallimard paraît, en 1946, un recueil intitulé *Les Armes miraculeuses*. Un exemplaire de l'édition originale, déposé à la bibliothèque Schœlcher de Fort-de-France, est dédié « à Garaudy, à l'intellectuel révolutionnaire, au camarade, en toute sympathie ». Ces nombreuses présences et connexions témoignent de la reconnaissance qui est la sienne dans un monde littéraire particulièrement sensible, alors, à la poésie. Il écrit des textes en référence à des événements telles des brutalités policières. La sortie du conflit mondial et les espoirs que pouvait susciter un renouvellement à l'avantage des forces progressistes en France participent également au choix césairien. Pierre Aliker, proche compagnon d'Aimé Césaire, rappelle que beaucoup se considéraient comme les fils de la Révolution et que l'égalité allait forcément, sinon sans mal, advenir[138]. Ces prises de position doivent donc être situées dans ce contexte social et temporel, celui des années 1940, et non, de manière hâtive, dans celui qui prévaudra, lors de la décolonisation et, *a fortiori*, aujourd'hui, dans les conditions de ce début de troisième millénaire. Ultérieurement, le député communiste subira la critique de jeunes générations martiniquaises et guadeloupéennes. Il convient cependant d'examiner ces éléments dont plus précisément la misère des Antilles de l'après-guerre et non vis-à-vis des certitudes d'un temps jugeant, avec les outils de son époque, des circonstances antérieures et différentes.

Césaire est conscient des difficultés. Il partagera une partie des critiques qui lui seront adressées. Pris entre les attentes d'une amélioration effective de la condition antillaise et le constat que ces progrès ne sont pas au rendez-vous, Césaire, cité par Fanon, déclare, dans les années 1950 : « Nous sommes devenus des départements français et pourtant nous restons plongés dans une effroyable misère. Donc l'apparence juridique n'est rien[139]. »

Son statut de représentant à la Chambre implique des séjours fréquents à Paris. En relation avec ses accointances politiques au PCF, il voyage à l'étranger : Congrès mondial des intellectuels pour la paix à Varsovie en 1948, interventions en Roumanie ou en Autriche, présence à Moscou lors des funérailles de Joseph Staline. La porte de son domicile dans le XIVe arrondissement, rue Vercingétorix, est ouverte à d'autres hommes de lettres, comme le relate Hubert Juin[140].

Pour l'heure, en écho à ses interrogations sur son propre statut et sur celui des siens ainsi que sur les limites de son action, Césaire écrit, en 1950, un pamphlet virulent, *Le Discours sur le colonialisme*. La première édition paraît dans une maison, les éditions Réclame, proche du PCF[141]. Il y compare la situation subie par les colonisés à celle que les nazis ont imposée aux populations européennes lors de la Seconde Guerre mondiale. Il dresse, donc, une équivalence entre les atrocités commises par les uns et par les autres, nazis et colonisateurs. Cette charge, que reprendra Frantz Fanon dans son ouvrage *Peau noire, masques blancs*, Césaire l'étaie des propos d'auteurs, laudateurs de l'esprit et des violences « naturelles » de la colonisation. Ainsi sont mis en exergue des extraits de discours ou d'ouvrages, qu'il s'agisse, par exemple, de ceux ayant pour auteur Jules Romain : « Je ne reprocherai même pas à nos nègres et négresses de mâcher du chewing-gum. J'observerai seulement... que ce mouvement a pour effet de mettre les mâchoires bien en valeur et que les évocations qui vous viennent à l'esprit vous ramènent plus près de la forêt équatoriale que de la procession des Panathénées[142] », sinon Roger Caillois. Face à cela, Césaire s'élève : « On me parle de civilisation, je parle de prolétarisation et de mystification. [...] Chaque jour qui passe, chaque déni de justice, chaque matraquage policier, chaque réclamation ouvrière noyée dans le sang, chaque scandale étouffé, chaque expédition punitive, chaque car de CRS, chaque policier et chaque milicien nous fait sentir le prix de nos vieilles sociétés. C'étaient des sociétés communautaires, jamais de tous pour quelques-uns[143] » Il n'est pas dupe des revirements à l'avantage des colons mais il resitue, comme le fera Fanon, cette propension à l'ambition de certains édiles et potentats locaux, précurseurs de la petite caste bourgeoise aux dents longues stipendiée par l'auteur des *Damnés de la terre*. Pour Césaire : « L'Europe est comptable devant la communauté humaine du plus haut tas de cadavres de l'histoire[144] » Dans cette suite véhémente, tant pédagogique que dénonciatrice, le député démontre qu'il n'a rien perdu de sa verve antérieure, celle, entre autres, du *Cahier*.

La teneur du *Discours*, sa critique radicale du colonialisme et de ses œuvres lui vaudra une occultation de la part des autorités et une absence de référence dans les programmes d'enseignement. Par contre ce texte fera office de bréviaire pour nombre de peuples en mouvement. Fanon le cite longuement tant ses réflexions sont proches de ce discours, écrit alors que lui-même n'était encore qu'un étudiant inquiet et interrogatif.

De fait l'intégration dans la nation française est rien moins qu'évidente. Les attentes de la départementalisation sont sujettes à d'incessantes discussions et tergiversations de la part de la métropole.

Les implications dans les instances sont également biaisées. Ce dilemme de la question nationale n'en reste pas moins, pour les Antilles françaises, incarné dans et par l'État français. La départementalisation a scellé leur sort ou l'a fortement déterminé, du moins à cette époque.

« L'heure de nous-mêmes a sonné. »

En 1956, l'adhésion de Césaire au Parti communiste, depuis plus de dix ans, devient problématique. En réponse au poète haïtien Depestre, soucieux de suivre les indications plus ou moins imposées par l'organisation, une fois de plus, il ne ménage pas ses mots. Face aux recommandations d'Aragon, mentor de la scène littéraire communiste, Césaire réitère et prolonge son propos quant à la nécessité de marronner c'est-à-dire d'être soi-même comme l'ont été les esclaves :

> *et pour le reste*
> *Que le poème tourne bien ou mal sur l'huile de ses gonds*
> *Fous-t-en Depestre fous-t-en laisse dire Aragon*[145]

Par ailleurs le style direct et autoritaire tant du secrétariat général du PC que des structures fédérales et locales conviennent peu à la personnalité chaleureuse mais singulière du poète, qui n'éprouve qu'une empathie circonstancielle pour les subtilités des arcanes du fonctionnement politicien et de sa logorrhée.

À ces tensions incessantes se couplent les événements internationaux. Le début de la guerre d'Algérie marque le combat contre l'un des visages du colonialisme dont il a fustigé les acteurs et les propos dans son *Discours*. À l'automne 1956 ont lieu l'expédition militaire franco-britannique à Suez en vue de contrer la nationalisation par les Égyptiens du canal ainsi que l'écrasement, par les Soviétiques, de la rébellion hongroise. L'intervention de Moscou, soutenue par les instances dirigeantes du PCF dont il est l'un des députés, entraîne la réprobation de nombreux soutiens et compagnons de route.

À cette même époque se tient le premier Congrès des écrivains et artistes noirs. Il a lieu à la Sorbonne, en septembre 1956. Césaire y participe non sans que cela suscite des réserves du PCF. Cet ensemble d'événements précise les interrogations qu'il se pose quant à ses propres choix.

Ce Congrès est l'une des occasions où le député-maire écrivain croise le jeune médecin et auteur Frantz Fanon. Ce dernier est également membre de la délégation de la Martinique avec Louis Achille et Édouard Glissant. Fanon fait une intervention remarquée : « Racisme et culture ». Elle reprend des arguments du *Discours sur le colonialisme*, mais elle va au-delà car elle se réfère à un contexte, celui de l'Algérie insurrectionnelle, qui prolonge et concrétise les anathèmes du texte césairien, c'est-à-dire le passage de la virulente critique à la critique effective, selon laquelle la lutte de libération est voie de résolution et d'extinction du racisme. Le poète-député ne peut rester indifférent à ces interpellations dont il perçoit et ressent toute la pertinence. Les doutes qu'il éprouve ne datent pas de cette rencontre mais remontent à de nombreuses années. Les implications dans l'administration et la gestion de Fort-de-France ont retardé certaines décisions, tout comme son compagnonnage avec d'autres membres du parti à la Martinique. Toutefois, c'est aux lendemains de ce Congrès international des écrivains et artistes noirs qu'Aimé Césaire envoie sa démission, le 24 octobre 1956, à Maurice Thorez, secrétaire général du PCF. Dans ce contexte on ne peut plus tendu tant sur le plan national qu'international, Césaire accuse le PCF de ne pas prendre assez en compte les réalités et les revendications des territoires d'outre-mer. Sa *Lettre à Maurice Thorez* est peu amène mais argumentée autour tant de la position internationale du PCF que des relations de dépendance des fédérations locales vis-à-vis des sections coloniales du parti. Dans un premier exorde, il réitère la thèse selon laquelle il appartiendrait aux acteurs eux-mêmes de se donner les organisations aptes à traiter de leurs problèmes, position autonomiste dont il est l'un des tuteurs. Tout en réaffirmant « que ce n'est ni le marxisme ni le communisme que je renie, que c'est l'usage que certains ont fait du marxisme et du communisme que je réprouve. », il précise ses critiques, jugeant que : « Le Parti Communiste Français pense ses devoirs envers les peuples coloniaux en terme de magistère à exercer, et que l'anticolonialisme même des communistes français porte encore les stigmates de ce colonialisme qu'il combat. Ou encore, ce qui revient au même, qu'il n'y aura pas de communisme propre à chacun des pays coloniaux qui dépendent de la France, tant que les bureaux de la rue Saint-Georges, les bureaux de la section coloniale du Parti Communiste Français, ce parfait pendant du Ministère de la rue Oudinot, persisteront à penser à nos pays comme à terres de missions ou pays sous mandat[146] » L'année suivante, en septembre, la fédération se constitue en Parti communiste martiniquais. Elle marque une relative prise de distance d'avec la métropole et une volonté acrimonieuse de contrer les intentions d'une future organisation que l'ancien député communiste Césaire prépare. Des propositions de création de Front martiniquais et guadeloupéen en vue d'une unification concernant les Antilles sont avancées[147].

De fait, deux ans plus tard, en mars 1958, un nouvel acteur politique apparaît sur la scène îlienne : le Parti Progressiste Martiniquais, le PPM. Les thèses qui s'affrontent, lors du congrès constitutif portent sur les directions à prendre entre les thèses des assimilationnistes convaincus et celles des autonomistes fervents. Derrière ces joutes, la question nationale est patente. La Martinique peut-elle, alors que dans les autres sphères du globe les colonisés revendiquent hautement l'indépendance, se tenir à l'écart de ces mutations ? Peut-elle souscrire aux attendus qu'un Ernest Renan, vilipendé dans le *Discours*, assignait à la notion de nation dont : « Un passé héroïque, des grands hommes, de la gloire (j'entends de la véritable), voilà le capital social sur lequel on assied une idée nationale[148] » Dans son rapport pour le congrès constitutif du PPM, Césaire, après avoir comparé les avantages et les inconvénients de ces deux thèses, opte pour l'idée fédérale puisque celle-ci « nous donnera plus de force en nous installant sur le même terrain de revendication et de combat que nos frères d'Afrique et que les hommes de progrès de France. […] Le Parti Progressiste Martiniquais […] pourrait proposer la transformation des départements d'outre-mer en régions fédérales. Si nous faisons cela, nous aurons réussi à allier notre double souci de rester liés à la France et d'être de bons Martiniquais, et sans tomber dans le séparatisme qui nous serait mortel, nous aurons triomphé d'une autre séparation qui elle aussi, à la longue, peut s'avérer mortelle, la séparation de l'homme d'avec lui-même[149]. » Le référendum de 1958 est l'une des premières épreuves de ce nouveau parti. La consigne est de voter « Non » aux directives du gouvernement dont un blanc-seing donné au Général. Césaire hésite mais le déplacement d'André Malraux à la Guadeloupe et en Martinique conduit le maire de Fort-de-France à revoir sa décision. Le personnage de de Gaulle résistant à l'occupation nazie, chef de la France libre, homme politique de grande envergure et d'intégrité auquel se sont ralliés des Martiniquais dont Frantz Fanon, tout comme l'attention portée par le Général à ces territoires qui, quoique « poussières », n'en sont pas moins témoignages de la présence de la France dans cette partie du monde face à un voisin nord-américain envahissant ; tout ceci conduit Césaire à se prononcer pour le « Oui ». Il convainc, aux lendemains d'un meeting mémorable en compagnie d'André Malraux, le PPM et ses concitoyens de le suivre dans cette voie. De plus en plus et à la suite de ses mandats, le charisme de « Papa Césaire » tient la fonction d'oracle. Plus pragmatiquement, des éléments de la constitution de la Vᵉ République corroborent ce revirement dont une latitude plus grande faite aux collectivités territoriales et des évolutions possibles de leurs statuts. Ces propos et ces débats, prononcés en 1958, retiennent, mais de loin, sur les bords de la Méditerranée, l'attention de Fanon pour les questions martiniquaises : « Il y a de part et d'autre du monde des hommes qui cherchent[150]. »

De la critique à la revendication autonomiste

Ceci ne convainc pas certains car le Parti progressiste martiniquais paraît encore trop impliqué dans une situation de dépendance. En 1961, à l'initiative, en particulier, du Prix Renaudot Édouard Glissant, du poète Paul Niger (Albert Béville), de l'avocat Marcel Manville et de l'enseignant Alain Plenel est créé un Front des Antillais et Guyanais pour l'autonomie. Le contexte est peu propice pour une telle initiative qui fait suite à de violents affrontements à Fort-de-France et ce alors que la guerre d'Algérie est dans une phase décisive. Pour atteinte à la sûreté de l'État, un décret dissout cette association. Il en résulte, pour certains de ses initiateurs, une assignation à résidence en métropole ou une rétrogradation.

Parallèlement à sa présence récurrente à l'Assemblée nationale, à Paris, Césaire, dans les années de transformation postcoloniale va à la rencontre de son continent de référence : l'Afrique, contexte dans lequel est fortement impliqué Frantz Fanon. Ces voyages le conduisent d'abord au Sénégal, terre de son ami Senghor, le jeune khâgneux devenu

président. En Casamance il retrouve une partie de son passé familial.
Il séjourne également au Mali, ex-Soudan de l'Afriue-occidentale
française, en Guinée, en Éthiopie. Il écrit, en 1959, lors d'un séjour
dans la Guinée indépendante, un certain nombre de poèmes insérés
dans le recueil *Ferrements*, alors même que cette ancienne colonie,
ayant à sa tête Sékou Touré, a opté pour la séparation et ce au grand
dam des autorités françaises. La première édition de l'ouvrage est
dédiée à l'indépendance guinéenne, ce qui témoigne de ses récurrentes
interrogations sur la question nationale et les devenirs. Cependant
Césaire ne répudie pas ses points de vue initiaux. Il les modifie, ce
qui apparaît comme inéluctable dans cette époque de remise en cause
radicale des structures classiques du colonialisme. De ce fait, il prône
la transformation des départements d'outre-mer en régions fédérales
et autonomes dans le cadre républicain en écho aux revendications du
Front antillo-guyanais, structure qui n'aura vécu que quelques mois.
La réputation d'indépendantiste que lui accole la droite ne facilite ni
sa tâche d'administration de la ville dont il est le maire ni sa présence à
l'Assemblée nationale où il est désormais inscrit comme apparenté au
Parti socialiste. De plus s'institue autour de la Mairie une zone protégée
à l'initiative des partisans et des proches du PPM. Malgré les travaux
d'assainissement effectués, il n'en reste pas moins que, bien des années
plus tard, lors de la passation de pouvoir en 2001, le nouveau maire
Serge Lechtimy est confronté à un bilan sévère que dresse Patrice Louis :
« Fort-de-France est financièrement endettée, fiscalement pressurée,
démographiquement dégradée. Désertée le soir, c'est un coupe-gorge
et une ville morte le week-end. Difficile d'accès, le centre indolent est
abandonné au profit des communes périphériques…[151] » L'État et les
opposants à la majorité municipale n'ont pas contribué, compte tenu
des enjeux électoraux, à améliorer les choses, et c'est une litote.

Césaire, malgré les charges et les obligations qui sont les siennes
à Fort-de-France et à Paris, regimbe contre les sujétions. Il se sait
très « nègre marron » fuyant, autant que faire se peut, horaires et
contraintes[152]. Il aurait souhaité visiter la Grèce, cette ancienne société
agraire au polythéisme affiché proche de ses affinités.

En 1968, tout en reconnaissant les résultats plus que modestes
obtenus par le PPM, l'autonomie, et, elle seule, continue à lui apparaître

comme étant la solution capable de s'opposer au sous-développement.
Une convention dite du Morne-Rouge regroupe, en 1971, autour de
cette revendication, l'ensemble des organisations de gauche. En 1973,
aux questions pressantes de Lilyan Kesteloot, Césaire répond vivement :
« Mais enfin, est-ce que je puis faire l'indépendance des Antilles tout
seul ? Voici le problème. Ce n'est pas moi qui la fais, c'est le peuple
martiniquais qui la fera. Bon ! Eh bien ! à l'heure actuelle, c'est bien
connu de tout le monde, c'est un mot d'ordre qui semble prématuré aux
Antillais[153]. » Recevant, en 1974, le futur président de la république
François Mitterrand, Aimé Césaire, dans son discours d'accueil,
déclare : « Le vrai problème n'est pas celui de notre appartenance à une
communauté qui s'est constituée au fil de l'histoire, le vrai problème,
c'est, à mes yeux, celui de notre place, de notre juste place dans cette
communauté : une place qui ne soit ni humiliante, ni dégradante, ni
aliénante, une place qui ne soit ni discriminatoire, ni attentatoire à
notre personnalité, ni dirimante de nos responsabilités, c'est celui de la
juste place d'un peuple enfin reconnu comme tel dans une communauté
qui, de ce fait, serait véritablement égalitaire et fraternelle parce que
multinationale[154]. »

Moins de dix ans plus tard, contre toute attente de ses amis et
partisans, il décrète un moratoire, c'est-à-dire une mise en suspens
des revendications autonomistes sinon indépendantistes. Aliker s'en
souvient : « En 1981, les socialistes arrivent au pouvoir [...] Quand
Césaire a dit que le moratoire s'imposait, parce que Mitterrand allait
dans le même sens que nous [...], qu'il ne fallait pas lui casser les pieds,
mais au contraire profiter de l'évolution des choses, de la situation
nouvelle, pour obtenir ce que nous voulions, c'est-à-dire l'autonomie,
je n'étais pas d'accord [...] Il est vrai que, pour beaucoup de gens,
la position de Césaire est inadmissible. Avec Mitterrand, homme de
gauche, une politique socialiste, inévitablement nous verrions une prise
en compte de nos positions, pensions-nous. Mais j'ai trouvé que c'était
une allure vraiment trop pataude, qu'il fallait, au contraire, profiter
de la situation nouvelle [...] Il ne fallait pas attendre, mais obtenir le
plus rapidement possible ce que nous voulions[155] » Dans cette situation
historique, Césaire a fait montre de ses récurrentes tergiversations entre
prises de position radicales et atermoiements. Cet arrêt sur image d'un

succès latent, éventuellement à portée de main mais retenu par peur de l'échec ou par accoutumance à un statu quo dont les bornages sont connus et potentiellement partagés par l'adversaire, illustre, dans le réel concret, l'épaisseur laminaire du poète-politique. De telles interrogations, Césaire en reprend les thèmes lors d'un entretien avec Françoise Vergès, en 2004 : « Il y a une thèse : l'assimilation ; et, en face, une autre thèse : l'indépendance. Thèse, antithèse, synthèse : vous dépassez ces deux notions et vous arrivez à une formule plus vaste, plus humaine et plus conforme à nos intérêts. Je ne suis pas assimilationniste, parce que mes ancêtres ne sont pas des Gaulois. Je suis indépendantiste. Comme tout Martiniquais, je crois à l'indépendance, mais encore faudrait-il que les Martiniquais la veuillent vraiment ! Selon eux, l'indépendance, c'est pour les autres, mais pas pour eux pour l'instant. Pour moi, ni indépendance ni assimilationnisme, mais autonomie, c'est-à-dire, avoir sa spécificité, ses formes institutionnelles, son propre idéal, tout en appartenant à un grand ensemble[156]. » Donc, chez Césaire et pour les Antilles françaises en général, la question d'une nation spécifique sinon libre de toutes attaches, resterait liminaire. Ceci ne veut pas dire que des individus, des personnalités et des regroupements ne se confronteront pas à cet état de fait dont l'auteur du *Cahier* reste, toutefois, comme la figure tutélaire.

Dans les plis de l'action : poète et dramaturge

Césaire écrit sans se subordonner ni écarter tant l'épaisseur sociale que la tension anthropologique. Il en donne des illustrations dans les pièces de théâtre qui jalonnent ses années de maturité. Elles font comme une suite à l'inspiration première, celle du *Cahier* ou du *Discours sur le colonialisme*, et ce sans renier ni le lyrisme ni la précision des attaques portées contre l'injustice. Elles relèvent d'une propédeutique de la violence salvatrice. Fanon n'y est pas insensible tel que le montre les citations qu'il insère dans son chapitre des *Damnés de la terre* et d'un extrait de la tirade du Rebelle de l'adaptation théâtrale du texte *Et les chiens se taisaient*, commençant ainsi : « Mon nom : offensé ; mon prénom : humilié ; mon état : révolté ; mon âge : l'âge de la pierre[157]. », autant de qualificatifs pouvant définir les damnés de la terre.

Césaire conjugue sans cesse les ambivalences et les obstacles auxquels il est confronté dans ses implications quotidiennes qu'il s'agisse, par exemple, de *Toussaint Louverture* (1960), de *La Tragédie du roi Christophe* (1963) ou de la réinterprétation d'*Une tempête* (1969) et des intrigues entre Prospero et Caliban telles que mises en scène par Shakespeare. Au-delà et malgré, serait-on tenté de dire, ses implications officielles sinon son attentisme et son réformisme, ce que lui reprochent certains de ses cadets, il prolonge et perpétue l'analyse du drame des esclaves, ceux d'hier mais également d'aujourd'hui, ceux des peuples confrontés à leurs propres contradictions. À côté de son évolution propre, il met en scène la tragédie d'hommes politiques, ses contemporains, telle que celle du Premier ministre congolais Patrice Lumumba, pris dans les rets du néocolonialisme et de la violence occidentale : *Une saison au Congo* (1966). En 1982, il publie son dernier recueil de poèmes : *Moi, laminaire...* Celui-ci est couronné par le grand prix national de la poésie. Le titre évoque la complexité et la superposition des couches concourantes de ses propres perceptions. Vouloir en dégager une lecture lissée est aller à l'encontre des propos de l'auteur.

Nonobstant ces prises de position réitérées, les critiques se focalisent sur l'option prise par Césaire de centrer son attention sur les liens avec la métropole. Ce choix nuirait aux relations nécessaires sinon naturelles qui devraient contribuer à tisser des rapports effectifs entre les partenaires de l'archipel caribéen. Les références à la négritude, à l'Afrique, moment incontournable et reconnu comme tel, ne devraient pas forclore le devenir. De toute manière, Césaire est moins prolixe sur cette question. Il sait, cependant, comme il le fait dans son discours sur la négritude, conférence donnée en 1987 à Miami, rappeler précisément le contexte et les enjeux qu'implique cette notion dont il assume la paternité.

La loi du 23 février 2005 portant sur le colonialisme et ses aspects positifs suscite sa colère. Il refuse un entretien avec le ministre de l'Intérieur Nicolas Sarkozy. Il le recevra, l'année suivante et, alors, lui donnera un exemplaire de son *Discours sur le colonialisme*, expression radicale de ses positions inchangées. Ses convictions, quoique vives, ne seront jamais inscrites dans une logique de haine, celle-ci établissant un assujettissement et un lien dégradant avec celui qui en est l'objet.

3]
[La radicalité en actes

[L'Algérie coloniale

Comparée aux Antilles, l'Algérie serait à classer parmi les « nouvelles colonies ». La conquête ne s'est pas effectuée au XVIIe siècle, sous l'Ancien Régime, mais au début du XIXe siècle et dans des conditions très différentes. Elle prend place dans le dynamisme des prises de possession ayant pour finalité latente sinon manifeste d'instaurer le deuxième empire européen présent sur les cinq continents derrière celui des Britanniques et avant ceux des Espagnols, Portugais et Néerlandais. En Algérie, comme aux Antilles, le colonialisme s'efforce, par une voie ou par une autre, suivant les contextes, de consolider ses acquis. Les différences sont patentes. Alors que la question autochtone, celle des peuples antérieurs à la venue des colons, ne se pose plus aux Caraïbes, il n'en est pas de même au Maghreb. On est en présence d'une population ayant une histoire immémoriale marquée, entre autres, par la conquête et la colonisation de terres européennes, la péninsule ibérique, pendant plusieurs siècles.

Les migrations françaises et originaires d'autres pays méditerranéens présentes ou s'installant aux lendemains de la prise de possession de ces terres restent numériquement limitées et très inférieures aux populations de souches arabe et berbère. Les colons acquièrent, par leur supériorité militaire puis grâce à des dispositions étatiques, des terres et les meilleures opportunités pour l'exercice de l'agriculture, du commerce et de l'industrie. « Considérée synchroniquement, la société coloniale fait songer à un *système de castes*. Elle est composée en effet de deux "communautés" juxtaposées et distinctes [...] Les deux sociétés sont placées dans un rapport de supérieur à inférieur et séparées par une foule de barrières invisibles, institutionnelles ou spontanées[1]. » Une opposition latente et parfois plus offensive oppose la puissance dominante et ses représentants locaux aux colonisés. Ces derniers, sujets français, sont astreints aux règlements et aux dispositions instaurées par le code de l'indigénat depuis 1887. Le découpage en départements ne profite principalement qu'aux citoyens français, ceux-ci étant les seuls à pouvoir voter et donc à envoyer des députés à l'Assemblée nationale, en métropole, centre indiscuté du pouvoir. Au niveau de l'assemblée algérienne, le statut de 1947 n'aura que sensiblement amélioré la représentation des Français musulmans en termes d'élus si l'on prend en compte la disproportion démographique entre les premiers, les Européens, près d'un million et les seconds, plus de huit millions. En 1926, « l'Étoile nord-africaine » est fondée. Elle développe les idées d'unité maghrébine et de socialisme. Messali Hadj en est le porte-parole. Autour des associations des oulémas, les milieux musulmans renforcent leurs revendications islamiques et nationalistes : « l'Islam est ma religion, l'arabe est ma langue, l'Algérie est ma patrie ». Parallèlement et à l'opposé, la bourgeoisie algérienne libérale donne naissance à la fédération des élus musulmans, où se retrouvent, entre autres, Ferhat Abbas et le docteur Ben Djelloul. Les thèmes avancés sont assimilationnistes. Il s'agit, pour leurs auteurs, de se faire une place au sein du système colonial à l'aune, toutes choses inégales par ailleurs, des ressortissants des Antilles. En 1930, les fêtes pour le centenaire de la colonisation célèbrent le débarquement conquérant de Sidi Ferruch ainsi que les Algériens tués pendant la Première Guerre mondiale. Mais la liesse apparente ne cache déjà plus les prises de conscience.

La vague du Front Populaire est la chance perdue par les partisans d'une plus grande intégration ou du moins d'une insertion dans le cadre français, occasion qui a été possible aux Antilles du fait de la prégnance de l'idéologie colonialiste et de l'absence d'une potentialité nationale. En Algérie, malgré les désirs d'une partie de la bourgeoisie nationale et plus précisément de son aile moderniste, et les mesures libérales du gouvernement de Front populaire (reconnaissance de droits politiques), l'intégration a échoué face à l'hostilité déclarée des colons européens et de l'oligarchie. La loi Blum-Violette, « modèle assimilationniste » est repoussée. L'Étoile nord-africaine dissoute, Messali Hadj forme le Parti du Peuple Algérien (PPA). Ce dernier subit le même sort à la veille de la Guerre. La défaite porte un coup sévère au prestige de l'autorité coloniale. Au nom du Comité Français de Libération Nationale, le général de Gaulle, averti des tensions croissantes émanant de représentants algériens, reprend, lors d'un discours à Constantine, en décembre 1943, des termes de la loi Blum-Violette, en les élargissant. Une ordonnance officialise ces propositions. Elle postule une égalité plus effective et efface certains reliquats du Code de l'indigénat. La conférence de Brazzaville, qui s'ouvre le 30 janvier 1944, s'inscrit dans ces tentatives d'amender les dispositions les plus inégalitaires du régime colonial. Ces dispositions rencontrent un accueil défavorable tant de la part des oulémas que de Messali Hadj ou de Ferhat Abbas, car le moment propice pour le succès de ces initiatives est passé. La montée des revendications nationales des peuples de couleur devient inexorable.

En mai 1945, les Algériens manifestent leurs désirs d'indépendance par de puissantes manifestations. Des heurts violents entre communautés éclatent, entraînant la mort d'Européens et de dizaines de milliers de « Français musulmans »[2]. La répression s'abat sur les divers partis, de nombreux leaders sont emprisonnés. La République Française reste d'abord et avant tout une métropole. Ses déclarations généreuses, contrecarrées par les grands colons, n'apparaissent plus que comme des velléités mises en place, à dessein, face aux aspirations des peuples coloniaux.

Le 20 septembre 1947, la loi portant sur le « statut organique de l'Algérie » est promulguée. Elle concrétise cette réalité. Le projet adopté est l'œuvre du parti socialiste (SFIO). Il maintient l'Algérie au sein de la république, nonobstant quelques aménagements très éloignés des attentes des nationalistes.

Le Mouvement pour le triomphe des libertés démocratiques (MTLD) succède au PPA clandestin. Les élections donnent lieu régulièrement à de nombreuses fraudes. Devant cette situation, la population prend de plus en plus conscience de la faillite de ses représentants modérés. Dès 1948, des groupes déterminés s'organisent au sein du MTLD. Des attentats ont lieu. En mai 1951, l'ancien préfet de police Léonard remplace le gouverneur général Naegelen, membre de la SFIO. Les élections législatives à l'assemblée algérienne continuent à être marquées d'irrégularités. Par précaution les autorités transfèrent en France Messali Hadj, président d'honneur du MTLD.

Les nationalistes

À la suite des événements sanglants de Sétif et de Guelma, en mai 1945, un certain nombre de militants, las des querelles stériles, décident de se regrouper. Ils viennent, pour la plupart, des organisations secrètes de l'ex-PPA et ont participé à des actions violentes contre un secteur ou l'autre du système colonial. C'est en 1947, lors du premier congrès du MTLD, qu'émerge une organisation paramilitaire : l'Organisation spéciale.

Cette création répond à plusieurs mobiles dont celui de contrebalancer, auprès des militants de base, la stratégie électoraliste que ce parti vient d'adopter. L'OS doit également faire face à toute éventualité : arrestations, dissolution. La structure de base comprend trois hommes. Une formation militaire leur est donnée dans le cadre de la guérilla.

À la fin de l'année 1949, l'OS compte plus d'un millier de membres à travers tout le territoire algérien. L'impatience de la base tout comme l'absence de directives rend rapidement l'organisation vulnérable. En mars 1950, des centaines de combattants sont incarcérés. L'OS étant devenue un obstacle à la stratégie électoraliste du MTLD, celui-ci ne fait rien pour reprendre l'offensive. Ces dérobades exacerbent les militants de base. Conscients de l'écho qu'ils ont auprès des masses, ils se retrouvent à Alger et mènent la critique de la direction du parti. À la même époque, la lutte d'influence entre Messali Hadj et le comité central du MTLD éclate au grand jour.

En mars 1954, le groupe des anciens de l'OS forme le Comité révolutionnaire d'unité et d'action (CRUA). Il condamne Messali Hadj et le comité central, l'un pour sa démagogie totalitaire, son opportunisme et son aventurisme qui témoignent de son désir d'instituer un pouvoir personnel, l'autre pour ses atermoiements et son réformisme. Il est répondu aux accusations qui leur sont adressées, que la tâche première est de participer à tout regroupement possible des forces nationales afin d'établir une doctrine étayée sur des bases scientifiques.

En juillet 1954, trois « congrès » ont eu lieu. L'un en Belgique où Messali Hadj réunit ses partisans, les deux autres à Alger : la conférence des cadres du MTLD et la « Réunion des 22 ». Cette dernière marque un point de non-retour. Un comité de direction se constitue. Il se compose de Ben Boulaïd, Ben M'Hidi, Didouche, Bitat, Krim, Boudiaf. Devant l'impatience des militants et le soulèvement, à l'extérieur, des Marocains et Tunisiens, les « vingt-deux » décident de se préparer à l'action directe. Des contacts sont pris. En octobre 1954, à la Pointe-Pescade, dans la banlieue d'Alger, le Comité révolutionnaire d'unité et d'action donne naissance au Front de libération nationale (FLN) : « Une proclamation fut rédigée pour expliquer au peuple les objectifs du mouvement en même temps que des tracts furent distribués à la population européenne, pour lui expliquer qu'il ne s'agissait pas d'une lutte raciale, mais d'une guerre de libération nationale[3]. » Son organisation militaire devient l'Armée de libération nationale (ALN). La date du début de l'insurrection est fixée.

En choisissant le nom de Front, les militants ont voulu montrer que le temps des querelles de clans et de personnes est révolu. Fanon pourra ultérieurement juger de l'aporie de cette tentative. Pour l'heure, il cherchera cependant, autant que faire se peut, à ne pas entrer publiquement dans les acrimonies intestines. En ne se ralliant pas à une analyse sociale et économique approfondie de la société algérienne, le Front de libération nationale se trouvera, à terme, en prise aux appétits de la petite et moyenne bourgeoisie nationaliste. Tout au long de son histoire, cette réalité détermine une faiblesse idéologique ou du moins des contradictions récurrentes. C'est l'un des thèmes perçus par Césaire dans la tragédie haïtienne, c'est une thématique similaire que Fanon analyse et dont il relève le caractère plus que dommageable pour les perspectives postcoloniales des pays en voie vers l'indépendance ou ayant acquis ce statut.

L'insurrection

Le 1er novembre 1954, à la surprise des milieux de la métropole mais non à celle de la police et de l'armée, des explosions, des attaques de commissariats et des incendies éclatent en de nombreux points de l'Algérie. L'Aurès devient le premier territoire libéré. Du Caire, le soir du 1er novembre, dans son émission de 23 heures, « La Voix des Arabes » salue le début de ce soulèvement. Les proclamations du Front de libération nationale et les actes qui les accompagnent fermentent très rapidement dans les couches populaires dont les conditions de vie ne sont pas sans rappeler, en pire, sous certains aspects, celles de la majorité du peuple des Antilles françaises : 90 % des activités industrielles et commerciales sont aux mains des colons qui ne représentent que 10 % de la population. En Algérie, les terres les plus riches sont exploitées par le colonat, les élections sont l'occasion de nombreuses fraudes et le petit groupe de parlementaires musulmans à l'assemblée algérienne ne dispose pas de moyens pour contrer cet état de fait. À la rentrée scolaire de 1954, sur environ 2 millions d'enfants algériens, 300 000 seulement sont scolarisés.

Les autorités, en la personne de Jacques Soustelle, membre du parti socialiste, un de ses anciens condisciples, proposent à Germaine Tillion, ethnologue, de conduire une étude sur l'état de la population civile algérienne. L'élève de Marcel Mauss, la spécialiste des populations de l'Aurès dont celles des Chaouïa, la rescapée du camp de Ravensbrück, mène sans autre précaution la tâche qui lui est assignée. Elle a charge de s'attacher à analyser la situation telle qu'elle prévaut dans les campagnes, contexte qu'elle connaît particulièrement bien. Son verdict est le suivant : beaucoup de paysans, suite à l'impéritie des autorités et des colons, ont glissé de la misère à la « clochardisation » : « Quand je les ai retrouvés, entre décembre 1954 et mars 1955, j'ai été atterrée par le changement survenu chez eux en moins de quinze ans et que je ne puis exprimer que par ce mot : "clochardisation". [...] Jadis, après une bonne récolte, le plus pauvre homme en répartissait l'excédent sur les trois années suivantes – car une expérience millénaire avait appris à tous la prévoyance – et maintenant neuf familles sur dix vivaient au jour le jour[4]. » Elle ne rejette pas les causes de cette situation sur le colonialisme *per se* mais elle souligne le nombre insuffisant tant d'écoles, d'instituteurs, d'infirmiers ou de médecins. Pour Germaine Tillion, l'une des raisons de ceci tient d'une part à l'accroissement démographique et d'autre part au « contact avec la supériorité décourageante des mécaniques étrangères [qui] ont pour résultat de faire chavirer les civilisations archaïques qui subissent cet assaut. Tout, maintenant, s'effondre ou va s'effondrer : les arts, les techniques et toutes les ingénieuses coutumes qui permettaient à un groupe humain de vivre à peu près en paix[5]. » Ces derniers éléments résonnent avec les temps précoloniaux de l'Afrique, transfigurés par le verbe de Césaire :

> Paysan frappe le sol de ta daba
> dans le sol il y a une hâte que la syllabe de l'événement
> ne dénoue pas
> je me souviens de la fameuse peste
> il n'y avait pas eu d'étoile annoncière
> mais seulement la terre en un flot sans galet pétrissant
> d'espace
> un pain d'herbe et de réclusion[6]

À l'instar de Frantz Fanon et autour de ces années 1954-1960, cette métropolitaine quasi « pied-rouge » instaure un dispositif : les centres sociaux. Ceux-ci se proposent de pallier tant soit peu ces situations dramatiques. Leur objectif est de remettre en activité les populations précarisées. Santé, éducation et formation professionnelle sont leurs piliers. Malgré le conflit, plus d'une centaine s'implantent dans les bidonvilles ou les milieux ruraux. Cependant, rapidement, ils sont l'objet de critiques tant d'Européens conservateurs que de militants du FLN

En fait, depuis les massacres de Sétif et de Guelma, les politiques d'intégration restent limitées, comme peut également le constater le médecin-chef de l'hôpital de Blida. Seul le rapport des forces en présence, apparemment favorable aux autorités, maintient l'Algérie sous la tutelle française.

[Médecin à Blida

En novembre 1953, le médecin antillais Fanon est donc affecté à l'hôpital psychiatrique de Blida-Joinville : « Pourquoi Fanon se fait-il nommer médecin en Algérie, en novembre 1953 ? Pour le "tiers-colonial" ? ou pour voir du pays ? Fanon est un colonisé. C'est un Martiniquais. Que ne va-t-il faire, direz-vous, la révolution dans son pays ! Mais, je le demande, où étaient, en 1953, à la Martinique, les possibilités révolutionnaires ? [...] À cette époque Fanon avait compris qu'il existait en Algérie une situation prérévolutionnaire [...] Dès les débuts de la Révolution, Fanon, avec les moyens dont il dispose, se met au service de l'organisation[7]. »

Parmi le personnel européen de l'hôpital, à quelques exceptions près, il retrouve les comportements qu'il a connus à Lyon. Ici aussi les soignants parlent, face aux symptômes douloureux dont se plaignent les malades, de « syndrome nord-africain ». Le jeune médecin pourrait, avec le sens commun, en conclure, de nouveau, que « décidément, ces types ne sont pas sérieux[8]. »

Mais en Algérie, la situation est plus critique que celle qu'il a connu en France. L'Algérien représente l'immense majorité. Un lourd contentieux de spoliation se dresse entre lui et l'Européen. Face à la montée des revendications et à la vague de répressions, leurs rapports sont de moins en moins amènes. De plus une ligne de démarcation sépare maintenant la majorité des partisans du statu quo colonial, ouvriers ou employés compris, de la minorité des libéraux et des progressistes, chrétiens ou communistes, dont Albert Camus, prêts à considérer comme légitime la lutte de libération de leurs compatriotes algériens et, pour certains, à s'y associer. Fanon est de ceux-ci.

À Blida, dans son service, Fanon contourne la thérapeutique classique. Il met en pratique les techniques proposées par le docteur François Tosquelles dont il a été l'un des assistants[9]. Pour réintégrer le malade dans la société il faut, par le biais de la social-thérapie, ébaucher de nouveaux types de vie collective axés sur la libre expression et sur la participation active de tous. Sur les recherches qu'il mène au sein même de son institution, Fanon publie, avec d'autres médecins de Blida, plusieurs articles. Ils paraissent dans *l'Information psychiatrique*. Ils se font l'écho des difficultés rencontrées au sein de l'hôpital face aux différents types de patients : « La social-thérapie dans un service d'hommes musulmans. Difficultés méthodologiques » ou « Aspects actuels de l'assistance mentale en Algérie ». Dans le premier article, écrit avec Jacques Azoulay, un de ses internes, la volonté d'adopter une méthode forgée dans le contexte occidental apparaît peu à peu comme une gageure sinon une erreur. Ne pas tenir compte des variables tant sociales que culturelles, historiques et géographiques, c'est se condamner à des résultats ne correspondant pas aux attentes cliniques. Les auteurs soulignent qu'il est plus que nécessaire d'évaluer et de faire intervenir dans la cure les données culturelles tout autant que sociales des malades concernés. Il s'agit, en l'occurrence, de musulmans algériens et non de patients français de métropole[10]. Ces travaux, comme le cœur de l'œuvre fanonienne, sont à résonance « socioanthropologique[11] », dans le sens où ils associent une réflexion tenant compte tant des contextes environnementaux et institutionnels que de l'épaisseur existentielle et culturelle des patients.

En revers, le psychiatre Fanon, que côtoya Alice Cherki, est apparemment peu soucieux de suivre lui-même une psychanalyse[12]. On peut inférer de cette attitude, comme elle le suggère, un choix. Effectivement il correspondrait, de manière plus adéquate, à ses implications et aux méthodologies qu'il met en place. Ses attentes sont dirigées vers la confrontation du corps à corps collectif, de l'échange vif des idées et des postures, plus que vers la cure psychanalytique. Cette attitude renvoie peut-être à la résistance de « colonisés » ne souhaitant pas confier leur moi profond à des individus qui, déjà, dictent, expliquent et s'imposent dans leur existence quotidienne. *A priori*, il a dû en être de même pour Césaire : ses poèmes et ses écrits font également office de divan. Ils libèrent, à la Breton et Éluard, les mondes de l'inconscient, le volcan n'en pouvant plus, à certains moments, lave torrentielle d'images et de mots brisant convenances et interdits.

Le professeur à l'université d'Alger, André Mandouze, progressiste chrétien, invite Fanon à donner des conférences. Il est également l'un de ses contacts avec des nationalistes. Avant même le déclenchement de l'insurrection, Fanon a des rapports avec des hommes proches du Front de libération nationale. Selon Joby Fanon, la date du début des opérations lui est connue.

En Algérie, Fanon se trouve confronté à la réalité d'un monde où le Blanc et le Noir, en l'occurrence le Blanc et le Brun, le colon et le colonisé, vont lutter à visage découvert. Ce qu'il n'a pas trouvé parmi les siens, il le rencontre sur cette terre, parmi ce peuple dont il épouse la cause car il a reconnu ce dont il parlait dans *Peau noire, masques blancs* : « En tant qu'homme, je m'engage à affronter le risque de l'anéantissement pour que deux ou trois vérités jettent sur le monde leur essentielle clarté[13]. » Dans une première étape, il s'agit de la lutte nationale d'un peuple colonisé ; dans une deuxième, du combat postcolonial contre toute tentative visant à le rejeter dans la servitude. Ce parcours se distingue fortement de celui de son aîné Aimé Césaire, engagé également dans une problématique d'émancipation postcoloniale mais dans le cadre préétabli d'un territoire lié à son « ex » métropole. D'une certaine manière le premier pari césairien, celui de la départementalisation, a obéré, du moins jusqu'à présent, un devenir national pour cette ex-colonie, entité hybride dépendante quoique semi-autonome. Fanon, pour reprendre les thèses sartriennes qui l'ont fortement influencé, « est en situation », non celle d'un masque blanc surdéterminé mais d'un colonisé en action radicale et téléologique.

Naissance d'une nation

Aux lendemains de l'insurrection de novembre 1954, la réalité algérienne a subi une profonde mutation. Les forces traditionnelles et celles de l'opposition doivent redéfinir leurs objectifs. Le gouvernement français ne peut plus continuer à louvoyer entre répression et déclarations lénifiantes. Le député radical Pierre Mendès France, « auteur » de la paix en Indochine et nommé président du Conseil réclame les mesures les plus énergiques contre les fauteurs de trouble. Un tel choix, émanant d'une des sommités de la gauche française, montre, dès les premiers jours de l'insurrection, l'impasse que devient, pour la France, cette revendication indépendantiste. En Algérie, les différents partis s'interrogent. L'Union démocratique du manifeste algérien (UDMA) de Ferhat Abbas, qui représente la bourgeoisie nationaliste algérienne, est contestée dans son rôle de guide. Le MTLD, quoique assez proche des analyses du FLN, ne pensait cependant pas que la lutte pouvait être déclenchée aussi rapidement. Les messalistes ignorent ces nouveaux venus ou tentent de s'approprier leurs actions. Le PCA (Parti communiste algérien), créé en 1936 et composé d'Européens et de musulmans, a une audience très restreinte. Pour l'heure, comme son frère aîné le PCF., il reste en attente. En 1956, face à la répression grandissante, des adhérents du PCA prennent la décision de s'associer au combat du FLN. Cela leur vaut des admonestations de la part de leur tuteur métropolitain.

Des zones libérées émergent dans diverses régions de l'Algérie. Le FLN y remplace l'administration française. Dans les mois qui suivent le début de l'insurrection, la lutte se déplace des campagnes vers les villes, de l'intérieur vers la scène internationale.

Comme en réponse à ces événements des renforts de troupe sont envoyés. Sur l'instigation de François Mitterrand, alors ministre de l'Intérieur, une vague d'arrestations s'abat sur le MTLD. Des militants sont emprisonnés. De vastes opérations militaires cherchent à reconquérir l'Aurès.

L'année 1955 voit la rapide extension des combats et l'emploi de plus en plus ouvert de méthodes « illégales » par les forces de répression. Des conseillers municipaux sont arrêtés, torturés, alors même qu'ils n'ont aucune responsabilité dans le déclenchement de la lutte armée, alors qu'ils réprouvent la violence. De fait le gouvernement est dans l'expectative, étonné par l'étendue de l'insurrection. Manquant souvent d'information, il frappe sans distinction toute personne suspectée d'appartenance ou de sympathie pour le MTLD.

Le 31 mars 1955, la loi sur l'État d'urgence dessaisit la justice civile au bénéfice des juridictions militaires. Elle permet l'assignation à résidence et laisse libre cours à la répression. De juin à septembre, plus de cent condamnations à mort sont prononcées. À Paris, le député communiste Gautier dénonce ces procédés qui lui rappellent les temps de l'Occupation. Les premiers camps de prisonniers apparaissent : Khenchela, Aïn el-Amara, Berrouaghia.

Dans la ville même où se trouve Fanon, les prisonniers politiques sont soumis à la hargne de leurs geôliers. Il s'agit, pour ceux-ci, d'étouffer toute velléité de résistance, d'essayer de transformer l'homme en simple objet. Dans le chapitre sur la violence, dans les *Damnés de la terre*, Fanon analyse cette attitude colonialiste face à ceux qui lui résistent. Ses propos ne choqueront que ceux qui préfèrent ne pas savoir, qui veulent ignorer des faits qui ne seraient qu'exceptionnels. C'est dans ce sens que conclut le rapport Wuillaume chargé de faire la lumière sur des cas de torture. Le *Discours sur le colonialisme* d'Aimé Césaire analysait déjà, en 1950, et sans fard, la violence du système colonial, dispositif qu'il situe à l'égal de celui des régimes fascistes[14].

La torture, « style de guerre »

Dans son service, Fanon retrouve certains des éléments de l'analyse entreprise lors de la rédaction de son ouvrage *Peau noire, masques blancs* et, en particulier, la mutation névrotique que subissent, du fait d'une culture imposée, les peuples colonisés. Dans *les Damnés de la terre*, il rapporte plusieurs exemples : ainsi de la conduite suicidaire d'un Algérien qui, craignant de passer pour un traître aux yeux des siens, se jette sur des soldats. Ceux-ci, comme il l'espérait, le torturent à mort. Un tel comportement est celui d'un certain nombre de jeunes non engagés dans la lutte et subissant, d'une façon morbide, l'atmosphère de la guerre. Fanon voit venir également des victimes « innocentes » qui ont subi la torture normalement réservée aux combattants. Deux sentiments apparaissent chez eux : « D'abord *celui de l'injustice*. Avoir été torturé pour rien, durant des jours et des nuits, semble avoir cassé quelque chose chez ces hommes [...] Ensuite *une indifférence à tout argument moral*. Pour ces malades, il n'y a pas de cause juste. Une cause torturée est une cause faible[15.] » Fanon soigne aussi des victimes de l'action psychologique. Les opérations menées par ces services de l'armée visent plus généralement des intellectuels et des lettrés. En ne les laissant jamais seuls, en attaquant « de l'intérieur les éléments qui constituent la conscience nationale[16] », la finalité poursuivie est de les amener à collaborer. Lorsque le prisonnier est relâché, il n'est plus capable d'expliquer et de défendre une position précise et bien argumentée. Il ressent une phobie de toute discussion collective : « C'est certainement la séquelle la plus douloureuse que nous ayons rencontrée dans cette guerre[17]. »

Mais Fanon, médecin des hôpitaux de l'Algérie « française », reçoit également la visite de colons, de fonctionnaires et d'agents de la répression : inspecteur de police qui, à force de torturer, applique les mêmes traitements aux siens ; gardiens de police présentant une incapacité sexuelle due aux chocs nerveux produits par des séances d'interrogatoire ; fille de haut fonctionnaire amateur de « chasse au faciès » :

> « Les rares fois où mon père venait me voir en ville je n'arrivais pas à le regarder en face sans être horriblement gênée et effrayée. Cela me devenait de plus en plus difficile de l'embrasser. C'est que j'ai habité longtemps au

village. J'en connais presque toutes les familles. Les jeunes Algériens de mon âge et moi avons joué ensemble quand nous étions petits. Chaque fois que je venais à la maison mon père m'apprenait que de nouvelles personnes avaient été arrêtées. À la fin, je n'osais plus marcher dans la rue tellement j'étais sûre de rencontrer partout la haine. Au fond de moi-même, je leur donnais raison à ces Algériens. Si j'étais Algérienne, je serais au maquis[18]. »

La petite bourgeoisie européenne et même des éléments du prolétariat sont happés par l'engrenage de la répression. Ils rejettent toute autre alternative que celle du statu quo antérieur. Seuls des militants isolés, des progressistes de tous horizons, laïques ou croyants, des membres du PCA s'engagent, à des degrés divers, dans le processus de libération. Les classes moyennes de la population européenne d'Algérie, quant à elles, font bloc autour des intérêts des grands propriétaires. Fanon est à même de se rendre compte de l'utilisation, par des médecins européens, de méthodes allant à l'encontre du serment d'Hippocrate. Les rapports malade-médecin ne sont plus des rapports d'assistance et de soin mais des rapports de force. « Tout médecin assistant un Algérien dont la blessure paraît suspecte, doit, sous peine de poursuites, prendre le nom de ce malade, son adresse, le nom de ceux qui l'accompagnent, leur adresse et communiquer le dossier aux autorités[19]. » Si un certain nombre d'entre eux suivent ces instructions, le plus grand nombre se contente de petites escroqueries. Fanon cite le cas d'un médecin exerçant près d'Orléansville (el-Asnam) qui, les jours de marché, gagne une petite fortune : « Je mets trois seringues d'inégale grosseur remplies de sérum salé et je dis au malade : "Quelle piqûre veux-tu, celle à 500, à 1 000 ou à 1 500 ?" Presque toujours, ajoute ce médecin, le malade choisit la piqûre la plus chère[20.] » Devant de telles pratiques des soignants se rebiffent. Le conseil de l'Ordre rappelle l'article 3 du code de déontologie : « Le médecin doit soigner avec la même conscience tous ses malades quels que soient leur condition, leur nationalité, leur religion, leur réputation et les sentiments qu'ils lui inspirent[21]. » Cependant, peu à peu, des Algériens surmontent leur réticence vis-à-vis de la médecine européenne. Malgré les risques que cela représente pour eux ils ne craignent plus de venir à l'hôpital. La plupart des médecins restent perplexes. Ce qu'ils ignorent du fait de la position qu'ils ont choisie, Fanon, lui, le sait : « Il y avait pour la direction un intérêt stratégique à faire soigner les civils par les Français et à garder les médicaments à l'intention des militaires qui, eux, ne pouvaient être évacués[22]. »

Fanon non seulement soigne, mais aide des combattants à se prémunir contre les effets des tortures. Il fournit des médicaments, forme des infirmiers, participe à la mise en place du système sanitaire de l'ALN et s'implique auprès des acteurs en présence.

De la violence

Cette situation conduit Fanon à réinterroger, comme vecteur de changement, la violence. Celle-ci a, de tout temps, été l'une des composantes des rapports sociaux. Des guerres de la Grèce antique aux réflexions des philosophes de l'Ancien Régime puis aux données des révolutions du XIXe siècle, le passage par la rupture sinon la violence fut l'une des éventuelles voies d'émancipation[23]. Plus récemment les écrits de Georges Sorel, les imprécations des surréalistes, en réaction aux massacres de la Première Guerre mondiale ou les thèses bolcheviques l'associèrent métaphoriquement ou plus concrètement avec la libération. Frantz Fanon et plus incidemment Aimé Césaire s'inscrivent dans ces réflexions et dans les effets que peut déterminer, pour ceux qui sont dominés socialement et culturellement, le recours à une telle option. Compte tenu de son expérience de médecin psychiatre impliqué, Fanon analyse les éléments que suscitent tant la violence subie que la contre-violence opposée aux humiliations. Césaire le fera dans le registre, entre autres, du texte poétique :

> Le vent hélas je l'entendrai encore
> nègre nègre nègre depuis le fond
> du ciel immémorial
> un peu moins fort qu'aujourd'hui
> mais trop fort cependant
> et ce fou hurlement de chiens et de chevaux
> qu'il pousse à notre poursuite toujours marronne
> mais à mon tour dans l'air
> je me lèverai un cri et si violent
> que tout entier j'éclabousserai le ciel

et par mes branches déchiquetées
et par le jet insolent de mon fût blessé et solennel
je commanderai aux îles d'exister [24]

Dans les pays du tiers-monde, au lendemain de la Seconde Guerre mondiale, la violence s'érige peu à peu comme issue face au retour en force des métropoles. Avant l'Algérie, le Viêtnam s'est engagé dans cette voie radicale. Pendant plusieurs années elle semble lui être spécifique, les autres territoires sous tutelle vivant les derniers jours du colonialisme traditionnel.

La lutte du peuple algérien, par sa proximité et par son ampleur, marque une cassure, la fin à court terme de l'ancien système impérial français. Cette voie que le peuple algérien a choisie, Fanon l'analyse et s'y rallie. La destruction de l'ordre colonial lui apparaît comme ayant une valeur thérapeutique globale.

Mais cette violence, à quoi répondait-elle ? C'est une réaction à celle de l'oppression coloniale, à celle du colon face à l'indigène, à celui qui doit devenir un colonisé, c'est-à-dire un homme investi économiquement et idéologiquement. Ce retournement de la violence, qui, pour le système colonial, serait le fait de l'indigène, Fanon en restitue les véritables données, la cause première. Il rappelle qu'elle est d'abord historique, liée à l'appropriation des terres et de leurs richesses par les troupes armées européennes. Les succès militaires remportés se sont traduits par la mise à l'encan des biens et des libertés.

Cette violence coloniale, Fanon la voit d'abord comme séparation, division à tous les niveaux entre le colon, figure des valeurs, et le colonisé, son antithèse. « Ce monde compartimenté, ce monde coupé en deux, est habité par des espèces différentes […] Quand on aperçoit dans son immédiateté le contexte colonial, il est patent que ce qui morcèle le monde c'est d'abord le fait d'appartenir ou non à telle espèce, à telle race[25]. » Suivant les contextes, les colons ont peu créé de corps intermédiaires. Le colonisé ignore, le plus souvent, les professeurs de morale, les idéaux religieux et démocratiques, le paternalisme « bon enfant ».

Toutefois, dans les « vieilles colonies » et surtout à la suite de l'abolition de l'esclavage, un relatif moratoire a prévalu. Ce ne sera pas le cas pour les prises de possessions ultérieures au cours du XIXᵉ siècle. Les conquêtes sont sans demi-teintes. Pour Fanon, en

Afrique du Sud, par exemple, mais pas uniquement, la domination se rapproche des conditions des pays totalitaires. Elle broie non seulement économiquement, mais culturellement et physiquement, ceux qu'elle désigne comme sous-humanité. Ce ne seront pas les Juifs, les Tziganes, les homosexuels… mais, ici, les Noirs. Ce règne, souligne Fanon, se maintient grâce aux policiers et aux soldats et à ceux-là mêmes, rivaux locaux, qui ont permis ces intrusions et la mainmise sur les terres et les personnes.

Pendant cette période, le colonisé vit névrotiquement. Dès son plus jeune âge, il apprend à craindre le Blanc, celui qui détient les pouvoirs. Il subit son mépris et n'oppose que passivité. Une dissemblance ontologique sépare le dieu blanc du mortel noir. Vis-à-vis de son alter ego, cette haine déviée éclate. Ne sachant se dresser ensemble contre l'occupant le colonisé, à l'étonnement et à la joie du colonisateur, se déclare la guerre à lui-même : luttes tribales, pratiques magiques, assassinats, délations, contribuent à exorciser la violence inhérente à l'ordre imposé. Elle veut nier le présent pour renvoyer à un passé antécolonial, masquant ainsi la cause première : le joug étranger qui courbe les plus fiers, la peur des chiens et des voitures blindées.

Aux colonies, pour Fanon, le paysage n'est pas celui d'un tableau de maître. Une poignée d'étrangers accapare la plus grande superficie, les terres les plus riches et toutes les sources de quelque revenu. Le reste, les sols incultes, l'artisanat et la brocante sont laissés aux millions d'autochtones. Ce décor primaire résiste mal au temps. Le processus de la décolonisation va faire craquer ces couleurs criardes, provocantes. Toutes les tentatives pour le freiner sont, à court terme, vouées à l'échec.

La contre-violence

L'engagement radical devient, alors, pour Fanon, l'incontournable thérapeutique pour les damnés de la terre. Il correspond au point de non-retour que déclenche la violence de la répression.

Cette contre-violence est, ainsi, à restituer dans sa finalité historique et idéologique. Elle dit la différence entre le colon et le colonisé : « La violence assumée permet à la fois aux égarés et aux proscrits du groupe de revenir, de retrouver leur place, de réintégrer. La violence est ainsi comprise comme la médiation royale. [...] Cette praxis illumine l'agent parce qu'elle lui indique les moyens et la fin[26]. » Il rejoint, là aussi, le Césaire prophétique, celui du *Discours sur le colonialisme* et ici, il en appelle au personnage du Rebelle de la pièce de Césaire *Et les chiens se taisaient* : « Nous avions bondi, nous, les esclaves ; nous, le fumier ; nous les bêtes au sabot de patience. Nous courions comme des forcenés [...] La chambre du maître était grande ouverte [...] J'entrai. C'est toi, me dit-il très calme... C'était moi, c'était bien moi, lui disais-je, le bon esclave, le fidèle esclave, l'esclave esclave, et soudain ses yeux furent deux ravets apeurés les jours de pluie... je frappai, le sang gicla : c'est le seul baptême dont je me souvienne aujourd'hui[27]. » Cette violence désintoxiquerait, chasserait la peur et les complexes d'infériorité inculqués par les normes coloniales. Elle brûlerait, dans le feu de l'action destructrice, toutes les névroses des masques blancs. Elle redonnerait aux visages du tiers-monde leurs véritables couleurs, leurs réalités profondes.

Pour Fanon, cette démarche libèrerait l'être de ses chaînes, de ses peurs. Il fait face, il pose un acte et il se fait. Dans la lutte de libération, qu'il l'analyse dans *L'An V de la révolution algérienne*, les femmes passent du rang d'agents domestiques à celui de citoyennes, de militantes respectées des siens et craintes par l'ennemi[28]. La violence rapproche les éléments du couple que la religion et le féodalisme éloignaient. Cette émancipation, gage pour l'indépendance, est contemporaine de l'extinction des rivalités tribales, de la reconversion et de l'élimination des caïds.

Le temps des palabres au sommet serait révolu. Le peuple armé oppose à la violence des institutions féodales et de leurs hommes de main ses propres armes et son idéal qui le concerne dans sa totalité. La violence du colonisé unifierait le peuple.

La fatalité propre à l'époque coloniale laisse place, selon Fanon, à l'optimisme. L'avenir devient possible. Le peuple ne se fuit plus. Il fait l'expérience de son propre pouvoir et il l'oppose aux prétentions d'autorités antérieurement inaccessibles. Devenant chaque jour plus conscient, il n'accepte plus les directives sans les avoir, au préalable, longuement mesurées. « La violence hisse le peuple à la hauteur du leader[29]. » Celui-ci devient redevable de ses actes. Démagogie et mystification s'étiolent. L'auteur des *Damnés*, par les qualités de son style, sait trouver les métaphores nécessaires quoiqu'elles soient parfois d'une extrême radicalité, là où le désir et l'attente se juxtaposent, images sublimées proches en de nombreux aspects de celles du poète Césaire : « Le grand coup de machette du plaisir rouge en plein front il y avait du sang et cet arbre qui s'appelle flamboyant et qui ne mérite jamais mieux ce nom-là que les veilles de cyclone et de villes mises à sac le nouveau sang la raison rouge tous les mots de toutes les langues qui signifient mourir de soif et seul quand mourir avait le goût du pain et la terre et la mer un goût d'ancêtre et cet oiseau qui me crie de ne pas me rendre et la patience des hurlements à chaque détour de ma langue [...][30] » Ce bouleversement du paysage colonial, Fanon pense en avoir décelé la « médiation royale ». Pour lui, c'est en particulier la lutte armée, démarche à laquelle se joint Jean-Paul Sartre dans la préface qu'il écrit pour les *Damnés de la terre*. Les événements qui se succèderont, après sa disparition en 1961, quoique centrés sur la violence et les conflits, ne s'ouvriront pas, pour le meilleur et non pour le pire, vers cette attente qui était la sienne et qu'il présageait pour l'intérêt du plus grand nombre dont les décolonisés, les postcoloniaux.

Cette stratégie, prônée par Fanon et par divers mouvements de libération, les états-majors des partis de gauche la présente à leurs fédérations et annexes coloniales avec réserve. Ils sont plus partisans de négociation que d'opposition radicale. En août 1955, les heurts du Constantinois, auxquels participent Algériens et civils européens, témoignent de cette tension. Pour Fanon, le point de non-retour est atteint. Les chasseurs de faciès opèrent en tant que milices urbaines et rurales.

À Paris, le gouvernement Edgar Faure ordonne l'envoi de renforts et décide le rappel sous les drapeaux des disponibles. De larges fractions de la population, dont des éléments de la classe ouvrière, se rebiffent. Certains des appelés refusent de faire la guerre à un peuple en lutte pour son indépendance. Un vent d'insoumission commence à s'exprimer dans les casernes, dans les trains en partance pour Marseille. Le Parti communiste français réitère ses condamnations de la politique de répression mais ne lance pas de mot d'ordre. Les élections législatives approchent et il met ses espoirs dans un nouveau Front populaire. Les résultats des législatives de janvier 1956 sont favorables à la gauche. La SFIO s'installe avec, à sa tête, le nouveau chef du gouvernement, Guy Mollet. Les espoirs de paix négociée se renforcent. Cependant, le voyage à Alger du président du Conseil est un échec face aux manifestations d'hostilité organisées par le colonat le plus rétrograde. Fanon rapporte dans *L'An V de la révolution algérienne* la déception et la colère que suscitèrent ces attentes non satisfaites.

Le 20 août 1956 s'ouvre le congrès de la Soummam qui réunit un certain nombre de responsables de l'insurrection. Les dispositions adoptées précisent le fonctionnement de l'ALN, codifient l'organisation générale du Front. Deux organismes sont créés : le Conseil national de la révolution algérienne (CNRA), instance suprême de la révolution composé de trente-quatre membres et le Comité de coordination et d'exécution (CCE), organe exécutif de cinq membres.

Les contradictions apparaissent et s'expriment de manière explicite lors de cette rencontre. Ce congrès de la Soummam, du nom de la rivière se jetant dans la mer à Béjaïa (ex-Bougie), révèle les dissensions présentes au sein du FLN. Le principe de la primauté du politique sur le militaire, dans les conditions particulières de l'Algérie de 1956, consacre, pour un temps, la prise en mains de différents secteurs du Front par la petite et la moyenne bourgeoisie nationaliste. Il réunit des délégués de diverses willayas mais non de l'ensemble d'entre elles, compte tenu des difficultés de déplacements. La plate-forme, à laquelle contribua l'un des compagnons de Fanon, Abbane Ramdane, postule des prises de décision collégiales, la primauté du politique sur le militaire et des forces intérieures sur les éléments extérieurs. Elle se réclame de la laïcité et préconise les bases d'une redistribution des terres.

En mars de la même année, des pouvoirs spéciaux sont votés à Paris, avec l'appoint des voix du PCF. En Algérie, le gouverneur général Lacoste, un socialiste, prend en main les intérêts des colons. Devant ce camouflet historique infligé à la gauche française, on ne peut s'étonner des jugements émis par des combattants algériens et par Frantz Fanon. Ces critiques suscitent la colère de démocrates parisiens. Le silence fait en France autour de son œuvre résulte, en partie, de ses admonestations adressées aux représentants de la gauche.

À la Martinique, ces événements sont évidemment suivis avec attention, d'autant plus que des Antillais sont parmi les troupes engagées dans le conflit. L'éloignement du lieu des affrontements tout comme l'alignement ou du moins les atermoiements des instances des principaux partis politiques îliens, reproduisant ceux de la métropole, restreignent les protestations. Les difficultés à obtenir ce que les lois de départementalisation laissaient prévoir en termes d'égalité de traitement occupent les esprits. De plus, le manque d'emploi, faute d'alternatives locales, amène de nombreux jeunes à ne pouvoir envisager que le chômage, et ce malgré les démarches récurrentes des élus martiniquais dont, au premier chef, Césaire.

Le psychiatre combattant

À l'hôpital, Fanon est à même de juger de la réalité des faits. Les victimes, il les rencontre dans son service. Les plaies sont l'impôt que doit payer la population. Il suit la généralisation du processus. La lutte ouverte lui apparaît, dès lors, comme lieu de prise de conscience. Il s'efforce d'apporter aux combattants et aux sympathisants du Front de libération l'aide que ses fonctions lui permettent. L'analyse qu'il avait faite dans *Peau noire, masques blancs*, celle tant d'une dénonciation des chimères de l'assimilation que des illusions de la négritude, prend sa véritable dimension. Elle est maintenant couplée à un processus historique, à une dynamique qui féconde et transforme les perspectives.

À Blida, Fanon milite de plus en plus concrètement, comme le rappelle sa femme Josie Fanon : « Les membres du CCE, les responsables militaires de la région, d'autres militants plus obscurs mais non moins essentiels dans les rouages de l'organisation, se souviennent de la maison de Fanon où ils se retrouvaient ; et ceux aussi qu'il a cachés dans son service, laissant croire qu'ils étaient atteints de maladie mentale[31]. » Parmi ceux-ci on compterait les dirigeants Abbane Ramdane ou Ben Khedda.

En juin 1956 paraît le premier numéro ronéotypé d'*El Moudjahid*, organe du Front de la libération, auquel, dans moins d'une année, Fanon va collaborer.

En juillet, la répression s'abat sur le PCA, sur des militants européens. À l'Assemblée nationale, le groupe communiste demande une commission d'enquête sur les tortures. Jacques Duclos s'interroge sur le bien-fondé de la politique du gouvernement socialiste en Algérie. Pour lui, cependant, seul le front républicain qui regroupe communistes, socialistes et radicaux peut apporter une solution au « drame algérien ».

[Socioanthropologie d'un mouvement de libération

Alors que les analyses politiques de la gauche et plus spécialement celles relevant du marxisme se réclament des composantes matérielles et économiques de l'évolution historique, Fanon met en scène la profondeur et l'épaisseur tant existentielles que sociétales des mouvements de libération. En cela sa démarche relève d'un questionnement socioanthropologique attentif au symbolique et aux valeurs propres aux populations concernées.

La paysannerie comme acteur central

Pour mener la dynamique libératrice, Fanon constate que ce sont d'abord les masses paysannes qui s'impliquent et non le prolétariat des villes. Cette entorse à l'orthodoxie, il la souligne et l'argumente comme étant l'un des axes centraux de ces mouvements. Ceci suscite, là encore, une levée de boucliers. Mohammed Harbi, qui a travaillé avec Fanon à Tunis, restitue le contexte en référence aux thèses marxistes. Il souligne le pragmatisme de Lénine quant à l'importance à accorder aux masses rurales, ceci inscrit sous le contrôle d'un parti prolétarien, avant-garde du mouvement[32].

Aimé Césaire, lui, a revendiqué une ascendance non seulement africaine mais également un rapport à la paysannerie plus qu'effectif. Il associe ces deux entités et s'en réclame non sur le ton assertorique de Fanon mais sur celui de l'exhortation amicale attachée à la nécessité, celle qu'il connaît pour la fréquenter à la Martinique : « frappe paysan je suis ton fils…[33] » S'agissant des partis « ouvriers » dans les pays colonisés, Fanon dévoile leurs ambiguïtés. Ces boutures idéologiques des modèles européens s'appuient, à l'instar de ceux-ci, dans les villes, sur les commerçants et artisans, sur les employés et les ouvriers. Si effectivement en Europe la classe ouvrière est, alors, dans les années 1950, importante en nombre et politiquement plus consciente du fait de sa pratique historique et quotidienne, il n'en est pas de même dans les colonies. Là, les paysans représentent la quasi-totalité de la population. Pour Fanon, le petit nombre de véritables prolétaires: ouvriers d'usine, etc., est généralement récupéré par les représentants de la moyenne et petite bourgeoisie nationale. Les partis nationalistes ont des effectifs limités et de fortes tendances opportunistes. Fanon montre comment ceux-ci tenteront de remédier à leur faiblesse en effectuant une démarche vers les masses paysannes. Leur méfiance fortement imprégnée de condescendance et leur pratique bureaucratique visant à les encadrer et non à se mettre à leur écoute, que souligne également l'agronome René Dumont, auteur de *l'Afrique noire est mal partie*, renforcent rapidement l'hostilité latente entre ville et campagne. Les dirigeants, en ignorant les coutumes, ridiculisent les autorités locales. Les chefs traditionnels, les caïds et les services de l'occupant en tirent, eux, un profit maximal. Les dirigeants sont condamnés pour leurs idées novatrices, leurs coutumes européennes. Coupés du peuple, ils sont la proie des forces policières.

« Les échecs subis confirment "l'analyse théorique" des partis nationalistes[34]. » Ceux-ci considèrent que la paysannerie serait inébranlable, arriérée, tout juste susceptible de faire ponctuellement force d'appoint.

Malgré l'insuccès de la pénétration des partis nationalistes dans les campagnes, pour Fanon, les populations rurales seraient potentiellement disponibles. Le souvenir des luttes antérieures est présent chez certaines, du moins au Maghreb. Des générations s'identifient aux héros nationaux, rêvent de les imiter. Spontanément et comme en écho lointain aux leaders nationalistes, elles s'organisent. Lorsque, le 1er novembre 1954, la minorité révolutionnaire lance le mot d'ordre d'insurrection, ce sont dans les campagnes que l'écho résonne. Des éléments de la paysannerie ont suivi les mots d'ordre. « Or il est clair que, dans les pays coloniaux, seule la paysannerie est révolutionnaire. Elle n'a rien à perdre et tout à gagner. Le paysan, le déclassé, l'affamé est l'exploité qui découvre le plus vite que la violence, seule, paye[35]. » Lorsque l'insurrection partie des campagnes et non suivant le schéma « orthodoxe » des villes s'étend aux cités, elle trouve un élément puissant parmi le lumpenprolétariat, les déclassés des bidonvilles, constitué de la masse des paysans chassés de leur terre. Ce lumpenprolétariat, également suspect aux yeux des partis nationalistes, s'engage dans la lutte.

Devant cette insurrection suscitée par les plus militants des combattants du Front de libération nationale, les états-majors hésitent, puis espèrent que, devant la généralisation, les colonialistes seront amenés à traiter ou du moins à faire de substantielles concessions. Fanon a vécu et retranscrit les diverses phases tant dans *Sociologie d'une révolution* qu'au fil des *Damnés de la terre*. Prises en charge, éduquées, ces populations peuvent devenir un élément important. Là aussi, l'exemple historique, Fanon le vit tant à Blida que dans la capitale : Alger où, dans un premier temps, des éléments marginaux rejoignent le FLN et participent à la prise en main de la Casbah. Négligées, ces mêmes populations intègrent les troupes indigènes coloniales d'appoint.

Mutations des mentalités

Le soulèvement génère une refonte des valeurs. Aux querelles tribales et ethniques ferait place, du moins dans les premiers temps, la solidarité. Kabyles et Arabes font face, ensemble. Passionné par les transformations qui s'opèrent, Fanon remarque également que la radio devient, à son tour, un outil dans la lutte. Précédemment, celle-ci émanait et s'adressait et était perçue comme tournée essentiellement vers le colonat. Sa pratique était donc réservée à une minorité. La majorité subissait, non sans frustration, cette situation, ce manque d'information et en particulier à partir du déclenchement de l'insurrection. À la fin de 1956, des tracts annoncent l'existence d'une *Voix de l'Algérie libre*. Cette voix qui « parle des djebels » acquiert immédiatement une audience. Déjà, avec les émissions transmises du Caire, la radio n'était plus un instrument exclusif entre les mains de cet appareil idéologique de l'État colonial. Très rapidement les stocks de postes sont épuisés : « L'Algérien [...] a enfin la possibilité d'entendre une voix officielle, celle des combattants, lui expliquer le combat, lui raconter l'histoire de la Libération en marche, l'incorporer enfin à la nouvelle respiration de la Nation[36]. » Cette radio utilise l'arabe, le kabyle et aussi le français, ce qui donne un nouveau statut à cet outil linguistique à connotation dominante, retourné vers une pratique émancipatrice, dialectique à laquelle se sont confrontés, dans un autre contexte et d'autres circonstances, des auteurs Antillais dont, par exemple, Aimé Césaire ou Patrick Chamoiseau[37].

Dans les agglomérations urbaines, pour faire face au déferlement de la violence, les femmes algériennes s'engagent dans la lutte : « Porteuse de revolvers, de grenades, de centaines de fausses cartes d'identité ou de bombes, la femme algérienne dévoilée évolue comme un poisson dans l'eau occidentale. Les militaires, les patrouilles françaises lui sourient au passage, des compliments sur son physique fusent çà et là […] L'Algérienne qui entre toute nue dans la ville européenne réapprend son corps, le réinstalle de façon totalement révolutionnaire […] Voile enlevé puis remis, voile instrumentalisé, transformé en technique de camouflage, en moyen de lutte. Le caractère quasi tabou pris par le voile dans la situation coloniale disparaît presque complètement[38]. » Le voile était, précédemment, un des éléments de préservation d'une culture propre, au-delà de son marquage purement religieux et sexué des corps. De fait, et depuis longtemps, les colons voulaient en bannir le port. Ils le considéraient comme le signe d'un refus de la modernité, un exotisme suranné et plus encore comme un des facteurs concourant à préserver les familles musulmanes de l'occidentalisation. Dans le cadre du mouvement, Frantz Fanon constate un éclatement de l'homogénéité sclérosée de la famille traditionnelle entraînant une redistribution des rôles. Les rapports antérieurs très hiérarchiques entre père et enfants se modifient dans le cadre du mouvement. Le fils prend une assurance que lui donne son engagement. Cette position remet en question une autorité qui se voit interpellée par des événements tragiques, ceux de la guerre, des prisons, des maquis, des camps de regroupement villageois, etc. Les jeunes adultes se dessinent un visage qui n'est plus celui de la soumission au patriarcat. Les filles, également, par leur implication, desserrent le fil des traditions et participent à la recomposition du cadre familial.

Toutefois Fanon apparaît particulièrement optimiste quant à l'instauration de rapports nouveaux entre l'homme et la femme algériens. La suite des évènements, celle des lendemains de l'indépendance, qu'il ne connaîtra pas, apportera, avec la montée du radicalisme religieux et du retour aux rapports homme-femme antérieurs, un démenti sévère à ses espoirs. À Alger, la fin tragique de son épouse, en juillet 1989, en sera comme une des expressions. Claude Lanzmann relate la lente déréliction que connaîtront nombre d'Algériennes, dont Josie Fanon, dans le cadre de cette atmosphère pesante, début de la guerre civile entre militaires et islamistes[39]. Cependant le colonialisme se reprend. La spontanéité paysanne s'essouffle d'autant qu'elle ne constitue pas, comme Fanon le laisse entendre, un bloc homogène. Il rappellera la nécessité du travail idéologique, seul capable d'éclairer la révolte. Il n'est cependant pas à même d'alimenter idéologiquement ce travail politique. On retrouve, chez lui, les lacunes qui conduisent le FLN à ne proposer, en 1962, après sept années de lutte, qu'un succédané national-révolutionnaire. Le programme de Tripoli n'en porte pas moins, dans ses aspects les plus avancés, la marque de Fanon, d'Abbane Ramdane et de l'équipe du « *Moudjahid* ». Les exemples que proposent alors la Chine maoïste ainsi que le Viêtnam ne sont pas sans effet sur les débats des cercles dirigeants algériens. Au Viêtnam, pays colonial où l'agriculture occupe une place de première importance, la paysannerie a tenu, dans ce même laps de temps, un rôle essentiel mais ce dans la mouvance du Parti communiste et de son organisation. Dans un contexte différent, à Cuba, le mouvement national-révolutionnaire avec Castro et Guevara est parti des montagnes en s'appuyant, peu à peu, sur de petits paysans sans terre et sur des ouvriers agricoles.

L'importance du monde rural dans le processus des indépendances ne saurait cependant amener à les considérer comme force principale et seule authentiquement révolutionnaire. C'est là, et non dans l'analyse qu'il a faite sur les potentialités et la détermination des paysans aussi bien que sur le réformisme des partis nationalistes, que Frantz Fanon peut, *a posteriori*, être critiqué. Dès 1962, René Dumont stipendie les conditions de l'échange économique entre les jeunes pays indépendants et l'Occident tout comme les attitudes mimétiques de beaucoup de gouvernements africains. Ceux-ci privilégient trop souvent une industrialisation volontariste alors que, s'il est question du bien du plus grand nombre, thèse proclamée : « Presque partout, l'agriculture est en mesure de mettre en œuvre, *tout de suite, la totalité des forces de travail* disponibles[40]. » Dumont présente des analyses proches de celles de Fanon. Il s'en éloigne cependant quant aux capacités effectives des modes d'implication, dont le travail volontaire et civique que l'on pourrait attendre des jeunes. Pour Fanon, l'enthousiasme généré par ces initiatives, tels des chantiers, participerait également à l'avancée de la construction d'une nouvelle société. À l'instar des exemples yougoslaves d'esprit autogestionnaire, les attentes de jeunes sans qualification des campagnes et des périphéries urbaines pourraient s'y déployer. Cet accent mis sur le monde rural et ses capacités continue à soulever des réserves de la part d'auteurs d'études coloniales et postcoloniales. Les tenants des analyses des subcultures ont, évidemment, une attitude différente. Eux s'attachent, comme Césaire et Fanon, à révéler les continents occultés sinon méprisés des cultures et des luttes paysannes.

L'échappée belle

Autour de Fanon, la répression se fait plus serrée, plus insidieuse. Sa femme, Josie, souligne qu'il est, alors, momentanément protégé par la notoriété de ses fonctions ainsi que par la réputation qu'il lui a été faite de « doux humaniste[41] ».

Le gouvernement Mollet fait intercepter, en octobre 1956, l'avion transportant des dirigeants du FLN invités par les autorités marocaines. Cette initiative, avant même l'échec de l'expédition punitive de Suez, ruine, pour longtemps, tous les espoirs de négociation.

Une seule perspective : la guerre à outrance. En Algérie, la tension entre les deux communautés grandit. Le CCE s'installe à la Casbah. Après la dissolution, des membres du PCA rejoignent les troupes du FLN. La détermination de certains de ces militants ne pourra pallier leur absence d'audience parmi les masses algériennes, absence due à leurs difficultés à appréhender le « fait national » en gestation. La répression contre ces éléments européens favorables au Front de libération se généralise. Des syndicalistes sont inquiétés. Le professeur André Mandouze, chrétien de gauche, spécialiste de saint Augustin, proche du FLN, sera, en 1960, parmi la centaine de signataires du « Manifeste des 121[42] ». Cette déclaration sur le droit des Français à l'insoumission vaudra des poursuites à ces pétitionnaires. Fanon rencontre Mandouze à diverses occasions. Jean-Louis Hurst, ancien insoumis et pied-rouge croisé à Oued Fodda, dans un chantier des jeunesses algériennes, en 1964, témoigne de sa propre dette pour cet ancien résistant[43]. L'Espoir, organe des libéraux d'Algérie, est saisi.

Fanon n'est plus en sécurité à Blida. Il est maintenant trop suspecté pour pouvoir continuer à apporter son aide par le biais de l'hôpital. « Une société qui accule ses membres à des solutions de désespoir est une société non viable, une société à remplacer. Le devoir du citoyen est de le dire. Aucune morale professionnelle, aucune solidarité de classe, aucun désir de laver le linge en famille ne prévaut ici. Nulle mystification pseudo-nationale ne trouve grâce devant l'exigence de la pensée [...] Depuis de longs mois ma conscience est le siège de débats impardonnables. Et leur conclusion est la volonté de ne pas désespérer de l'homme, c'est-à-dire de moi-même[44]. » Fanon envoie sa lettre de démission au ministre résident. En janvier 1957, il quitte l'Algérie. Il séjourne en province, dans l'Oise, chez le militant syndicaliste et trotskiste Jean Ayme qui héberge des militants algériens. Ce dernier déclare à propos de Fanon :

> « Je me suis aperçu qu'il n'avait pas de formation politique [...] Pendant qu'il logeait chez moi, il s'ennuyait, il ne regardait pas la télévision, c'était pour lui une activité un peu superficielle... Il m'a demandé de lui prêter des livres. Je me souviens de lui avoir donné à lire, en particulier, le gros volume des quatre premiers congrès de l'Internationale communiste. C'est un classique des militants, disons révolutionnaires. [...] [sur l'impression qu'il se faisait de Fanon :] Ce que dit Tosquelles me semble plus proche de ce que j'ai pu ressentir. Il était très engagé, mais en même temps avec une attitude un peu méfiante. Un peu psychorigide, il faut bien le dire. Il n'avait pas, à l'égard des malades, une attitude de permissivité, d'échanges fraternels. Il restait très technicien. Que peut-on dire de plus[45]. »

À Paris, Fanon retrouve Francis Jeanson, qui a préfacé Peau noire, ainsi que son ami d'enfance, l'avocat antillais Marcel Manville. Ce dernier essaie de le convaincre de revenir aux Antilles pour y mener le combat anticolonialiste. Ces arguments n'ont pas de prise. Clandestinement, avec le soutien des réseaux pro-FLN dont celui de Jeanson, Fanon gagne la Suisse, l'Italie et la Tunisie où il se met, fin janvier 1957, à la disposition du Front de libération nationale[46].

Du constat d'oppression observé et vécu aux Antilles et en métropole, ce sera au contact de la lutte de libération du peuple algérien que se précisera la personnalité de Frantz Fanon. Dans les *Damnés de la terre*, l'internationaliste Fanon résume les acquis de l'Antillais, du Français, de l'Algérien et de l'Africain.

« Nous patriotes algériens »

Les débuts de l'année 1957 sont marqués par des sursauts du colonialisme. La bataille d'Alger oppose, pendant près d'une année, une armée de 80 000 hommes, dont des parachutistes, troupes de choc, à la population de la Casbah et à ses commandos. Le retentissement de cette lutte inégale sur l'opinion internationale ainsi que l'immobilisation à Alger des troupes d'élite élargissent l'audience du FLN, en particulier à l'étranger. Pour l'heure, les contradictions au sein des différentes composantes du personnel politique s'accentuent. Guy Mollet parle d'une utopique communauté franco-africaine, d'une troisième force grâce à laquelle pourraient s'ouvrir des pourparlers. Il ne fait ainsi que mécontenter les éléments les plus ultras. Tandis que se tient le débat sur l'Algérie à l'ONU, le gouvernement permet l'exécution de Fernand Iveton, militant européen du PCA. Cette exécution doit démontrer, devant l'opinion internationale, la réalité de l'ingérence communiste dans la rébellion. Fin février, le PCF lance une semaine de propagande et de lutte pour la paix en Algérie : tracts, meetings, arrêts de travail, délégations...
À la même époque, le deuxième régiment de parachutistes coloniaux découvre, au cours des nombreuses rafles effectuées dans la Casbah, une des chaînes médicales du FLN dans la région algéroise. Le rôle de Fanon apparaît plus précisément.

Après l'échec relatif à l'ONU, la motion de soutien aux Algériens n'étant pas passée, Robert Lacoste croit pouvoir déclarer : « En Algérie, le temps travaille pour nous, c'est affaire de volonté » (*L'Aurore*, 21 février 1957). La pression des activistes européens s'accroît en

Algérie. Des milices civiles sont officiellement mises en place. Une commission d'enquête sur les cas de torture se voit déboutée. La droite et l'extrême droite ayant su utiliser à leurs fins le président du Conseil, Guy Mollet, la confiance lui est retirée, en mai 1957. Maintenant des perspectives s'offrent à elles. Dans un an, la frange la plus extrémiste prendra le pouvoir en Algérie et tentera d'instaurer en France un régime plus en adéquation avec ses attentes. Les effectifs de l'ALN se renforcent. De 80 000 hommes en 1957, ils passent à 180 000 en août 1960. En juin, un raid est lancé sur Tlemcen. En juillet, un commando détruit la centrale électrique de Laghouat.

Le rédacteur du Moudjahid

Pour Fanon, depuis le 28 janvier 1957, l'exil commence. Il s'installe à Tunis où sa femme et son fils le rejoignent. Dès son arrivée, il participe à la rédaction de *Résistance algérienne*, organe de l'Armée et du Front de libération nationale. À Tétouan, pendant l'été, il collabore à la réorganisation du service d'information du Front de libération et devient un membre actif de la commission de la presse. Parallèlement il enseigne à la faculté de Tunis et travaille à l'hôpital psychiatrique La Manouba, dans la proche banlieue. Le 3 juin 1957, Fanon, en tant que représentant du Front, donne lecture d'une déclaration relative au massacre de Melouza. Il rejette la responsabilité sur les forces coloniales, alors qu'il s'agissait de combats fratricides entre l'ALN et des membres de force messaliste (partisans de Messali Hadj).

El Moudjahid, la révolution par le peuple et pour le peuple, organe central du FLN, réapparaît. Son premier numéro fut tiré, à Alger, en juin 1956, sous la forme d'une brochure ronéotée[47]. À partir du numéro 11, il est publié à Tunis (novembre 1957). Fanon devient l'un de ses rédacteurs les plus assidus. Les premiers articles auxquels il participe, textes anonymes authentifiés par sa femme, Josie Fanon, sont parus en septembre 1957.

Dans son premier article, « Déceptions et illusions du colonialisme français », Fanon s'attache à montrer les différentes tactiques de la puissance coloniale face à la montée des luttes populaires. Dans un premier temps, le colonat s'efforce de trouver parmi le peuple des collaborateurs mais, incidemment, « les serviteurs prennent l'habitude jusqu'alors inconnue de décliner les invitations[48] ». Dans une deuxième phase, le colonialisme tente d'opposer ceux qu'il croit être encore sous sa tutelle aux éléments insurgés. Des opérations visant des communautés : mozabites, kabyles, juives… sont lancées. Elles veulent susciter des heurts entre groupes ethniques ou religieux suivant la stratégie habituelle : diviser pour mieux régner. Devant l'échec successif de ces deux opérations est agité l'épouvantail de l'intervention étrangère. L'expédition de Suez, à côté de la défense des intérêts de la Compagnie du canal, vise le régime égyptien comme tête de la rébellion algérienne.

Ces opérations, que retrace Fanon, ne se font pas successivement mais parallèlement. Dès novembre 1954, la presse gouvernementale évoque des parachutages égyptiens, des interventions tunisiennes. En 1955, un complot communiste est dénoncé, mais la faiblesse du PCA et l'échec de sa présence dans les maquis rendent l'opération vaine. Par ailleurs les éventuels supplétifs prêts à se joindre aux colonialistes ne suivent pas tous la voie indiquée quand bien même un grand nombre de caïds, *bachagas* et autres féodaux voient, dans les hostilités, un moyen d'affirmer leur pouvoir en tant que relais loyaux. Ceux qui rejoignent le Front sont d'abord des libéraux ou des nationalistes de longue date.

Ayant échoué dans leurs tentatives, les autorités en viennent à supputer les frictions possibles au sein du CCE et espèrent des défections. Fanon souligne le caractère névrotique de ces hypothèses, même s'il connaît les fortes rivalités entre les membres dirigeants du mouvement.

Dans le deuxième article, « L'Algérie face aux tortionnaires français », paru dans la même livraison Fanon dénonce l'emploi de la torture devenu un véritable « style de vie » et non seulement un accident comme veulent le faire croire les démocrates parisiens. Fanon sait de quoi il parle et de qui il parle. À l'hôpital de Blida, il a soigné victimes et tortionnaires. Cela le conduit à expliciter les critiques portées à la gauche française, critiques que lui-même et des membres de la communauté algérienne ne peuvent plus taire.

« Les intellectuels et les démocrates français devant la révolution algérienne », troisième article, paraît le 1er décembre 1957, accompagné d'une photographie reproduisant les titres de certains journaux français : « La gauche française est souvent acculée au rôle de Cassandre[49]. » Il suscite de vives réactions de la part des individus et des personnalités concernés. Sans ménagement, Fanon met en exergue l'attitude de la gauche métropolitaine. Il souligne la coresponsabilité de tous les Français dans cette guerre commise contre le peuple algérien. Dans les premières années, les démocrates se sont contentés de dénoncer les méthodes répressives. Devant la radicalisation de la lutte, ils se sont rapidement laissé emporter par le flot nationaliste et guerrier. La faillite du Front républicain est leur faillite, les socialistes se faisant hommes « d'ordre » au détriment d'une justice qu'ils étaient sensé représenter. Cette carence ne laisse plus, de manière latente sinon explicite, face à face que deux entités ennemies : le colonialisme représenté par non plus seulement le policier, mais également le technicien ou l'instituteur et le colonisé… Leur coprésence relève d'un même rapport de forces. De plus, les démocrates s'inquiètent du devenir ultérieur de l'Algérie. Ils souhaitent des assurances afin que les lendemains de l'indépendance ne profitent ni aux communistes ni aux Anglo-Saxons. Ces conditions, « aidez-nous à vous aider », sont autant de réserves mises à toute aide éventuelle, ce qui, pour Fanon, est pour le moins déplacé et incongru compte tenu de la réalité du conflit présent.

Les réactions à ces articles sont très violentes. Dans *France-Observateur*, organe, avec *L'Express*, des démocrates et progressistes français, Gilles Martinet ne mâche pas ses mots. Après la parution des autres volets de l'article (15 décembre 1957 et 1er janvier 1958) qui atténuent légèrement la virulence de l'attaque, Martinet établit une distinction entre l'auteur du second volet : « probablement un intellectuel "rallié" de plus ou moins fraîche date et, comme beaucoup de "ralliés", il manifestait un goût exagéré pour les outrances verbales et le strip-tease psychologique » et celui du troisième, article illustré d'une photographie d'une unité de l'ALN en action (« Un des impératifs de la gauche française – s'opposer à l'envoi du contingent en Algérie[50] »), qui, lui, ne pouvait provenir que d'un politique.

Ces diatribes et le manquement à l'entraide de la part des socialistes, un homme comme le travailliste Aneurin Bevan, de l'Internationale socialiste, les déplore. Au sein de la SFIO, lors du congrès de Lille, de nombreux militants s'élèvent contre la politique de l'état-major mollétiste.

En Algérie, le contingent participe maintenant à la répression. Le climat se dégrade. La passation des pouvoirs de police à l'armée pousse la communauté arabe du côté du FLN. Des comportements datant de la dernière guerre, du régime de Vichy, réapparaissent. Des avocats algériens et européens suspectés de libéralisme sont arrêtés. Les « milices » s'activent. Deux millions de paysans sont déplacés[51]. Des régions entières deviennent zones interdites.

Les Américains sont conscients du caractère de cette guerre à outrance. Ils craignent pour leur influence dans le tiers-monde. John Kennedy s'en fait l'écho. Le vide politique en France s'accentue. Le projet de loi-cadre, nouvel avatar de la loi Blum-Violette, est rejeté.

En août 1957 se réunit au Caire le premier congrès officiel du CNRA. Il voit la promotion des modérés de l'UDMA. Dans un an, Ferhat Abbas sera président du Gouvernement provisoire de la République algérienne (GPRA). Les forces qu'il représente aussi bien que ses propos ne pouvaient correspondre à la volonté des combattants et des progressistes algériens, dont Fanon. Il s'en inspire et consacre de longues pages à dénoncer l'usurpation du processus révolutionnaire par des représentants de la bourgeoisie nationale.

Sur le plan intérieur, la contre-offensive colonialiste remporte quelques succès : démantèlement provisoire de l'organisation du Front de libération nationale à Alger, quasi-imperméabilité du réseau électrifié qui « isole » l'Algérie de la Tunisie et induit des difficultés à approvisionner les willayas en armes et en fedayins. Par contre, sur le plan international la question algérienne prend de plus en plus d'ampleur.

Le bombardement du village tunisien de Sakiet Sidi Youssef, le 8 février 1958, en vertu d'un droit de suite que s'accorde l'armée française, suscite la réprobation. *El Moudjahid* réitère son soutien au peuple de Tunisie et dénonce les manœuvres dites de « bons offices » des Anglo-Américains. À Paris, les gouvernements se succèdent sans trouver de solution militaire ou politique. Les contradictions s'aiguisent entre les puissances occidentales, entre leurs désirs de s'approprier, sans heurts, les richesses du tiers-monde et leur souci d'opposer au socialisme un front commun, donc de soutenir la politique française.

En France, au sein de chaque groupe, les dissensions éclatent, nées des reniements ou de l'attentisme. La fédération de France du FLN, engagée dans une lutte radicale contre les messalistes, critique, par ailleurs, sévèrement l'attitude du Parti communiste : hésitation en 1954, vote des pouvoirs spéciaux en 1956, refus d'organiser la lutte des rappelés, ambiguïté des mots d'ordre tels que la permanence des liens France-Algérie... Le 13 mai 1958, l'armée colonialiste et les activistes, qui détiennent la quasi-totalité des pouvoirs en Algérie, passent à l'action et s'emparent des secteurs clefs.

Pour le FLN, ceci ne détermine pas de changement notable si ce n'est la nécessité d'une plus grande vigilance et d'une détermination redoublée face aux coups de boutoir auxquels se livre l'État-Major, où sont présents des tenants de l'extrême droite.

L'écho de la lutte du peuple algérien

Pour les colonisés, le combat des Algériens prend une dimension cathartique. Dans une série d'articles qui paraissent au cours de l'été et de l'automne 1958, Fanon lance un appel aux peuples africains. Tirant les leçons du plébiscite organisé par les autorités gaullistes en Afrique noire, il sollicite ces populations et leur demande instamment de témoigner leur solidarité envers le combat que mènent les Algériens. Cependant les représentants de l'Afrique-Occidentale française et de l'Afrique-Équatoriale française ne semblent pas prendre conscience de l'enjeu et des coups que l'Algérie porte à l'Empire français. Ils ne soutiennent que du bout des lèvres, refusant de participer activement à ce qui peut desserrer l'étau des troupes coloniales. Des parlementaires africains comme l'Ivoirien Houphouët-Boigny iraient jusqu'à se faire commis voyageurs du colonialisme. Pour Fanon, il faut que la jeunesse africaine s'oppose à ces manœuvres, il est nécessaire qu'elle montre son soutien actif. Il dénonce les solutions pseudo-libérales activement mises en place, telles que « la Communauté franco-africaine », un succédané de Commonwealth. Avec le « Non » retentissant de la Guinée au référendum de septembre 1958 s'amorcerait le processus de libération du continent. Le choix proposé était entre l'association ou l'indépendance. Cette éventualité, les « vieilles colonies » devenues départements ne la connaîtront pas, du fait des options qu'elles ont choisies antérieurement.

À Tunis, à côté de ses responsabilités à la rédaction de l'organe central du Gouvernement provisoire de la République algérienne, Fanon travaille dans le service psychiatrique de la polyclinique Charles Nicolle. En collaboration avec les docteurs Lévy et Geronomi, Fanon publie, en 1958 et 1959, plusieurs articles scientifiques dans la revue *La Tunisie médicale* dont « À propos d'un cas de spasme de torsion », « L'Hospitalisation de jour en psychiatrie, valeurs et limites ». Il est appelé auprès des réfugiés regroupés, misérablement, près de la frontière algéro-tunisienne. Au sein des formations sanitaires de l'Armée de libération nationale des frontières, il soigne de multiples troubles mentaux : un combattant manifeste des insomnies et une irritabilité inhabituelle à la veille de rejoindre son unité. L'hospitalisation révèle les causes que cachait une euphorie de surface. X… ne peut détacher sa pensée de l'image de sa femme violée par les militaires. Un fellah, échappé par miracle d'un massacre, montre une agressivité incessante. Il se dit prêt à vouloir tuer ses compagnons de chambre. Fanon ordonne une cure de sommeil. Une série d'entretiens lui permet de reconstituer les drames et de renter d'y apporter un début de traitement. Parmi tous ces réfugiés, Fanon constate les multiples traumatismes que l'ordre colonial suscite chez le colonisé. Les camps qui accueillent ces épaves, les soins qui leur sont prodigués ne peuvent que soulager les plaies[52].

Le colosse aux pieds d'argile

Avec l'investiture du général de Gaulle en juin 1958, un nouveau régime, à vocation présidentielle, s'est installé en France. La bourgeoisie trouve une solution de rechange à la carence de son personnel politique habituel. Le Général a la charge de régler le problème algérien dans le sens des intérêts des grands monopoles, qui ne sont pas ceux de l'aile extrémiste ayant provoqué le putsch militaire.

Le gouvernement devra cependant composer. Tout en déclenchant des opérations de grande envergure contre l'ALN, il propose une « paix des braves », c'est-à-dire la reddition et un plan de bienfaisance sociale : le plan de Constantine. Une offensive contre le barrage électrifié de l'Est lui répond.

La guerre, en Algérie, touche l'immense majorité de la population. La technique du regroupement, d'abord limitée aux zones de combat, se généralise. Elle présente, pour l'armée, l'avantage d'isoler les maquis et de prendre en main les personnes : hommes, femmes, enfants ainsi rassemblés.

En France, les responsables de l'Union générale des étudiants musulmans algériens, dissoute en janvier 1958, sont arrêtés pour reconstitution d'organisation. Certains sont torturés, rue des Saussaies : « Arrêté le jeudi 4 décembre 1958, devant la Cité universitaire, j'ai été conduit au siège de la DST, rue des Saussaies. Dès mon arrivée, à dix-huit heures environ, j'ai été interrogé jusqu'à quatre heures du matin, sur des papiers saisis chez moi. L'interrogatoire ne fut pas accompagné de violences, mais intentionnellement, je suppose, l'inspecteur qui m'interrogeait avait ouvert la fenêtre afin que j'entende les cris de douleur qui provenaient de la chambre d'à côté. Le vendredi et le samedi, par contre, comme je refusais de mettre en cause des frères connus ou inconnus dont les inspecteurs me donnaient les noms, je fus déshabillé et battu : coups de manchettes dans l'estomac, tentatives de strangulation, tête frappée contre le mur. M. Wybot, qui était venu le vendredi me voir, avait conseillé "Pas d'égards pour le frère du ministre". Ses subordonnés n'en eurent guère en effet et, dans la nuit du samedi au dimanche 7 décembre, je fus conduit à l'hôpital de l'Hôtel-Dieu, où je me trouve toujours. On a dû m'y faire une ponction lombaire. Je préciserai d'autres détails au cours de l'enquête et quand mes forces seront revenues. »

Hôpital de l'Hôtel-Dieu, le 16 décembre 1958. Mustapha Francis, 29 ans, étudiant (chirurgie dentaire)[53].

La Gangrène, ouvrage collectif, témoigne de cette extension des sévices. Il est saisi dès sa sortie en librairie. En juin, les détenus algériens déclenchent, contre les conditions d'internement qui leur sont faites, une grève de la faim. Devant l'unanimité que ce mouvement suscite et devant ses répercussions internationales, le gouvernement cède et leur accorde le régime politique.

En juin 1959, la revue *Les Temps Modernes* publie : « La minorité européenne d'Algérie en l'an V de la révolution. » Dans cette étude qu'il insèrera dans son ouvrage *L'An V de la révolution algérienne, sociologie d'une révolution*, Fanon semble répondre aux attaques que lui valurent ses articles sur la gauche française (*El Moudjahid*, décembre 1957). Comme il l'avait avancé, pour lui, tout Français est responsable, du fait du silence des groupements démocratiques et socialistes, des opérations menées en Algérie. Les seuls refus sont le propre d'individus. Des démocrates, des Juifs, des colons rejoignent la lutte du FLN, cachent, ravitaillent, soignent les combattants. Ils ont compris que la lutte de libération du peuple algérien n'est pas une guerre de race ou de religion mais un combat politique contre le colonialisme et le fascisme. En tant qu'Algériens, leur place et leur intérêt se trouvent auprès des masses algériennes : « Pour le FLN, dans le cadre de la Cité en construction, il n'y a que des Algériens. Au départ donc, tout individu habitant l'Algérie est un Algérien. Dans l'Algérie indépendante de demain il dépendra de chaque Algérien d'assumer ou de rejeter au bénéfice d'une autre la citoyenneté algérienne[54]. » En annexe, Fanon rapporte le témoignage de deux Français d'Algérie qui ont rejoint le FLN.

Les coups de main, embuscades ou incursions du Front de libération nationale, malgré tous les efforts de l'armée française, continuent à se produire. À la frontière algéro-marocaine, Fanon réorganise les services médicaux et participe à la formation politique des cadres de l'ALN. Il pénètre en Algérie. Au cours de ses divers déplacements, il est victime d'un accident automobile dont les circonstances n'ont pas été clairement établies. Grièvement blessé, il est hospitalisé à Rome. La Main rouge, organisation chargée d'éliminer les personnalités favorables au FLN, tente de l'assassiner. Une bombe à retardement explose à l'aéroport de Rome tuant deux enfants. Un commando pénètre dans sa chambre mais trouve le lit vide. Étant donné ses multiples blessures, Fanon reste jusqu'à la fin de l'année en Italie. Il y achève *L'An V de la révolution algérienne*, qui sort des presses Maspero en décembre 1959.

Conscient et de son impossibilité à vaincre militairement et du danger que représentent pour les intérêts de la France les succès croissants de la campagne diplomatique du GPRA, de Gaulle, le 16 septembre, a recours au concept d'« autodétermination ». Trois possibilités sont proposées aux Algériens : sécession, francisation ou association – le dernier terme étant le plus proche des intentions du Général.

Ailleurs, et plus précisément dans les Antilles, le dispositif colonial se voit contesté jusqu'au cœur de ses mécanismes. Fin décembre 1959, des Antillais, ces « enfants de France », se révoltent suite à un incident, au début relativement banal, entre les propriétaires de deux véhicules, l'un appartenant à un Européen d'Algérie, l'autre à un Martiniquais. Le ton et l'acrimonie conduisent à des affrontements. Suite à cette effervescence, des combats de rue opposent des forces de répression et des manifestants. Fanon tourne son regard vers son pays natal : « Submergeant ces trois cents ans de présence française il s'est trouvé des Martiniquais à sortir leurs armes et à occuper Fort-de-France pendant plus de six heures[55]. » Pour prévenir toute extension du mouvement, des fusiliers marins et des CRS sont acheminés vers les îles. Césaire réitère sa condamnation du colonialisme rampant qui sévit aux Antilles : « Ce que les événements de décembre révèlent, c'est que notre pays est encore un pays colonial et que le colonialisme n'est pas mort[56]. » Fanon, qui depuis longtemps semblait avoir perdu tout espoir de voir les Masques blancs se dresser, salue également, dans *El Moudjahid* du 5 janvier 1960, ce soulèvement. Il reste toutefois sceptique sur l'avenir des Antilles. Pourtant, des luttes violentes menées par des ouvriers agricoles ont, depuis la Libération, montré que le prolétariat des campagnes, moins sensible à l'imposition culturelle que les couches moyennes, et ce en accord avec les thèses fanoniennes sur le monde rural, était, potentiellement, prêt à contester l'ordre des choses. Aux morts de décembre succèdent, en 1961, celles d'ouvriers agricoles. En critiquant les états-majors de la gauche antillaise pour leur ralliement à la politique de départementalisation (Parti progressiste martiniquais, fédérations antillaises de la SFIO, Parti communiste martiniquais), l'auteur de *Peau noire, masques blancs* passe rapidement sur le potentiel de révolte. Parmi les hommages à Frantz Fanon, aux lendemains de sa mort, publiés par la revue *Présence Africaine*, le médecin guyanais Bertène Juminer rapporte des propos peu amènes tenus par l'auteur de *Peau noire, masques blancs* : « Qu'ils ramassent leurs morts, qu'ils les éventrent et les promènent sur des camions découverts à travers les faubourgs de la ville... Qu'ils hurlent aux gens : "Voyez l'œuvre des colonialistes". Ils n'en feront rien. Ils voteront des motions symboliques et recommenceront à crever de misère...[57] » Il n'établit pas, ici, de distinction entre les révoltes spontanées et l'attentisme sinon l'opportunisme des états-majors, amalgame en contradiction avec les éléments développés dans *Les Damnés de la terre*.

Des Français entièrement à part

Aux Antilles, l'idée nationale, du fait des trois siècles de colonisation et du passé africain, a des difficultés à se frayer un chemin. Cependant, la notion d'indépendance remplace, du moins alors, peu à peu, celle d'autonomie[58]. Sous l'impulsion d'un certain nombre d'organisations, les révoltes acquièrent le contenu politique qui, jusqu'alors, semblait leur faire défaut. Mort trop tôt, Fanon ne connaîtra pas celles de l'éphémère Front antillo-guyanais, de l'Organisation de la jeunesse anticolonialiste martiniquaise (OJAM) ou du Groupement de l'Organisation nationale guadeloupéenne (GONG). Césaire témoigne au procès fait aux membres de l'OJAM en novembre 1963. Quelques années plus tard, les 26 et 27 mai 1967, des émeutes à la Guadeloupe entraînent la mort de plusieurs îliens[59]. Michel Leiris, Jean-Paul Sartre et Édouard Depreux viennent à la barre devant la Cour de sûreté de l'État et interviennent en faveur des personnes inculpées considérées comme proches ou ayant pris une part active dans ces manifestations. Césaire, également témoin, déclare, non sans malice : « Si ces gens sont ici, c'est que contrairement à ce qu'on cherche à nous faire croire, nous ne sommes pas des Français à part entière mais des Français entièrement à part [...] Puisque vous parlez de la loi de 1946, j'en ai été le rapporteur, je la connais bien, j'en ai été un partisan convaincu. Que faut-il faire ? Faire l'autocritique, dire que je me suis trompé, qu'on m'a trompé ? C'est tout cela en même temps. Bien sûr, je me suis trompé, mais l'erreur était pardonnable. Si je dis qu'on m'a trompé, je suis excusable, celui qu'il faut blâmer, c'est le trompeur. Mais si, aujourd'hui, sachant que je me suis trompé, ou sachant que j'ai été trompé, j'aidais à tromper les autres, je participerais à cette duperie, à ce moment-là, je serai condamnable, parce que je ne serais plus trompé mais deviendrais complice de mensonge[60]. » Ces extraits de l'intervention du maire de Fort-de-France éclairent l'atmosphère qui règne alors. Elle rappelle les ambivalences de Césaire, sa causticité, mais également son attention à ne pas se leurrer sur lui-même et sur les effets latents ou manifestes de ses prises de position. Ces journées de 1967 et le procès qui les suivit marquent des prises de conscience dont Fanon semblait avoir désespéré. Des regroupements d'étudiants tels que l'Association générale des étudiants martiniquais (AGEM) dénoncent les conditions faites à des jeunes pris en charge par le Bumidom (Bureau pour le développement des migrations des départements d'outre-mer). Cette institution a pour finalité annoncée de permettre à des îliens de trouver des emplois en métropole. En fait, elle vise surtout à pallier la croissance démographique, le chômage et les tensions sociales qu'observent, avec inquiétude, tant le gouvernement que la minorité béké. Cette association estudiantine, l'AGEM, met en place un Groupe d'agitation culturelle placé sous l'égide de feu Frantz Fanon. Elle reprend ses réflexions sur la culture nationale : « La culture nationale est l'ensemble des efforts faits par un peuple sur le plan de la pensée pour décrire, justifier et chanter l'action à travers laquelle le peuple s'est constitué et s'est maintenu. » L'article se termine par : « Antillais, prenons notre culture en mains[61] ! » La position de Fanon face à la réalité des Antilles est l'un de ses points aveugles. À la différence d'Aimé Césaire, la conscience de sa propre « rareté » a pu également lui cacher les marronnages quotidiens mais ponctuels, non dits, non reconnus ni théorisés, d'un certain nombre de ses compatriotes. Certains ont joué le rôle attendu des dominants pour parfois transgresser et ruser avec les interdictions et les stigmatisations, comme l'ont montré des luttes sociales aux siècles passés, sinon le maintien de pratiques dénigrées relevant du religieux telles que le vaudou, dont personne ne parle mais qui, effectivement, autour des envoûteurs et des guérisseurs, trame toujours les pratiques ordinaires[62]. La sorcellerie se porte bien malgré les ukases dont elle est l'objet. Il s'agit d'une culture populaire résistant de manière latente aux ordres et canons des religions officielles ou à ceux de la laïcité. Fanon a su, en Algérie, cerner ces éléments propres aux pratiques autochtones. Il l'a peu fait pour les marronnages antillais. Leurs auteurs et exégètes lui en gardent une certaine rigueur.

En tant que théoricien des luttes de libération, Fanon n'a pas, aux Caraïbes, la place qui devrait lui revenir, quand bien même il n'aurait effectivement pas porté une attention suffisante à leurs spécificités et à leurs potentialités.

L'Africain Fanon

En prévision de la nouvelle session de l'Organisation des Nations unies, le 19 septembre 1958 voit la naissance du Gouvernement provisoire de la République algérienne (GPRA)[63]. Un second front doit porter la guerre en France. Des dépôts d'essence sont incendiés, des commissariats attaqués, un attentat contre Soustelle échoue... Parallèlement, le GPRA mène une vaste offensive diplomatique. Fanon part pour le congrès des peuples africains au Ghana, à Accra, en décembre 1958. Il y participe comme membre de la délégation algérienne et prend la parole comme tel. Fanon vit intensément la solidarité qui se forge dans la lutte anticolonialiste. Il n'est pas indifférent que s'y rencontre toute une génération porteuse des attentes postcoloniales dont Patrice Lumumba, né la même année et le même mois que lui (juillet 1925), et avec lequel il se sent de nombreuses affinités. Il retrouve également le Camerounais Félix Moumié qui, en octobre, a donné une entrevue au *Moudjahid*. Le portrait que Fanon trace de celui-ci peut renvoyer à lui-même, à sa propre identité : « Le ton de Félix était constamment haut. Agressif, violent, coléreux, amoureux de son pays, haineux pour les lâches et les manœuvriers. Austère, dur, incorruptible. De l'essence révolutionnaire prise dans soixante kilos de muscles et d'os[64]. » Fanon est, par la chaleur et la lucidité de ses prises de position, sinon son volontarisme radical, un représentant emblématique de la cause algérienne et du « tiers-mondisme ».

À son retour, il analyse les résolutions adoptées, dont le soutien à la lutte anticolonialiste sous toutes ses formes, la solidarité avec l'Algérie, l'indépendance immédiate pour tous les territoires de la « communauté » française, la condamnation du racisme et des lois discriminatoires... « La guerre d'Algérie a pesé de façon décisive dans ce congrès car, pour la première fois, un colonialisme qui fait la guerre en Afrique se révèle impuissant à vaincre [...] Chaque délégué algérien fut reçu comme celui qui est en train d'expulser de la chair du colonisé la peur, le tremblement, le complexe d'infériorité[65]. » La victoire des Vietnamiens en Indochine a signifié la fin de l'implantation tricolore en Asie. De même le FLN, par sa lutte prolongée, implacable, marque, à court terme, et du moins *a priori*, la remise en cause des intérêts coloniaux dans le continent africain.

Cependant, pour Fanon, l'indépendance acquise par de nombreux pays ne paraît pas définitivement assurée. Le colonialisme s'efforce de reprendre pied. En cela il est aidé par les réformistes africains prêts, avec l'appui des intérêts européens, à négocier et asseoir leur pouvoir. À la conférence de Tunis, en janvier 1960, Fanon en appelle à la constitution d'une brigade internationale africaine prête à se joindre aux Algériens.

En prévision de ses futures fonctions de représentant permanent du Gouvernement provisoire de la République algérienne, à Accra, capitale fonctionnant comme plaque tournante des gouvernements et des organisations en lutte, Fanon se rend au Caire. Il fixe avec les responsables de la politique étrangère du GPRA les axes de ses futures interventions. En mars 1960, il entre en poste dans la capitale du Ghana.

Peter Worsley rapporte dans la revue *Monthly Review* (mai 1969) le choc que l'intervention du représentant du GPRA produisit au Congrès panafricain d'Accra : « Je me sentis électrisé par une intervention remarquable non seulement par sa puissance d'analyse, mais aussi, ce qui est plus rare, par ses qualités et par la passion qu'elle témoignait[66]. » Dans la personne du Noir Fanon, le peuple algérien a l'un de ses avocats les plus aguerris.

L'année 1960 marque, pour le continent africain, le dégel. La pression se lève successivement sur le Cameroun, le Togo, la Somalie, le Niger, sur le Mali, Madagascar, la Côte d'Ivoire…

En France, le gouvernement louvoie entre une stratégie, celle de traiter dans les meilleures conditions avec les Algériens, et une tactique interne, celle de freiner son aile la plus réactionnaire appuyée par une partie de l'armée, fraction qui représente les intérêts des petits et moyens colons plus que ceux des grands trusts. Plus ou moins conscients des intentions du gouvernement, les activistes les plus radicaux passent à l'action en janvier 1960. Au cœur d'Alger, ils forment un camp retranché. Leur initiative est un demi-succès. L'armée et en particulier le contingent ne se sont pas prononcés en leur faveur. Après de multiples tergiversations, ils se replient en bon ordre. de Gaulle entreprend une inspection des troupes. Ses propos belliqueux doivent lui assurer la fidélité de ceux qui, parmi les différents corps de l'armée française, hésitent à braver l'ordre et la discipline républicaine.

À la conférence de solidarité afro-asiatique (Conakry, 11 au 16 avril 1960), à la conférence des États indépendants d'Afrique (Addis-Abeba, 14-20 juin 1960), à la conférence panafricaine au sujet des problèmes du Congo (Léopoldville, fin août- début septembre 1960), Fanon incarne cette Algérie qui tente de se construire de ses propres mains. Les interventions qu'il prononce reprennent et amplifient ce qu'il développe depuis plusieurs mois : la nécessaire solidarité interafricaine. Il soutient les maquis de l'Union des populations de l'Angola, au caractère plus populaire et rural que le Mouvement populaire de libération de l'Angola (MPLA), au recrutement plus urbain. Les événements du Congo et la personnalité de Patrice Lumumba le touchent au plus vif.

Pour sa part, Aimé Césaire est loin d'être indifférent à ces événements qui agitent le continent africain, celui vers lequel il s'est tourné et qu'il continue d'observer avec plus que de l'empathie. Aux faits des soubresauts multiples et les retournements de situation, il écrira une pièce sur Patrice Lumumba, *Une saison au Congo*. Ce militant congolais se présente comme le prototype d'une nouvelle génération d'Africains. Son honnêteté et son souci des intérêts du plus grand nombre auraient pu, s'il n'avait été assassiné, s'opposer avec succès au colonialisme belge et à ses alliés locaux. Lumumba représentait l'image des leaders idéologues et charismatiques aptes à mener à bien les indépendances des ex-territoires, thème récurrent dans ces années d'émergence de nouvelles nations, que cela concerne Sékou Touré en Guinée, Modibo Keita au Mali, Senghor au Sénégal ou, quoique dans un autre registre et une autre dynamique, ceux, antérieurs, de la Caraïbe. Confrontées à de telles personnalités, les métropoles se ressaisissent rapidement. Comme l'analyse Césaire, et l'annonçait Toussaint Louverture, dans le cas de Saint-Domingue, l'échec ponctuel et la reddition du chef militaire s'inscrivaient, à terme, dans une perspective de victoire : « En me renversant, on n'a abattu à Saint-Domingue que le tronc de l'arbre de la liberté des Noirs; il repoussera par les racines, parce qu'elles sont profondes et nombreuses[67]. » Moins de deux ans après la capture du général haïtien, l'indépendance est durement mais définitivement acquise. Cette étude approfondie est, comme *Une saison au Congo* ou *La Tragédie du roi Christophe*, écrite dans le contexte de la mise en place des processus d'indépendance à peu de distance de l'année où disparaîtra tant Patrice Lumumba (17 janvier 1961), considéré comme, potentiellement, un nouveau Fidel Castro, que Fanon, mort à la fin de la même année (6 décembre 1961). Ces œuvres témoignent, sur des registres différents, des interrogations d'Aimé Césaire. Elles cernent les avancées, les difficultés sinon les butoirs auxquels se heurtent les peuples d'un tiers-monde pris dans les enjeux de la guerre froide et dans ceux des intérêts financiers dominants. Ces deux personnalités défuntes seront emblématiques de l'ébullition de l'époque.

Césaire l'exprime par le biais de propos des plus cyniques, mais sagaces, qu'il prête à l'un des banquiers de l'ex-Congo belge, tirade auquel n'aurait pu que souscrire l'auteur des *Damnés* :

> *Eh! bien tant pis, je vous croyais plus vifs.*
> *Suivez l'idée. Que veulent-ils? Des postes, des titres,*
> *Présidents, députés, sénateurs, ministres!*
> *Enfin le matabich! Bon! Auto, compte en banque*
> *Villas, gros traitements, je ne lésine point.*
> *Axiome, et c'est là l'important: qu'on les gave!*
> *Résultat: leur cœur s'attendrit, leur humeur devient suave.*
> *Vous voyez peu à peu où le système nous porte:*
> *Entre leur peuple et nous, se dresse leur cohorte*[68].

Les réserves de Césaire, dont celles sur le destin des départements d'outre-mer, trouvent, une fois de plus, des justifications. Ses autocritiques successives montrent l'acuité de ses jugements tout comme son absence de toute naïveté, ou irénisme, concernant le champ politique, terrain qu'il laboure depuis de nombreuses années sans illusions excessives. La guerre d'Algérie, dont Césaire parle peu car il est pris dans les particularismes antillais, tout comme l'ère des décolonisations et recompositions en Afrique, a un impact sur l'Africain Fanon mais également sur Césaire. Les conceptions de leurs anticipations postcoloniales sont au travail, sous leurs yeux, à travers actions, congrès et décisions.

[Les lacunes idéologiques

Durant l'été 1960, Fanon se rend au Mali, l'ex-Soudan français. Une base de ravitaillement et d'acheminement d'armes doit, avec l'appui des responsables maliens, prêter main-forte aux willayas I et V. Ce périple de reconnaissance le mène aux confins du Sahara. Il noue des contacts avec des Maliens, apprécie la chaleur de l'accueil qui lui est réservé en tant que représentant de l'Algérie. Il appréhende aussi les difficultés que suscitent les croyances multiples et l'obscurantisme qui imprègnent encore nombre de peuples. Le colonialisme sait jouer des contradictions entre sectes et ethnies : « Pour ma part, plus je pénètre les cultures et les cercles politiques, plus la certitude s'impose à moi que le grand danger qui menace l'Afrique est l'absence d'idéologie[69]. »

La défiance éprouvée à l'égard de l'Europe s'étend jusqu'aux analyses politiques que des « Européens » tels que Marx, Engels ou Lénine ont proposées. De cela, Fanon est coresponsable parce qu'il n'a pas su ou voulu clairement distinguer ce qui dans l'impact européen relève de l'oppression et ce qui se rattache à la critique de celle-ci. Il a eu tendance à assimiler les dirigeants des peuples occidentaux aux directives des partis politiques des diverses gauches, socialistes ou marxistes.

Front, mouvement ou parti

Avant la rédaction des *Damnés de la terre*, Fanon ne semblait pas accorder une grande importance à l'existence d'organisations authentiquement populaires. Il évoquait bien la politisation des masses due aux initiatives du FLN mais sans analyser les tenants et les contradictions tant internes qu'externes, dus à l'action en profondeur du Front parmi la population, à la réelle concordance entre leurs désirs et les choix politiques proposés. Dans *El Moudjahid*, il écrit, par prudence ou par nécessité, au nom du FLN plus qu'au sujet du FLN, son statut *stricto sensu* de rallié, et non d'Algérien d'origine arabe ou kabyle et de religion musulmane pouvant susciter des réticences et ce malgré son pseudonyme d'Omar Ibrahim[70]. Albert Memmi ne se fait pas violence pour souligner les singularités de la personnalité de Fanon : « Ici commence l'extraordinaire avatar algérien de la courte vie de Frantz Fanon : on l'a tenu pour naturel, il est à peine croyable. Un homme qui n'a jamais mis le pied dans un pays, qui n'en connaît ni la langue ni la civilisation, qui est d'une origine religieuse différente du peuple qui l'habite, qui n'y a aucun intérêt particulier, décide en un laps de temps assez bref que ce peuple sera son peuple, ce pays son pays, jusqu'à la mort incluse, puisqu'il mourra pour cette cause et sera enterré en terre algérienne[71]. » Et Memmi de développer les « erreurs » qui marqueraient ce destin d'un homme en fuite perpétuelle face à son identité initiale. Elle le conduit des Caraïbes aux continents européen puis africain. La trace tumultueuse de cet internationaliste ne paraît pas avoir les faveurs du Tunisien, auteur par ailleurs d'un livre conséquent dont des extraits sont parus quelques années après *Peau noire* dans les mêmes revues, *Temps Modernes* et *Esprit*. Cet ouvrage, *Portrait du colonisateur et portrait du colonisé*, présente de nombreuses analogies avec les écrits fanoniens tout comme, en partie, avec les réflexions amères d'Albert Camus, lequel s'attache à ne pas dichotomiser radicalement les acteurs en présence dans l'enjeu colonial[72]. Aux lendemains du 1er novembre 1954, l'éditorialiste à *Alger républicain*, organe des libéraux, contempteur des conditions prévalant en Kabylie, le même qui euphémisait la ville algérienne d'Oran comme, somme toute, à l'image d'autres préfectures françaises, tient, en 1955, des propos significatifs et dénués d'illusion : « L'Algérie n'est pas la France, elle n'est même pas l'Algérie, elle est cette terre ignorée, perdue au loin, avec ses indigènes incompréhensibles, ses soldats gênants et ses Français exotiques dans un brouillard de sang. Elle est l'absente dont le souvenir et l'abandon serrent le cœur de quelques-uns, et dont les autres veulent bien parler, mais à condition qu'elle se taise[73]. » Le dilemme et les incompréhensions tragiques et mutuelles entre les divers protagonistes sont ici bien présentés par cet Européen d'Algérie saisi par la glu de l'histoire.

Pour Fanon, il ne s'agit pas d'analyser et de transcrire directement et en profondeur les divers courants et les ambitions qui traversent l'organisation. Dans son ouvrage *Le FLN mirage et réalité*, Mohamed Harbi s'en fait l'écho[74]. En fait, les directions tenues par des réformistes ou des marxistes s'opposent au courant plus radical et novateur, qui comptait Fanon et Ramdane.

L'écriture et la publication des *Damnés de la terre* lui donnent l'occasion de s'exprimer plus librement. Il attaque, sous une forme voilée, ce qu'il considère comme l'indigence idéologique du GPRA : « De fait, au moment du combat, plusieurs militants avaient demandé aux organismes dirigeants d'élaborer une doctrine, de préciser des objectifs, de proposer un programme. Mais, sous prétexte de sauvegarder l'unité nationale, les dirigeants avaient catégoriquement refusé d'aborder cette tâche. La doctrine, répétait-on, c'est l'union nationale contre le colonialisme. Et l'on allait, armé d'un slogan impétueux érigé en doctrine, toute l'activité idéologique se bornant à une suite de variantes sur le droit des peuples à disposer d'eux-mêmes, sur le vent de l'histoire qui irréversiblement emportera le colonialisme. Lorsque les militants demandaient que le vent de l'histoire soit un peu mieux analysé, les dirigeants leur opposaient l'espoir, la décolonisation nécessaire et inévitable, etc.[75] »

Ses passages parmi les camps de l'Armée de libération nationale, le fait que son portrait ait figuré aux murs de casernes, que Ben Bella et Boumediene se soient référés à sa pensée montre que Fanon avait précisé les dangers qu'il pressentait. Malgré ses retenues d'ancien démocrate libéral, Fanon avait rapidement compris la nécessité de favoriser au maximum les prises de conscience. Pour lui, le peuple est la force principale. Il est le démiurge, le gage du succès ou de l'échec. Pour cela il doit prendre en main tous les aspects de la vie quotidienne : « Si la construction d'un pont ne doit pas enrichir la conscience de ceux qui y travaillent, que le pont ne soit pas construit […] Le pont ne doit pas être parachuté, il ne doit pas être imposé par un *deus ex machina* au panorama social, mais il doit au contraire sortir des muscles et du cerveau des citoyens[76]. »

Cette pratique politique est à l'opposé de celle des bureaucraties marxiennes ou réformistes. Ici, Fanon rejoint et se réfère à Aimé Césaire dans cette tentative d'impliquer, corps et âmes, les acteurs des processus de construction nationale, autant de propos qui résonnent dans les écrits de l'auteur de *La Tragédie du roi Christophe*. De nombreuses années avant les tentatives avortées de la révolution culturelle chinoise, Fanon ainsi que Césaire avaient marqué l'importance de la lutte idéologique et culturelle dans la construction de la nation et d'une société plus égalitaire et démocratique.

Sur ce point aussi, Fanon avait lâché les bureaucrates et les opportunistes de tous bords. En 1963, soit plus d'un an après la mort de Fanon et l'accession de l'Algérie à l'indépendance, le contexte de mise en forme des institutions et des valeurs devant marquer la naissance de cette nouvelle entité, reste une gageure. Le départ de la plus grande majorité des Européens, tout comme l'abandon d'entreprises et d'établissements qui leur étaient associés et qu'ils faisaient fonctionner, n'augure pas des meilleures conditions de développement, faute de cadres algériens prêts non seulement à prendre la relève, mais plus encore à initier de nouvelles perspectives ouvertes vers une véritable répartition des rôles et des richesses. Les tensions plus que vives entre les courants présents dans le GPRA, le Bureau politique et l'État-Major débouchent sur des affrontements. Ceux-ci se traduisent, en septembre 1962, par la victoire des partisans d'Ahmed Ben Bella soutenus par le colonel Boumediene. Ce succès n'est que provisoire[77]. Il a cependant porté, un temps, certaines des propositions de Frantz Fanon, dont l'importance d'une révolution socialiste s'appuyant sur la paysannerie, sur la dénonciation des accapareurs et de cette petite caste bourgeoise jouant des difficultés de la conscience nationale. C'est dans ce contexte tendu, complexe, que se côtoient partisans d'une rénovation radicale des rapports sociaux dont ceux touchant à la place des femmes, sujet que Fanon a développé dans *L'An V de la révolution algérienne*, et bureaucrates plus concernés par leur propre devenir que par celui du pays.

La « petite caste aux dents longues[78] »

Un aspect de l'œuvre fanonienne n'a pas été suffisamment souligné. Des intellectuels européens ou nord-américains préfèrent se tourner, d'abord, vers l'importance de la violence dans l'œuvre fanonienne ou vers son approche psycho-analytique de l'imposition culturelle. Ceci vaut également pour des essayistes du tiers-monde. Or, c'est dans son appréciation, sa crainte et sa critique des bourgeoisies nationales que la vision postcoloniale de Fanon prend son ampleur. À peine l'indépendance acquise, des nations se retrouvent sous la coupe de représentants des bourgeoisies locales. Pour l'auteur des *Damnés de la terre*, la quasi-absence de références fondées et étayées au socialisme sinon aux travaux des tenants du marxisme entraîne de nombreux pays dans un nationalisme à prétention sociale mais en fait érigé contre les intérêts de leurs propres populations. Houphouët-Boigny est l'un d'eux, peut-être le plus typique aux yeux de Frantz Fanon. Lors de ses multiples voyages, Fanon a pu apprécier le zèle panafricain de la Côte d'Ivoire. Seule une grande prudence lui évite de tomber entre les mains du Deuxième Bureau français qui, selon Fanon, avec la complicité des autorités ivoiriennes, détourne l'avion dans lequel il devait se rendre à Conakry[79].

La sécession katangaise, l'apparition du dissident Moïse Tshombe, justifient également ses appréhensions à l'égard des bourgeoisies « nationales », qu'il considère comme les appendices du néocolonialisme. En août 1960, à Léopoldville, il a décelé les tenants des agressions qui se trament. Elles y sont profondément mêlées. Dans ce mitan du XXᵉ siècle, Fanon se révèle comme étant l'un des théoriciens les plus avancés dans l'analyse des multiples dangers qui guettent ces nouvelles nations postcoloniales alors émergentes et sa critique de cette couche sociale est double : servilité et bovarysme culturel, faiblesse économique.

Aimé Césaire participe également à ces réserves quant aux couches moyennes de couleur et à leur propension à accaparer les richesses. Déjà, lycéen, il avait pu s'en rendre compte à la Martinique. Il en soulignera les effets dans son étude sur Toussaint Louverture et plus encore dans la pièce dédiée à Lumumba, victime des cercles dirigeants de sa propre société, avec la complicité étrangère[80]. De même, Fanon les surprend dans toutes leurs faiblesses. Et d'abord dans leur servilité vis-à-vis des modèles européens. Dans *Peau noire, masques blancs*, il avait déjà démonté cette carence culturelle des nègres-blancs de la société antillaise. Les caricatures de conscience nationale se retrouvent, avec des marges plus ou moins grandes, chez d'autres peuples. Cette conscience est intimement liée à l'existence ou à l'inexistence d'une culture et d'une mémoire authentique. Le mouvement de la négritude, avec Césaire, essaya, dans un premier temps, d'y pallier.

En outre, ces bourgeoisies ne détiennent aucun des moyens de production industrielle. Elles sont constituées de propriétaires terriens, de négociants et de cadres moyens et inférieurs. Étant donné leurs limites économiques et financières, elles n'aspirent qu'à vivre sur le corps du système colonial en assurant certains de ses rouages. Nées et vivants, d'une telle situation, leurs convictions ne tendent qu'à asseoir un peu plus confortablement leur position.

Or, les partis nationalistes, généralement issus de cette couche sociale, ne présentent pas de programme économique précis. Ils ne mettent l'accent que sur un nationalisme abstrait.

Dans de nombreux cas, et comme Fanon le pressentait, la réalité de cette classe sociale apparaît. N'étant pas, à l'instar des bourgeoisies européennes, riches de capitaux et de moyens techniques, atouts qui ont permis à celles-ci de jouer en Europe un rôle effectif et dûment enregistré dans la *doxa* du matérialisme historique, ces classes sociales demandent la nationalisation de l'économie. Ainsi elles consolident leur pouvoir, étant donné qu'elles détiennent alors des responsabilités politiques et économiques. Les nationalisations, dans le tiers-monde, ne portent cependant pas sur les secteurs les plus névralgiques : minerai, pétrole, grandes plantations... Les postes de direction que cèdent les intérêts étrangers ne sont pas les véritables leviers de commande. Ils donnent cependant l'apparence du pouvoir et l'assise sociale qui faisait défaut. Le capitalisme étranger sera dorénavant abrité derrière des intermédiaires. Sa marge de sécurité en sort renforcée. Pour le peuple, l'ennemi immédiat n'est plus le colon mais ses relais bruns, noirs ou jaunes. La dangereuse unité nationale est désamorcée ; le processus du postcolonialisme est en bonne voie. Si le peuple manifeste, l'équipe au pouvoir est modifiée. Les années et les décennies suivant les indépendances illustrent, dans de multiples pays, cette dérive plus ou moins lente.

Pour assurer leurs pouvoirs, aux lendemains de l'indépendance, cette classe s'attaque au parti unique et, suivant les circonstances, à la personne des dirigeants historiques. Les leaders qui ont symbolisé, pendant le conflit, des pans plus avancés de la volonté populaire sont remis en cause, tel Ahmed Ben Bella, ou éliminés, tel Abbane Ramdane.

Vis-à-vis des partis ou du Front qui a mené la lutte pour l'indépendance, la bourgeoisie algérienne usera de plus de circonspection. Des militants n'acceptent pas la vaste opération de pillage qui se prépare. Alors on leur propose des postes lucratifs. Le parti est officialisé. Son histoire héroïque est récupérée par les nouveaux dirigeants. Il devient le lieu et le décor d'une bureaucratie dirigiste et tatillonne. Cette analyse de la réalité du postcolonialisme dans de nombreux pays africains s'avèrera pertinente également en Amérique latine et en Asie. Elle conduit Fanon à s'interroger sur la nécessité de la phase bourgeoise, phase reconnue historiquement comme étape du féodalisme vers le socialisme. Fanon n'a pas retrouvé les éléments qui, en d'autres lieux, avaient fait de cette étape un moment progressiste. Au contraire, ses multiples recoupements, principalement par rapport à l'Afrique de la décolonisation, lui ont révélé « une sorte de petite caste aux dents longues, avide et vorace, dominée par l'esprit gagne-petit et qui s'accommode des dividendes que lui assure l'ancienne puissance coloniale[81]. » Cette bourgeoisie lui apparaît alors dans sa totale inutilité.

La place et le rôle des intellectuels

Tout comme Césaire a montré comment un poète peut devenir député-maire, Fanon présente la situation et l'évolution d'un jeune Antillais assimilé, un étudiant diplômé des facultés françaises, une autorité médicale reconnue qui, par ailleurs, est un écrivain publié dans les meilleures maisons parisiennes et un intellectuel « révolutionnaire ».

Déjà la conscience d'autre chose, le désir de comprendre le pourquoi des névroses, des troubles nés de l'imposition culturelle, le refus de se contenter d'un diagnostic à plat, local, le souci de comprendre l'entreprise coloniale, la misère qu'elle sous-tend, faisaient de Fanon un intellectuel progressiste à l'image d'un Aimé Césaire. Mais il s'est engagé totalement dans la recherche de la voie qui lui semblait la plus juste, celle qui répondrait aux attentes de chaque individu et à celles du plus grand nombre. Poursuivant les propos de Paul Nizan quant à la notion et à la fonction de « chien de garde » des valeurs bourgeoises, Fanon en a précisé l'envers et la praxis. Le médecin du

FLN, le rédacteur d'*El Moudjahid*, le délégué du GPRA, a expérimenté, quotidiennement, la difficulté de tels choix.

À Rome, en 1959, lors du deuxième Congrès des écrivains et artistes noirs, Fanon a repris, en l'élargissant, son approche du rôle de la culture nationale. La mise en route du processus historique de la décolonisation induit une résurgence des pratiques et des symboliques endogènes. En littérature, une série de récits, de poèmes et de pièces de théâtre transcrivent la personnalité de cette culture. Des intellectuels de couleur – dont ces écrivains et des artistes noirs réunis –, s'attachent à décrire la vie du colonisé. Leur public reste cependant limité à leurs cercles ou aux éléments libéraux. Aujourd'hui, l'étude de ces subcultures fait partie intégrante des réflexions de nombreux intellectuels et universitaires, travaux aiguillés, entre autres, par les thèses foucaldiennes et derridiennes.

Fanon observe que, au fur et à mesure de la remise en question du colonialisme, la plainte poétique se transforme en réquisitoire puis en appel à la révolte. Ainsi des premiers poèmes d'Aimé Césaire ou de Léon-Gontran Damas (tel *Solde*, dédié à Aimé Césaire) au *Discours sur le colonialisme*, le processus est en marche :

> *J'ai l'impression d'être ridicule*
> *Dans leurs souliers*
> *Dans leur smoking*
> *Dans leur plastron*
> *Dans leur faux-col*
> *Dans leur monocle*
> *Dans leur melon*
> *[…]*
> *J'ai l'impression d'être ridicule*
> *Parmi eux complice*
> *Parmi eux souteneur*
> *Parmi eux égorgeur*
> *Les mains effroyablement rouges*
> *Du sang de leur ci-vi-li-sa-tion*[82]

Une démarche identique se manifeste au niveau des contes populaires de la littérature orale. On passe des récits archaïques à une actualisation de faits d'armes ; des récits de hors-la-loi et de ceux qui défient l'ordre. Dans tous les domaines de l'artisanat, les formes anciennes, sclérosées, sont remplacées par un expressionnisme qui traduit de nouvelles aspirations. La sculpture se fait l'écho de cette marche en avant au même titre que la poterie ou la céramique. La figuration des personnages dans leurs activités réelles remplace les motifs essentiellement décoratifs, abstraits ou naïfs. Ce processus est intimement lié à celui de l'indépendance nationale. Mario de Andrade le rappelle, en 1967, lors du congrès culturel de La Havane : « La signification ultime du combat pour la culture se ramène, en fait, au combat pour la libération de la nation que Frantz Fanon considérait comme "la matrice matérielle à partir de laquelle la culture devient possible"[83]. »

Cette transformation de l'art populaire suscite l'inquiétude des spécialistes occidentaux : anthropologues, ethnologues, collectionneurs et galeristes... La figuration narrative et critique dont semblent maintenant épris les indigènes leur paraît de mauvais aloi. Elle nie l'ancestrale tradition. Rapidement leurs verdicts rejoignent ceux des colonialistes : l'art indigène, l'indigène est en danger. Chris Marker et Alain Resnais situent ce dilemme et ses enjeux dans leur documentaire *Les statues meurent aussi*, réalisé en 1954. La première partie du film présente les arts africains et leurs chefs-d'œuvre tels que façonnés par le temps. Alors que cette séquence semble inspirée par les thèses de la négritude, sinon par Césaire, une seconde partie reprend, avant l'heure, les problématiques des *Damnés de la terre*. Elle expose les contextes du racisme et dénonce des comportements qui associent le pittoresque à l'oppression, l'un préservant l'autre. Pour les esthètes, les expressions artistiques non formalistes ont le tort de s'adresser, d'être faites pour et par le peuple, de témoigner. L'artiste, comme le poète, Damas ou Césaire, s'adresse directement et parle de la réalité de sang et d'espoir du plus grand nombre. Les intermédiaires se sentent niés dans leur spécialité, dans leur ésotérisme et dans leur goût des chapelles. Cela, sous un autre registre et pour ne s'en tenir qu'à un des aspects de ses multiples facettes, se retrouve dans la France de l'après mai 1968. Alors que l'édifice culturel vacille dans les universités, temples de la culture, sous le sigle, entre autres, de « l'art n'est pas assemblage spéculatif, il est cri populaire[84] », des formalistes tentent de colmater les brèches.

L'intellectuel ou l'artiste cherche un nouveau terrain où asseoir son autorité. Il pense le trouver du côté de la science et de ses divers avatars, « abrités » du vent de l'idéologie. Les sciences humaines deviennent un champ de manœuvre. Elles possèdent l'apparat scientifique, donc moderne et avant-gardiste. Elles se veulent, à dessein, émasculées des scories sociales et protégées derrière l'écran d'une haute technicité. Des plasticiens participant au salon de la Jeune Peinture avaient pris pour sujets justement ces « sommités », structuralistes ou sémiologues[85].

En 1959, à la question « La lutte de libération est-elle source d'enrichissement culturel ? », Fanon avance la thèse hégélienne qu'il a développée dans *L'An V de la révolution algérienne*: « La mort du colonialisme est à la fois mort du colonisé et mort du colonisateur[86]. » Pour lui, ces processus transforment les éléments culturels. Ils sont sources de nouvelles pratiques et de nouvelles représentations. Ces éléments auront d'autant plus de force que les combats pour l'émancipation auront été radicaux. Fanon répond, ainsi, à ceux qui, au lendemain des indépendances, se trouvent confrontés à des paysages culturels identiques aux précédents. Pour l'auteur des *Damnés*, les luttes n'auraient pas été menées jusqu'à leur terme, qu'il s'agisse des nouvelles nations d'Afrique ou de la parturition d'Haïti étudiée par Césaire.

On peut s'interroger sur ce qu'entend Fanon par cette finalité à atteindre tout en prenant bonne note des dangers qu'il perçoit et qu'il met en exergue. Il n'en reste pas moins qu'*a posteriori* un certain angélisme peut lui être reproché et ce d'autant plus que si, effectivement, les lendemains postcoloniaux ressemblent à ce qu'il prévoyait, les modalités d'autres voies pour y échapper restent quasiment à défricher.

Depuis le début de l'insurrection, l'idéologie dominante du FLN a pratiquement peu changé. Il s'agit toujours d'un nationalisme de gauche où les références au socialisme sont elliptiques. Une fois l'indépendance acquise, la coopération avec l'ancienne métropole ne pose pas de problème. Pour Fanon, il en est autrement, mais la maladie qui le ronge ne lui laisse pas le temps d'officialiser ses positions et de faire en sorte qu'elles soient reprises en compte.

[Césaire et Fanon à Rome : communauté, racisme et culture

Quelques mois avant son départ d'Algérie, Fanon avait participé, du 19 au 22 septembre 1956, au premier Congrès international des écrivains et artistes noirs. La revue *Présence Africaine* en est à l'origine. Cette publication s'inscrit dans la filiation des différentes expressions du panafricanisme. Son premier numéro était sorti des presses en novembre-décembre 1947. Dans sa présentation, son fondateur, Alioune Diop, précise la finalité poursuivie : « Cette revue ne se place sous l'obédience d'aucune idéologie philosophique ou politique. Elle veut s'ouvrir à la collaboration de tous les hommes de bonne volonté (blancs, jaunes ou noirs), susceptibles de nous aider à définir l'originalité africaine et de hâter son insertion dans le monde moderne[87]. » Des personnalités telles qu'André Gide, Emmanuel Mounier, Pierre Rivet, Théodore Monod, côtoient les nouvelles références sur la scène littéraire de l'après-guerre : Jean-Paul Sartre, Albert Camus, Michel Leiris, etc. À coté de ces Européens sont associés des écrivains noirs tels Richard Wright, Léopold Sédar Senghor, Bernard Dadié. Aimé Césaire est, à l'évidence, partie prenante de cette initiative auquel il sera, jusqu'à sa mort, étroitement lié. Les propos d'André Gide éclairent le chemin à parcourir et les œillères dont sont victimes ou complices nombre d'Européens : « Si riche et si belle que soit notre civilisation, notre culture, nous avons enfin admis qu'elle n'est pas la seule [...] On commence à percevoir des voix que l'on n'avait pas d'abord écoutées ; à comprendre que n'est pas nécessairement muet ce qui ne s'exprime pas dans notre langue ; et sitôt qu'un peu d'attention succède à la surprise première, que ce qui diffère de nous, plus que ce qui nous ressemble, nous instruit[88]. » La fonction de *Présence Africaine* sera de donner ou redonner la parole aux populations ignorées voire dédaignées qui ne relèvent pas de l'Occident mais du continent africain et de ses diasporas. Maisons d'édition, colloques, rencontres, séminaires tracent la voie poursuivie avec constance et succès. En septembre 1956, Fanon était donc à Paris pour ce premier congrès.

À cette rencontre figuraient des personnalités aussi diverses que le député communiste Césaire, le chrétien Thomas Ekollo ou l'écrivain afro-américain Richard Wright. Les délégations proviennent de l'arc des pays francophones mais également de représentants des mondes anglophones, hispanophones et lusophones. Alioune Diop prononce le discours d'ouverture et annonce le sens des communications et les débats : « Que l'on ne se fasse pas d'illusions. Nous vivons une époque où les artistes portent témoignage et où ils sont tous plus ou moins engagés. Il faut en prendre son parti : toute grande œuvre d'écrivain ou d'artiste africain témoigne contre le racisme et l'impérialisme de l'Occident. Et cela durera tant que les tensions qui déséquilibrent le monde ne cèderont pas la place à un ordre dont l'instauration serait l'œuvre librement bâtie des peuples de toutes les races et de toutes les cultures[89]. »

Présence Africaine regroupera les contributions dans deux volumes. Le premier donne à lire les interventions des trois journées, le second des contributions s'inscrivant dans le cadre de ce congrès. L'introduction d'Alioune Diop, « La Culture moderne et notre destin », dans la première livraison, souligne les tâches essentielles :

> « 1) Faire accéder à l'audience du monde l'expression de nos cultures originales, dans la mesure où celles-ci traduisent la vie actuelle de nos peuples, et notre personnalité.
>
> 2) Renvoyer à nos peuples l'image de leurs aspirations, de leurs expériences ou de leurs joies, éclairées par les épreuves, les joies et les espérances du monde. Bref, faire de notre culture une puissance de libération et de solidarité, en même temps que le chant de notre intime personnalité[90]. »

En se démarquant des tendances réformistes tout comme de celles proches de la négritude représentées entre autres par Senghor, Fanon souscrit à un tel débat. C'est ce qu'il fait le 20 septembre 1956, dans son intervention, « Racisme et culture ». Il souligne le lien organique qui lie le racisme et le colonialisme, celui-là découlant irrémédiablement de celui-ci. Il rejette toute autre explication, qui ne serait qu'une tentative pour cacher la réalité de cette filiation. « Le racisme crève les yeux car précisément il entre dans un ensemble caractérisé : celui de l'exploitation éhontée d'un groupe d'hommes par un autre parvenu à un stade de développement technique supérieur. C'est pourquoi l'oppression militaire et économique précède la plupart du temps, rend possible, légitime le racisme[91] ». L'orateur développe ensuite les éléments de dépassement de la situation de colonisé : « L'occupant ne comprend plus. La fin du racisme commence avec cette soudaine incompréhension. La culture spasmée et rigide de l'occupant, libérée, s'ouvre enfin à la culture du peuple devenu réellement frère. Les deux cultures peuvent s'affronter, s'enrichir[92]. » Fanon met en perspective une dialectique positive présente dans l'ensemble de son parcours intellectuel et politique, nonobstant l'irénisme de certaines de ses attentes.

Aimé Césaire, dans la même journée, présente son intervention intitulée « Culture et colonisation ». Le poète-politique martiniquais poursuit les points de vue exprimés par d'autres, dont Fanon, sur les liens entre racisme, culture et nation. Il développe un argumentaire quant aux positions à adopter face à la situation coloniale. Il l'étaie d'éléments permettant d'en justifier la pertinence. C'est moins le pamphlétaire acerbe du *Discours sur le colonialisme* que le théoricien qui, sur une même problématique et de mêmes préalables, argumente quant au devenir des cultures noires. Il souligne la réticence que suscita, auprès des autorités scientifiques de l'époque, le relativisme d'un Marcel Mauss tout comme les arguments de Bronislaw Malinowski autour du « don sélectif », moyen utilisé pour ne transférer, aux populations colonisées, que le minimum et non les éléments d'un réel développement. Césaire, au-delà mais sans renier les valeurs que la négritude a permis de dégager, s'interroge sur les diverses étapes « coloniale, semicoloniale ou paracoloniale » et, en filigrane, postcoloniales à venir. L'orateur, engagé sous une autre forme que Fanon, tout en restant sur un plan général, n'en appelle pas moins, pour les hommes de culture noire, dont les participants à ce congrès, à adopter le rôle suivant : « Libérez le démiurge qui seul peut organiser ce chaos en une synthèse nouvelle, une synthèse qui méritera elle le nom de culture, une synthèse qui sera réconciliation et dépassement de l'ancien et du nouveau. Nous sommes là pour dire et pour réclamer : donnez la parole aux peuples. Laissez entrer les peuples noirs sur la grande scène de l'histoire[93]. »

De cette première rencontre qui, il faut le souligner, se tenait quelques années avant la vague des décolonisations sur le continent africain mais après la conférence de Bandoeng, il ressortait l'importance donnée aux facteurs culturels par la plupart des intervenants à quelques exceptions près, dont les réserves émises par des ressortissants de nations constituées telles que Haïti ou les États-Unis. Ceux-ci restaient relativement sceptiques quant à la prédominance donnée aux faits culturels lorsque ceux-ci ne sont pas reliés, intrinsèquement, à la question de l'indépendance nationale. D'autres intervenants réservaient leur opinion compte tenu de la situation coloniale qui prévalait encore dans leurs pays respectifs.

Rendant compte de ce Congrès international des écrivains et artistes noirs, C. Hébert, dans l'hebdomadaire *France-Observateur* (27 octobre 1956), soulignait la vigueur avec laquelle Frantz Fanon ainsi qu'Aimé Césaire et le poète malgache Jacques Rabemananjara avaient dénoncé l'étouffement systématique de la culture noire par le colonialisme. En décembre de la même année, la revue *Exigence* publia un article de Fanon « La Déshumanisation en Algérie » Pour sa part, Aimé Césaire vient de démissionner du Parti communiste.

En mars 1959, Aimé Césaire retrouve Frantz Fanon, lors du second Congrès international des écrivains et artistes noirs qui tient ses assises à Rome, sous la présidence, renouvelée, de l'Haïtien Jean Price-Mars. La note d'ouverture prend appui sur les éléments présentés lors du premier congrès et en particulier sur l'insistance qui avait été mise sur la reconnaissance des cultures des peuples de couleur. Ce second congrès s'attache à préciser l'importance de ce capital culturel, richesse qui se trouve à l'extérieur de la sphère occidentale. Il est également question de travailler les notions de solidarité et plus précisément la conjonction entre les responsabilités politiques et celles du champ culturel. Le référendum de 1958 sur l'adhésion ou le refus de la Communauté proposée par la métropole a entraîné l'accession à l'indépendance de la Guinée. Deux ans plus tard, ce sera le tour des ex-colonies françaises. Les congressistes connaissent ces enjeux : « Mais précisément, à notre époque, l'indépendance politique des peuples a besoin d'être garantie par l'indépendance économique et culturelle. C'est dire que les peuples sous-développés ont besoin de construire leur unité. Leur faiblesse naturelle commande leur solidarité[94]. » Aimé Césaire, tout comme Frantz Fanon, est membre du conseil exécutif de la Société africaine de culture. La communication de Césaire est intitulée : « L'Homme de culture et ses responsabilités ». Il resitue le contexte historique de la production culturelle en pays colonisé : « Dans la société coloniale il n'y a pas seulement une hiérarchie *maître* et *serviteur*. Il y a aussi, implicite, une hiérarchie *créateur* et *consommateur*. Le créateur des valeurs culturelles, en bonne colonisation, c'est le colonisateur. Et le consommateur, c'est le colonisé. Et tout va bien tant que rien ne vient déranger la hiérarchie. Il y a une loi de confort dans toute colonisation. *"Si prega di non disturbare"*, On est prié de ne pas déranger. Or la création culturelle, précisément parce qu'elle est création, dérange. Elle bouleverse. Et d'abord la hiérarchie coloniale, car du colonisé *consommateur*, elle fait le *créateur*[95]. » La communication de Fanon porte sur le « Fondement réciproque de la culture nationale et des luttes de libération ». Elle soulève un vif intérêt et rejoint, en plusieurs points, celle présentée par Sékou Touré : « Le Leader politique considéré comme le représentant d'une culture. » Ces propos illustrent bien les itinéraires tant de Césaire que de Fanon. D'abord ces deux écrivains s'imprègnent des valeurs et des éléments culturels disponibles et accessibles pour, par la suite, inverser cette circulation en devenant, eux-mêmes, producteurs de valeurs et d'interprétations spécifiques. Ils interrogent la dimension du colonialisme tout en se projetant vers la nature socioanthropologique qui pourrait être celle d'un avenir postcolonial.

Leur démarche, on la retrouve chez d'autres intervenants participant à ces journées et interrogeant les capacités d'hommes et de femmes à s'exprimer et à analyser le monde quand bien même ils ne relèveraient pas directement de l'univers occidental comme, par exemple, le Malgache Jacques Rabemananjara ou le Malien Amadou Hampaté Ba, spécialiste de la culture orale et pour lequel la mort d'un conteur, d'un griot, correspond à la destruction d'une bibliothèque entière. Pour Césaire, il importe de s'engager dans une décolonisation sans séquelles, un processus qui ne reproduise pas les instruments du colonialisme à l'avantage de quelques-uns. Face au chaos entre la culture primitive et l'hétérogénéité de celle imposée, il convient, pour l'écrivain et l'artiste noirs, de réinstaurer les continuités historiques, ces scansions de temps interrompues par l'intrusion étrangère et par l'occultation des trames précoloniales. Le combat pour les peuples implique une propédeutique tant d'un apprentissage de la liberté que d'une reconnaissance conquise s'ouvrant vers l'« humanisme universel ». Ces propos de Césaire sont tenus alors que les Antilles relèvent toujours du statut « postcolonial » de département français et que, non sans hésitation, il a appelé à voter « Oui » au référendum portant sur l'adoption de la constitution de la Vᵉ République, en septembre 1958. Une certaine distorsion est patente sinon assumée entre lui et Fanon, alors même que les propositions de Césaire rejoignent, sur de nombreux points, celles de son compatriote et que ce dernier, comme dans *Peau noire, masques blancs* reprend l'auteur du *Cahier* : « Encore une fois, nous ferons appel à Césaire : nous voudrions que beaucoup d'intellectuels noirs s'en inspirent[96]. » Leur méfiance commune face à de futurs accapareurs, la nécessité énoncée d'un processus non par étapes mais radical, tout comme l'attention portée au sentiment national et aux créateurs qu'il suscite les réunit intellectuellement : « Les Occidentaux disent : "C'est étrange : ce sont des techniciens qu'il leur faudrait et ce sont des artistes qu'ils forment"[97]. » De plus, Aimé Césaire fustige « les pays les plus *assimilés*, c'est-à-dire les plus disgraciés[98] » tout en précisant que, même là, des éléments culturels sont potentiellement présents. Une tension récurrente, de façon plus flagrante que chez Fanon, traverse le poète et l'homme politique, le symbolique et la praxis dont Césaire est tout à la fois agent et acteur.

Il faut attendre plus d'un demi-siècle pour que ces événements soient remis à l'ordre du jour. Ce sera à l'occasion du cinquantenaire du premier de ces congrès. Il se tient, du 19 au 22 septembre 2006, à la Sorbonne puis à l'Unesco. Cette rencontre célèbre les acteurs de l'époque et réinterpelle les propositions tenues lors de ce qui a pu être interprété comme un « Bandoeng culturel ». Y participent certains des protagonistes antérieurs dont, par exemple, René Depestre, Édouard Glissant, Bernard Dadié. Aimé Césaire intervient sous la forme d'un vidéo-message. Les débats interrogent l'impact que le premier congrès, en 1956, a suscité, qu'il s'agisse de l'évolution politique dans le cadre de la décolonisation et de la démocratisation tout comme dans les champs de la culture, de l'identité, des diversités et des solidarités qui unissaient, comme le soulignait Césaire, les participants d'alors. Il est rappelé que ce congrès a impulsé le Festival mondial des arts nègres à Dakar en 1966 : « Fonctions et significations de l'art nègre dans la vie du peuple et pour le peuple ». Ce festival avait fait l'objet de diverses critiques, certains le percevant comme une illustration d'une situation postcoloniale n'ayant pas modifié fondamentalement des rapports de dépendance. Ultérieurement prend le relais un festival panafricain en 1969 à Alger. À cette occasion, dans un supplément spécial, *El Moudjahid* revient sur la nécessité de faire référence aux thèses de Fanon dont celles « Sur la culture nationale[99] ». Les questions qui se posent au monde noir, dans ses diverses composantes, dont la rémanence du racisme, sont abordées de manière récurrente alors même que des Noirs commencent à occuper des positions incontestables. Les effets de ce tropisme raciste et leurs enjeux sociaux et politiques avaient été soulignés par Fanon. Ils persistent insidieusement, sinon de manière éhontée, aujourd'hui, dans de nombreux contextes. Conscient de la tâche qui lui incombe, Fanon refuse tout repos. « Il fallait que je me dépêche de *dire* et de *faire* le maximum [...], mais mes frères algériens me demandent de me ménager. Est-ce que les colonialistes nous ménagent ? ...[100] »

Il séjourne parmi des cadres aux frontières, organise des séminaires politiques afin de pallier cette carence idéologique dont il a reconnu les dangers. « S'il fallait trouver une qualification idéologique à la mystique qui imprègne ces hommes il faudrait appeler cela du "fanonisme". Le portait du pamphlétaire martiniquais Frantz Fanon est d'ailleurs le seul qui orne les murs des casernes[101]. »

À quelques mois de sa mort, en avril 1961, Fanon entreprend la rédaction des *Damnés de la terre*. Ce titre, tout comme les arguments tant construits que passionnés qu'il développe, renvoie, comme en écho et avec pertinence, aux strophes virulentes du poème écrit par Eugène Pottier au temps de la Commune. Ce poème, mis en musique par Pierre Degeyter, *L'Internationale* (« Debout, les damnés de la terre »), résonne aux quatre coins de la planète. Antérieurement, en 1935, l'écrivain prolétarien Henry Poulaille publia un ouvrage intitulé *Les Damnés de la terre 1906-1910*. Il le dédie à Neel Doff ainsi qu'« à la mémoire des militants qui moururent dans les luttes ouvrières et en hommage à ceux qui vécurent les heures héroïques de la lutte de classe avant la Guerre[102] ».

La revue *Les Temps Modernes* donne à ses lecteurs, en mai, un extrait, le chapitre « De la violence ». Au cours d'un voyage en Italie, Fanon rencontre Sartre. Ce dernier doit écrire la préface des *Damnés de la terre*. Pendant les quelques jours où ils se fréquentent, Fanon harcèle l'auteur de *Critique de la raison dialectique*. Dans *La Force des choses*, Simone de Beauvoir rapporte leurs entretiens : « D'une intelligence aiguë, intensément vivant, doté d'un sombre humour, il expliquait, bouffonnait, interpellait, imitait, racontait : il rendait présent tout ce qu'il évoquait. [...] Par moments, il niait sa maladie, il faisait des projets comme s'il avait eu des années devant lui. Mais la mort le hantait. Par là s'expliquaient, en grande partie, son impatience, sa loquacité, et aussi le catastrophisme qui m'avait frappée dès ses premiers mots. Satisfait des décisions prises par le CNRA à Tripoli et de la nomination de Ben Khedda, il croyait la victoire prochaine, mais à quel prix ! [...] Nos conversations furent toujours d'un extrême intérêt grâce à la richesse de son information, son pouvoir d'évocation, la rapidité et l'audace de sa pensée [...] Quand je serrais sa main fiévreuse, je croyais toucher la passion qui le brûlait. Il communiquait ce feu ; près de lui, la vie semblait une aventure tragique, souvent horrible, mais d'un prix infini[103]. »

Fanon envisage de partir comme représentant du GPRA à Cuba, île dont la population a mis fin à la dictature de Fulgencio Batista, pays que de nombreuses affinités rapprochent de l'Algérie, nation qui, elle aussi, essaie, non sans difficultés et contradictions, de mettre en place une société proche, en divers points, des attentes de l'auteur des *Damnés*. Quelques années plus tard elle repoussera, à la baie des Cochons, l'agression nord-américaine. En octobre, à Tunis, l'état de Fanon empire. Là, peut-être, il peut gagner quelques semaines, quelques jours, le temps de travailler à d'autres projets. Son état de santé ne lui permet pas de continuer la mission entreprise au Mali. Avec impétuosité, Fanon fait face au mal « blanc », la leucémie, qui peu à peu, de l'intérieur, le phagocyte. « Jusqu'à ces jours de son retour d'Accra où son visage a commencé à se creuser, où ses yeux ont dévoré ce visage et où tout en lui a commencé de s'intérioriser, de se spiritualiser. Alors son regard enveloppait l'interlocuteur sans le voir : il y avait cette seconde d'hésitation où l'on ne savait pas si l'on était admis dans l'univers exigeant où Fanon s'était retiré ; et puis soudain, ses traits se détendaient dans un imperceptible sourire à la fois indulgent et pénétrant qui exprimait que, en cette terre, chacun se débattait comme il pouvait. Il m'a semblé qu'alors sa poignée de main devenait plus chaleureuse et le rendait plus présenté[104]. » Un séjour à Moscou où il consulte divers spécialistes n'apporte pas d'amélioration. Le médecin Bertène Juminer rapporte des propos de Fanon : « Un matin d'octobre, il entra dans mon laboratoire. Un colonel de l'ALN l'accompagnait : "Analyse-moi mon sang, je me sens fatigué !" Quand je lui piquai le doigt, une goutte de sang se forma aussitôt. "Tu n'as pas l'air d'en manquer", lui fis-je en pointant la goutte. Il ne s'en soucia pas. "Alors, c'est pour quand le résultat ?" "Demain." Je ne savais pas que ce demain aurait été pour moi un jour d'espoir, pour Frantz, un jour de désarroi. En effet, tout était normal. Et j'espérais naïvement qu'on s'était trompé jusque-là. Sans doute était-il surmené, parasité ! Il brisa net mon élan : "Ce résultat ne m'étonne pas, je suis sous traitement. C'est ce médicament russe qui a fait baisser le taux des globules blancs. Ma maladie n'en continue pas moins. Je vais partir en Amérique"[105]. »

Les soins qui lui sont parcimonieusement prodigués aux États-Unis n'apportent pas d'amélioration. Dans la nuit du mercredi 6 décembre 1961, enregistré sous le prénom d'Ibrahim Fanon, il succombe à une double pneumonie dans un Institut national de la santé à Bethesda, dans le Maryland, comté de Montgomery proche de Washington DC[106]. Minute après minute, Fanon a vécu sa mort et l'a refusée. Son agressivité ombrageuse se libère dans ses délires de moribond. Il se méfie de tout le personnel de l'hôpital. En s'éveillant, le dernier matin, il dit à sa femme, trahissant ses obsessions : « La nuit dernière, ils m'ont remis dans la machine à laver…[107] »

Le 11 décembre, son corps est ramené au Maghreb. Le cercueil est déposé, pour une veillée, au siège de la mission du GPRA à Tunis, cérémonie à laquelle participent de nombreuses personnes. Le lendemain, le 12 décembre 1961, le vice-président Belkacem Krim prononce un discours d'adieu. Ensuite le convoi se dirige vers la frontière algérienne. L'ALN prend le relais à partir de Ghardimaou.

El Moudjahid du 21 décembre 1961 évoque, non sans poésie pour qui connaît la terre algérienne, la cérémonie : « 15 h 45. Dans un cimetière de *chouhada* [soldat]. Sur le lieu même d'un ancien accrochage, aujourd'hui en territoire libéré, la fosse est là, soigneusement préparée. Un commandant de l'ALN prononce en arabe le dernier adieu au frère Frantz Fanon. [...] 16 h. C'est fini. Le cercueil repose sur un lit de branches de lentisque ; au-dessus, des rondins de chênes-lièges. En cette fin d'après-midi le soleil décline. Au loin, on devine la plaine dont nous séparent des crêtes douces, bleutées, dans la lumière ouatée de l'hiver. Tout respire la beauté et le calme. Le dernier vœu de Frantz Fanon est accompli : il repose parmi ses frères, en terre algérienne[108]. »

L'équipe du journal salue, de son côté, le défunt : « Jusqu'à la dernière heure, le frère Frantz Fanon aura assumé son rôle d'intellectuel révolutionnaire. Sa mort est une perte irréparable pour la Révolution algérienne, pour l'Afrique et pour le mouvement anticolonialiste[109]. »

Malgré de nombreuses tentatives de ses proches désirant voir ses cendres ensevelies à la Martinique, ce souhait n'a pu se réaliser. Il a été même nécessaire d'adresser une requête au tribunal de grande instance de Fort-de-France afin que celui-ci confirme que le défunt enregistré aux États-Unis sous le nom d'Ibrahim Fanon de nationalité tunisienne, qui n'avait pas été mentionné au registre consulaire de Baltimore, était bien Frantz Fanon[110] !

[Le syndrome postcolonial hier et aujourd'hui

[Présence de Césaire et de Fanon

Les Damnés de la terre se présente, dans les années 1950-1970, comme l'une des références essentielles pour ce qui concerne le tiers-monde. Plusieurs facteurs en rendent compte, dont l'insistance mise par Fanon sur des thématiques telles que la violence, le rôle de la paysannerie, de la bourgeoisie et des intellectuels, mais plus encore sur les capacités de l'auteur à envisager un devenir sociétal à dimension universelle : « Ce qui fait la force extraordinaire du texte de Fanon, c'est qu'il se présente en contre-récit clandestin face à la puissance officielle du régime colonial, dont, dans sa téléologie, la défaite est certaine. [...] Le discours de Fanon est celui d'un triomphe anticipé, la libération, qui marque le second moment de la décolonisation[1]. » Ces thèmes, il les a abordés sous un angle renouvelé, correspondant, alors, aux dynamiques associées aux libérations nationales.

L'Occident

Les échos rencontrés par les pensées fanonienne et césairienne, à travers leurs ramifications, sont multiples et plus que divers.

S'agissant des années 1950-1970, l'œuvre de Fanon touche, de son vivant, en métropole, d'abord ceux qui mènent ou essaient d'engager, d'une façon conséquente, une solidarité active avec les colonisés. Ce ne sont pas les partis de gauche qui, pour les raisons analysées précédemment, s'intéressent à l'œuvre fanonienne, mais des démocrates et des progressistes désireux de montrer, par des actes, leur soutien aux peuples en lutte et plus spécialement au peuple algérien. Il s'agit d'adhérents ou de sympathisants appartenant ou ayant appartenu à la gauche de la SFIO, au PCF, de militants proposant d'autres voies pour le socialisme en France : trotskistes, conseillistes, libertaires.

À côté de ces militants politiques il y a le groupe d'intellectuels réunis autour de la revue *Les Temps Modernes*, fondée par Jean-Paul Sartre, ainsi que ceux regroupés par la revue *Partisans* dont le directeur, François Maspero, deviendra l'éditeur des ouvrages de Fanon.

La préface de Francis Jeanson à *Peau Noire, masques blancs* souligne l'originalité du propos. Dans sa postface de 1965, il précise la trace indélébile laissée, en quelques années, par l'auteur des *Damnés*. Jeanson oppose la démarche « incarnée » de Fanon à l'irréalité, la vacuité des intellectuels occidentaux : « Un dialogue permanent avec soi-même, un narcissisme de plus en plus obscène n'ont cessé de faire le lit à un quasi-délire où le travail cérébral devient une souffrance, les réalités n'étant point celles de l'homme vivant, travaillant et se fabriquant, mais des mots, des assemblages divers de mots, les tensions nées des significations contenues dans les mots[2]. » Dans les années du début de la seconde moitié du XXe siècle, pour les intellectuels progressistes français, tout paraît, alors, impossible. Tout se résorberait en vains bavardages. François Maspero souligne cette atmosphère et replace, dans ce contexte, l'influence fanonienne : « Nombreux furent ceux qui, comme moi, trouvèrent dans le même temps grâce à *L'An V de la révolution algérienne* les bases de leur engagement et ce "pourquoi nous combattons", qui nous faisait si cruellement défaut[3]. » Il tient ces propos malgré les réseaux de soutien au FLN, le *Manifeste des 121* (déclaration sur le droit à l'insoumission dans la guerre d'Algérie, à laquelle s'associe le Martiniquais Édouard Glissant), Jeune Résistance ainsi que d'autres initiatives.

Jean-Paul Sartre, auteur de la préface des *Damnés de la terre*, fait référence à de mêmes désirs irréalisés. Il voit d'abord, dans l'œuvre fanonienne, la condamnation de l'Europe telle qu'elle prévaut et, en opposition, la voie qu'ouvre la violence, la révolution par les armes, images d'une époque antérieure telle celle de la Commune. Le philosophe dissèque l'« humanisme » libéral : « Aujourd'hui, nous sommes enchaînés, humiliés, malades de peur : au plus bas [...] Peut-être alors, le dos au mur, débriderez-vous enfin cette violence nouvelle que suscitent en vous de vieux forfaits recuits[4]. » Il espère cette violence révolutionnaire qui s'exprimera en de nombreux points du globe et actualisera le combat de Fanon. Avec l'équipe des *Temps Modernes* se situe l'un des points de plus forte résonance de l'œuvre fanonienne.

À côté, proches mais plus précis selon leur appartenance à une organisation politique, se trouvent des dissidents du PCF et de la SFIO, ainsi que divers tenants de tel ou tel courant trotskiste. Dans la revue *Partisans* (n° 3), Maurice Maschino salue celui qui a analysé le processus de la décolonisation, celui qui fut « d'abord un homme qui fait, un militant ». Dans la publication *L'Internationale*, organe du Parti communiste internationaliste, section française de la IVe Internationale, Michel Pablo souligne, à plusieurs reprises, l'apport de Fanon pour « la révolution algérienne en marche ».

Dans les années 1960, des « pieds-rouges », ces Français ayant rejoint à un titre ou à un autre ce processus ainsi que leurs successeurs, proches de l'Algérie benbelliste (libertaires, trotskistes ou autogestionnaires), rendront hommage, autour de la revue *Révolution africaine*, à celui qui fut un de leurs modèles sinon l'un des leurs, peut-être le plus radical.

Autour de ces points d'impact et se refroidissant au fur et à mesure qu'elle s'en éloigne, l'œuvre de Fanon subit les critiques de divers courants. François Maspero souligna la manière peu amène dont *Les Damnés de la terre* furent reçus. Confrontés à cet ouvrage, les démocrates lui reprochent son monde dichotomique, ses appels à un volontarisme dans lequel d'aucuns, tel Jean-Marie Domenach[5], voient la marque d'un mysticisme rentré où la violence tiendrait lieu de grâce rédemptrice. On lui reproche ses « références » au terrorisme qui, pour Gilles Martinet[6] n'est qu'un archaïsme. À l'en croire, Fanon est proche des socialistes révolutionnaires de la Russie du début du siècle. Catholiques et progressistes de gauche, avec la revue *Esprit* ou *Témoignage chrétien*, démocrates avec *France-Observateur, L'Express*, partagent, peu ou prou, ces réserves. Dans « La Bataille des intellectuels français », Michel Crouzet[7] s'élève au nom de la gauche traditionnelle : « Pour certains Fanon allait apparaître, en 1962, comme le Lénine du tiers-monde… Un tiers-monde mythique remplaçait le mythe du prolétariat ». Le tiers-monde, la conscience révolutionnaire du berger kabyle incarneraient, alors, cette mauvaise conscience de l'intellectuel d'extrême gauche incapable de mener une action effective sur son propre territoire.

Déjà en 1957, les articles de Fanon parus dans *El Moudjahid* avaient valu, à leur auteur, de sérieuses mises en garde de la part des représentants de la gauche, partisans de la coexistence pacifique et de la non-violence. Ces critiques ne sont, le plus souvent, que l'autodéfense de personnalités, groupements ou partis politiques qui prônent, en Algérie, l'arrêt des hostilités, des négociations sinon une « paix des braves ».

Plus construite car aussi plus consciente de la prégnance des thèses fanoniennes est la critique issue des partis communistes orthodoxes. Pour répondre à l'auteur des *Damnés*, le PCF oppose colonisé à colonisé. C'est un Vietnamien qui prend la plume. Au nom du rapport des forces en présence, au nom de la « nécessaire » coexistence pacifique, l'auteur critique l'exaltation de la lutte armée alors que la conjoncture ne serait pas propice à une telle démarche[8].

Depuis 1956, Aimé Césaire est confronté à d'autres enjeux. Il n'est plus membre du Parti communiste. Il ne jouit plus de son soutien. Il bénéficie d'un regard moins défavorable, toute chose égale par ailleurs, de la part des opposants à l'extrême gauche. Son statut de député et de maire tout comme sa notoriété ne font pas de l'anticolonialiste qu'il est un adversaire aussi intolérable que Fanon, celui qui a choisi de s'intégrer dans le mouvement de libération algérien. Aimé Césaire a témoigné d'une présence critique remarquable jusqu'à la veille de sa mort, en avril 2008. Il est l'un des députés, de 1945 à 1993, ayant eu l'une des plus longues carrières. Dans les années 1980-2000, il s'attache à poursuivre les aménagements nécessaires pour le bien-être de ses concitoyens, malgré les obstacles que les rivalités politiciennes soulèvent et que l'administration centrale à Paris et ses représentants locaux ne voient pas forcément d'un bon œil. Ceci s'inscrit parmi ses responsabilités en particulier de maire de Fort-de-France jusqu'en 2001 et de fondateur actif du PPM, dont, aujourd'hui, le secrétaire général est Serge Letchimy.

Sa place dans le monde des lettres est incontestée comme le prouve, entre autres, l'attribution, en 1983, du Grand Prix national de poésie, un hommage au festival d'Avignon en 1990, la représentation, l'année suivante, à la Comédie-Française de *La Tragédie du roi Christophe*, des

Ancienne mairie et bureau d'Aimé Césaire jusqu'à sa mort

entretiens à la radio, à la télévision et dans la presse écrite. En 1994, sous la direction de Daniel Maximin et de Gilles Carpentier, son œuvre poétique est publiée aux éditions du Seuil. Des numéros spéciaux de revue lui sont consacrés ainsi, par exemple, en 1995, de la revue *Présence Africaine*, sans compter les ouvrages traitant de tels ou tels aspects de ses écrits poétiques et/ou politiques dont, parmi les plus récents, en 2009, *Aimé Césaire, le legs* dirigé par Annick Thébia-Melsan, recueil réunissant plus de soixante contributions. Malgré tous ces éléments, il n'en a pas moins subi les foudres du conservatisme à maintes reprises.

En 1994, un député de droite, Alain Griotteray, adresse une question écrite au ministre de l'Éducation nationale, François Bayrou. « Il s'interroge sur l'opportunité, aujourd'hui où surgissent parfois de graves problèmes de cohabitation entre Français et Français d'origine étrangère ou étrangers, de faire étudier un texte polémique et violent qui risque d'attiser leurs rancœurs interraciales[9]. » Ceci conduira le ministre à retirer du programme des classes de terminale *Le Discours sur le colonialisme*.

Cependant, d'une certaine manière, Césaire, également homme politique, a, de par ce statut, subi le scepticisme d'intellectuels progressistes plus enclins à suivre les traces du militant tiers-mondiste que celles du député-maire. Il n'en présente pas moins une personnalité composite : député à la Chambre, un temps membre du PCF, maire, conseiller général, ceci, décliné conjointement avec la poésie, les pamphlets et les pièces théâtrales dresse une trajectoire peu commune.

Dans les années 1960, Fanon s'inscrit, lui, en grande proximité avec les positions sartriennes, celles de l'absurdité mais plus encore celles de la possibilité de poser un acte, de se faire et de se dire non dans la seule sphère individuelle mais dans l'universel : « Ainsi je suis responsable pour moi-même et pour tous, et je crée une certaine image de l'homme que je choisis ; en me choisissant, je choisis l'homme[10]. » Ce positionnement de gauche, auquel se rattache le Fanon des années 1950, est fortement remis en cause par une lecture mécaniste du processus historique… L'économique, en particulier au PCF, occupe une place déterminante et ne laisse que peu d'espace aux superstructures idéologiques et culturelles. Les écrits de Sartre soulèvent plus que des sourcils pour les tenants de cette vulgate orthodoxe. Par ailleurs, et comme dans un jeu de miroir, une lecture plus attentive aux structures qu'au pathétique prend une place croissante dans le champ intellectuel. La linguistique, l'anthropologie, la sémiologie, la psychanalyse, ces courants teintés de structuralisme, s'attachent à distinguer les invariants que le vent et les bourrasques de l'histoire ne font qu'effleurer. Louis Althusser desserre un peu les loquets de la *doxa* matérialiste. Cependant il s'élève, lui aussi, contre l'influence humaniste, en l'occurrence, celle de Hegel, auquel se réfère Fanon : « C'est seulement par le risque de sa vie qu'on conserve la liberté[11] », ainsi que contre celle du Marx des *Manuscrits de 1844*. L'auteur des *Damnés* aurait pu convoquer ces premiers écrits du futur auteur du *Capital*, car ils sont plus proches d'interrogations ontologiques qu'économiques. Comme le souligne Jean Amery, la complexité des personnages et des thèses qui composent l'être Fanon lui a donné un arc de possible, car n'étant ni blanc, ni arabe, ni complètement français, ni algérien, il a eu « le pouvoir de choisir, de *se* choisir au sens sartrien[12] ». Ces diatribes, explicites ou voilées, illustrent les positions des partis de la gauche européenne. Pour eux, depuis longtemps la conquête du pouvoir est l'œuvre de la patience, du bulletin de vote, des grèves et des revendications disciplinées. Le recours à la violence est souvent assimilé à des actions de néophytes irresponsables pris dans une spirale terroriste, à des provocations policières visant à entraîner les forces organisées dans un affrontement qui ne peut, du fait de la conjoncture, leur être favorable. Pour l'heure, la seconde moitié du XXᵉ siècle, la politique des blocs, la présence de troupes nord-américaines en Europe ajoutent, s'il en était besoin, des obstacles supplémentaires à toute autre issue que celle de la voie parlementaire.

Alors que, comme Frantz Fanon l'analyse, les pressions et les contraintes des appareils colonisateurs induisent des réponses radicales de la part des dominés, *a contrario*, les rapports sociaux des sociétés dites développées semblent essentiellement marqués par les évolutions lentes sinon un immobilisme. Le partage des inégalités est quasi structurellement institutionnalisé, aussi bien entre les classes sociales qu'à l'intérieur de leurs organisations et de leurs modes de pensée. Ces dernières, tout en affirmant, avec force, la double spécificité du prolétariat en tant que classe dominée et salvatrice pour l'ensemble sociétal, se prévalent d'un certain *modus vivendi* où les déclarations font office de rituel, en attendant un processus « révolutionnaire » toujours repoussé.

Les thèses fanoniennes ou le verbe incantatoire de Césaire sur la violence, sur l'importance des masses paysannes, sur les dangers multiples que représentent les bourgeoisies nationales, sur le rôle des intellectuels et des artistes progressistes sont, peu ou prou, reprises par des mouvements de libération.

Dans les années 1960, l'influence de Fanon a cependant, et à l'évidence, pâti de sa mort prématurée mais également de l'occultation sinon officielle du moins latente de ses positions par le FLN, du silence des progressistes européens et de la montée du modèle de la Révolution culturelle chinoise.

L'Algérie

Aux lendemains de l'indépendance, des Européens sont restés sur place et se sont impliqués du côté de ceux qui voulaient effacer ou du moins transformer dans un sens progressiste les legs du colonialisme. Les thèmes de l'autogestion, de la terre aux travailleurs comme celui des entreprises aux ouvriers portés par des membres du gouvernement rencontrent leurs attentes[13].

Le parti a crée une branche : la Jeunesse FLN (JFLN). Celle-ci met en place des chantiers où des jeunes sont appelés à participer à la reconstruction nationale. Les exemples cubains, principalement, mais également yougoslave et chinois sont patents tout comme le sera l'influence fanonienne, celle de la prise de conscience et de l'implication militante. Les thèses autogestionnaires sont également prônées par des progressistes français dont ceux proches ou relevant du Parti socialiste unifié (PSU) ou de l'Union nationale des étudiants de France (UNEF). En 1964, quelques années après cette guerre, à l'image de Germaine Tillion et de ses centres sociaux ou de Pierre Bourdieu et Abdelmalek Sayad et de leurs travaux sur le déracinement et la crise de l'agriculture traditionnelle[14], des « pieds-rouges » persistent. Ainsi de la Maison pour enfants du Clos-Salembier, *Mustapha Srir* dont les éducateurs déclarent : « Si nous voulons une société nouvelle, nous devons donc nous attacher à éduquer un homme nouveau. Pour cela il nous faut résolument nous efforcer de créer une école moderne algérienne qui ne soit pas une simple copie des méthodes pédagogiques les plus réactionnaires de la période coloniale[15]. »

C'est dans cet environnement intellectuel que je me suis mis, en 1964, à la disposition de la JFLN. Pendant deux mois, des séances d'alphabétisation sont effectuées auprès de jeunes volontaires travaillant sur des chantiers. Le premier, camp du 1er novembre 1954, se situe dans l'Ouarsenis, région montagneuse et difficile d'accès, à près de deux cents kilomètres d'Alger, zone quasi interdite depuis la guerre civile des années 1990. Le but, pour les brigadiers, est d'établir des banquettes de terre autour du barrage Lamartine-Oued Fodda. Ultérieurement ce sera sur un site encore plus retranché, dans ce même massif forestier, à Bou Caïd.

L'accueil d'un jeune Français[16] seul auprès d'adolescents et d'adultes algériens, deux ans seulement après la fin d'une très longue guerre parsemée de tuerie, ne suscite ni menace ni vindicte, si ce n'est le geste d'un des cadres passant sa main, pouce avancé, sur sa gorge, en riant. Les difficultés de cette dynamique, qui postule que les jeunes travaillent volontairement car ainsi ils construisent non seulement leur pays, mais leur propre avenir, sont patentes. « Les grands travaux d'intérêt collectif doivent pouvoir être exécutés par les recrues. C'est un moyen prodigieux d'activer les régions inertes, de faire connaître à un plus grand nombre de citoyens les réalités du pays[17]. » On retrouve les attentes sinon les conseils, pertinents mais volontaristes, de Fanon quant à l'édification socialiste et l'implication de la population : « Or, politiser, c'est ouvrir l'esprit [...] C'est comme le disait Césaire "inventer des âmes" [...] C'est s'acharner avec rage à faire comprendre aux masses que tout dépend d'elles, que si nous stagnons c'est de leur faute [...], qu'il n'y a pas de démiurge [...], que le démiurge c'est le peuple et que les mains magiciennes ne sont en définitive que les mains du peuple[18]. » Cela s'exprime chez certains de ces volontaires :

> « Nous sommes venus de tout le pays. Après deux jours au barrage, on a pris le départ pour le deuxième camp. Réveil à trois heures et demie. Le responsable nous montre comment on travaille les banquettes à un mètre cinquante de profondeur. Je mange le pain et la soupe, et le soir je vais en classe pour reprendre mes cours que j'ai quittés il y a cinq ans. Le volontariat, c'est pour voir si les gens aiment bien l'Algérie, mais la jeunesse d'Alger n'est pas venue. Je pense qu'à la fin j'aurai une carte du socialisme. J'espère que nous réussirons dans notre travail, *inch Allah*[19] ! »

Ayant envoyé des textes à la revue culturelle du FLN, *Novembre*, la réponse de membres de la rédaction est positive pour une publication dans leur second numéro[20]. Cependant, la confrontation effective des attentes en termes d'autogestion, de partage des décisions tant dans ces chantiers que plus généralement à l'écoute et la rencontre des faits, des slogans et des comportements quotidiens, révèle des hiatus importants et une déception vis-à-vis de mes attentes, de celles, toutes choses égales, qu'auraient pu avoir Frantz Fanon, écueils qu'il pressentait. Cela me conduit, de retour à Alger, à retirer les textes acceptés, attitude que l'on peut, avec le recul, considérée comme un brin superficielle. À terme, les obstacles croissants que connaissent les tenants des thèses fanoniennes, du moins celles d'une autogestion et d'un pouvoir donnés aux travailleurs, se traduisent par leur mise à l'écart au profit de la hiérarchie militaire. Le balayeur présent en première page du quotidien *Alger ce soir*, métaphore du changement attendu, n'a pu réaliser sa tâche, celle que portait une frange radicale, celle à laquelle se rattachait l'auteur des *Damnés de la terre*[21]. Des jeunes, responsables de différentes organisations se font, en 1964, l'écho, dans *Révolution africaine*, de ces contextes : « Après l'indépendance, tout le monde était gai, heureux, puis ce fut un désintérêt total. [...] La JFLN a subi toutes les répercussions des crises du Parti, le manque d'idéologie[22]. »

Les propositions fanoniennes, dont celle à propos de l'aspect autogestionnaire, cautionnées par l'aile gauche du GPRA subissent, sous Ahmed Ben Bella et surtout après sa destitution, l'érosion due à la mise en place de la bureaucratie issue des forces armées. Celle-ci prend de plus en plus l'avantage au détriment des partis et des organisations syndicales et populaires, malgré les décrets de mars 1963 instituant le principe de l'autogestion et de nationalisation des terres. La déposition de Ben Bella et la prise de pouvoir de Houari Boumediene scelle, pour les décennies suivantes, la place centrale prise par l'entité militaire.

Cependant, de manière récurrente, des occasions permettent de retrouver l'auteur de *L'An V*. Ainsi, par exemple, d'un article sur la culture nationale publié, lors d'un Festival culturel panafricain tenu à Alger en 1969. L'auteur se réfère longuement, quoique à son gré de manière trop circonstancielle, à Fanon : « Nous ne pouvons pas ne pas rendre dans nos colonnes un hommage aussi modeste soit-il à celui qui sut avec une lucidité extraordinaire se faire le porte-parole de l'Afrique en lutte : Frantz Fanon[23]. » Le pouvoir en Algérie, pouvoir nettement anti-impérialiste, ne répond cependant pas à ce que Fanon attendait. Les honneurs posthumes (attribution de lieux : boulevard Fanon, lycée Fanon, hôpital Fanon ou de prix : prix national des Lettres algériennes) ne cachent pas l'érosion de son influence. Cependant, un colloque international organisé, à Alger, en 1987 intitulé « Pour Fanon », conduisait Josie Fanon à déclarer : « Effectivement on constate depuis quelques années un regain, je dirai officiel ou public qui apparaît ouvertement – parce que l'intérêt suscité par l'œuvre de Fanon est toujours resté aussi vif pendant un quart de siècle – parmi les mouvements en lutte (OLP, ANC, indépendantistes des Dom-Tom) ou chez certains individus dans toutes les parties du monde et notamment chez les jeunes [...] Finalement, le terme regain d'intérêt n'est pas exactement approprié. Je dirai simplement que des pouvoirs en place sous la pression de ces jeunes intellectuels devenus aujourd'hui hommes mûrs se sentent obligés, non seulement comme ils l'ont fait depuis les indépendances d'honorer sa mémoire d'une façon formelle, mais encore d'approfondir sa pensée.[24] ». Ce colloque a réuni soixante participants pendant trois jours. Il a abordé l'œuvre et l'homme sous de multiples facettes : le militant, l'auteur de textes psychiatriques et de sciences sociales, l'influence de par le monde[25]. Malgré la qualité des interventions et leur diversité, les actes ne seront pas publiés, alors que cela avait été le cas pour les précédents colloques. Les tensions croissantes au sein de la population algérienne se traduisirent, comme j'ai pu l'observer en tant que participant et intervenant, par des critiques émanant d'arabophones et d'islamistes peu séduits par ce type de rencontre et par les débats qu'elle suscita. Dès les années suivantes l'éventuelle « canonisation » du combattant « laïque » Frantz Fanon se heurte à la montée de l'islamisme et de la guerre civile avec son cortège d'intolérance et de fanatisme. Pour des officiels, le fait qu'il n'était ni musulman ni d'origine algérienne constitueront des éléments justifiant cette relative mise à l'écart.

Il faut cependant noter la tenue, lors du neuvième salon international du Livre en septembre 2004, d'un hommage auquel se joignirent, entre autres, Olivier Fanon, son fils, l'ancien ministre Redha Malek, Jacques Vergès, Alice Cherki – cette dernière, auteure d'une biographie de référence, se réjouit de l'édition en Algérie de *Peau noire, masques blancs* –, Christiane Chaulet Achour, qui à l'université d'Alger s'est attachée, pendant de nombreuses années, à maintenir la présence fanonienne[26]. Ce retour d'attention est étroitement lié aux évolutions de la politique intérieure. Une éventuelle accalmie des tensions pourrait redonner sa place, en Algérie, à celui qui est l'une de ses figures de proue.

L'Afrique

Aux lendemains des indépendances, nombreux sont les Africains qui témoignent de leur gratitude aux Algériens : « Et c'est en l'an de grâce 1963 que Brazzaville reçut enfin la visite des représentants véritables de ce peuple qui, les armes à la main, reconquit sa liberté sur les impérialistes français ; nous avons nommé le peuple algérien dont la lutte héroïque a modifié la carte de l'Afrique[27]. » Le continent africain, celui vers lequel Fanon a tourné son attention, est accaparé, presque entièrement, par un postcolonialisme fondé sur la pérennité des rapports économiques issus de la situation antérieure et relayés par les bourgeoisies nationales. Les dangers appréhendés par Fanon y trouvent une illustration flagrante. En 1963, la création de l'Organisation de l'unité africaine n'apporte pas de réponse à l'attente d'un panafricanisme soucieux des populations plus que des strates supérieures des États. Néanmoins, des débats et des colloques se tiennent, de façon plus ou moins régulière, dans plusieurs pays dont, en particulier, dans des universités de l'Afrique du Sud[28]. Ce fut le cas, par exemple, lors du congrès de l'Association internationale de sociologie à Durban, en juillet 2006. Une session fut consacrée à l'auteur des *Damnés de la terre*. Des communications interrogèrent les notions de citoyenneté, de racisme, de xénophobie au prisme fanonien. D'autres interventions mirent en perspective ses travaux avec ceux d'Amilcar Cabral ainsi qu'avec les thèses du *18 Brumaire* de Karl Marx. Il sera souligné qu'en Afrique du Sud les luttes ont été d'abord urbaines impliquant la classe ouvrière, et non le propre du monde rural et paysan comme le préconisait Frantz Fanon et tel qu'il l'avait analysé en Algérie.

La connaissance des œuvres de Césaire est, en Afrique de l'Ouest, indubitable, tout comme l'est l'homme de par sa présence dans nombre de ces pays, dont en particulier le Sénégal et la Guinée. Il participe, en 1966, à Dakar, au premier Festival des arts nègres et entretient des relations suivies avec Léopold Sédar Senghor, qui vient lui rendre visite en 1976 à Fort-de-France. Sa poésie et ses pièces théâtrales centrées, pour certaines, sur ce continent concourent à sa renommée et à l'audience d'un des chantres de la négritude et des détracteurs du colonialisme. Une « Maison Césaire », à Dakar, est envisagée.

La communauté afro-américaine

Dans les années 1960-1970, l'impact de l'œuvre fanonienne est patent auprès d'intellectuels et de membres de la communauté africaine-américaine, aux États-Unis. Les motifs qui les animent sont parfois proches de ceux de Fanon, dont la critique de la coexistence pacifique, le constat de l'échec et de la déconsidération des partis communistes orthodoxes sinon leur évanescence, la volonté de récuser la domination blanche.

Avec la montée des mouvements sociaux américains, des Noirs et des radicaux blancs rencontrent l'œuvre de Fanon. Pour répondre à la vindicte du racisme, toujours actif, ils reprennent, à nouveaux frais, la critique des composantes de leur société et la nécessité pour certains de la riposte. Face à la sclérose des partis de gauche nord-américains, face à la tiédeur des états-majors, des partisans du Black Power se posent les mêmes questions que Fanon : « Les classes ouvrières d'Europe et d'Amérique ne sont-elles pas comparables aux petits-bourgeois du temps de Marx qui collaboraient avec le pouvoir et soutenaient le système parce que le maintien de leur niveau de vie élevé dépendait du maintien du système ? [...] Aujourd'hui le "Black Power" constitue la nouvelle force sociale révolutionnaire de la population noire, une force qui doit lutter, non seulement contre les capitalistes, mais contre les classes moyennes et les ouvriers complices, parce qu'ils en profitent, du régime qui exploite et opprime les Noirs[29]. » En 1970, en tant que ministre de l'Information du parti des Panthères noires, Eldridge Cleaver souligne l'apport fanonien :

> « Jusqu'à Fanon, aucun théoricien marxiste-léniniste d'importance ne s'était préoccupé principalement des problèmes des Noirs où qu'ils se trouvent dans le monde [...] Fanon a lancé une attaque dévastatrice contre le marxisme-léninisme dont les préoccupations se limitaient étroitement à l'Europe, aux affaires des Blancs et aux moyens de les sauver, rangeant indistinctement tous les peuples du tiers-monde dans la catégorie du lumpenprolétariat, et les y oubliant ; Fanon a déniché la notion de lumpenprolétariat, et il s'est attaché à l'analyser, reconnaissant que la vaste majorité des peuples colonisés tombait dans cette catégorie. C'est parce que le peuple noir des USA est lui aussi un peuple colonisé que l'analyse de Fanon vaut également pour nous. Après avoir étudié Fanon, Huey P.

Newton et Bobby Seale ont commencé à appliquer son analyse des peuples colonisés au peuple noir des États-Unis. Ils ont fait leur la perspective de Fanon, mais en la dotant d'un contenu purement afro-américain[30]. »

Pour ces militants africains-américains, il s'agit, dans ces années, de trouver les voies spécifiques aux conditions de leur émancipation. Ils ne se contentent pas de reprendre certaines analyses des *Damnés de la terre*, ils se réclament de cet alter ego, du Noir Fanon. Leur condition d'exploitation se conjugue à une oppression existentielle. L'Afro-Américain comme l'Antillais est doublement victime en tant que prolétaire et en tant que stigmatisé. De nombreux articles, surtout après la grande flambée de 1964, l'assassinat de Martin Luther King, adepte de la non-violence, puis de Malcolm X, retracent l'itinéraire et les écrits de cet Antillais qui tout au long de sa brève existence cherche à se débarrasser des masques dont le Blanc et sa culture l'ont affublé. Mais au-delà de leur force militante, les écrits de Fanon retrouvent vie dans les universités américaines à la fin du XXᵉ siècle. Les *Cultural studies* tout comme les *Critical race studies* et les *French and Francophone studies* donnent une place de choix dans les bibliothèques des campus mais également dans des séminaires aux questions d'identité, de postcolonialisme et d'interrelation[31]. L'élection du candidat Noir Barack Obama à la présidence des États-Unis est une date de toute importance pour le devenir des relations interraciales américaines et pour les potentielles améliorations des conditions de vie des populations noires. Ceci, à terme, pourrait atténuer les tensions récurrentes entre communautés.

L'Amérique latine

Dans cette partie du continent, les convergences avec Fanon sont également patentes et ceci plus précisément à Cuba où, à la veille de sa mort, il désirait se rendre. De fait, des analogies associent le processus enclenché par Fidel Castro et Che Guevara aux analyses fanoniennes.

Le destin du médecin a, du combattant à l'échelle d'un continent, rejoint, en de nombreux points, celui de Fanon, l'Africain. Comme ce dernier, Guevara a insisté, dans sa recherche des voies de l'émancipation, sur l'importance de la guerre révolutionnaire, creuset du parti, sur les masses paysannes, sur l'élaboration d'un nouvel humanisme… Il considère que : « 1) Les forces populaires peuvent gagner une guerre contre une armée. 2) Il ne faut pas toujours attendre que toutes les conditions soient réunies pour faire la révolution : le noyau insurrectionnel peut les créer. 3) Dans l'Amérique sous-développée, le terrain de la lutte armée doit être fondamentalement la campagne[32]. » La suite des événements en Bolivie lui donnera tort. L'impréparation et l'isolement se termineront tragiquement. Le ressac que subissent, dans les années 1970, les luttes en Amérique latine vient, comme en Afrique, des difficultés de certaines avant-gardes. Elles s'appuient sur des schémas tels que le « focisme », foyers de guérilla inspirés par leur succès à Cuba, théorisés, entre autres, par Régis Debray. Quoique les analyses de ce dernier soient, en beaucoup de points, proches de celles de Fanon (lutte impliquant les masses rurales, méfiance face aux partis détachés des actions armées et qu'elles se soient inscrites dans une même période historique, celle des années 1950-1960), l'auteur de *Révolution dans la révolution ?*[33] s'appuie, du moins dans cet ouvrage, sur les processus de libération en Amérique latine, en Chine mais, paradoxalement, ne fait pas référence à l'Algérie. Adolfo Gilly, dans « Frantz Fanon et la révolution en Amérique latine », souligne, lui, la concordance des luttes du peuple algérien, décrites par Fanon, et celles des peuples sud-américains dont celles des mineurs boliviens[34].

Depuis le début du XXIe siècle, un certain nombre de mouvements s'inscrivent dans les thèses et propositions travaillées par Fanon et Césaire. Dans plusieurs d'entre eux, on assiste à une prise en charge des rênes du pouvoir par des populations rurales et autochtones. Que ce soit au Brésil, en Équateur, en Bolivie ou au Paraguay, en Argentine ou au Venezuela, par les voies démocratiques parfois hasardeuses et conflictuelles, un renouvellement important des décisions et des initiatives favorables au plus grand nombre est, *a priori*, en cours. La passation des pouvoirs ne s'est pas faite sans de fortes résistances de la part des anciens détenteurs des principaux secteurs du politique ou de l'économique. Les appareils idéologiques d'État se sont associés à ces réticences. La violence des forces conservatrices, sinon proto-fascistes, ont tenté par l'intermédiaire des outils militaires et policiers de s'y opposer. Les schémas fanoniens trouvent, dans ces contextes, plus que des résonances sans que, pour autant, ses œuvres soient mentionnées, si ce n'est par quelques minorités intellectuelles. Les paramètres de la question coloniale dont la place de la paysannerie dans les processus d'émancipation populaire est flagrante, que ce soit en Bolivie ou par exemple au Paraguay. Cette donnée rencontre le facteur indigène et s'en nourrit, c'est-à-dire l'impact des laissés-pour-compte du développement de ces différents pays. Ils sont dans des situations peu éloignées de celles que connaissaient les populations des ex-colonies françaises. La Bolivie d'Evo Morales est une illustration des conflits portés par des nationaux créoles, détenteurs des richesses du sol et du sous-sol, opposés à un partage pouvant améliorer les conditions de vie de la majorité indigène[35].

La question de la nature et de la dynamique de ces mouvements « postcoloniaux », le sol national n'étant plus occupé militairement par telle ou telle puissance étrangère, reste comptable des propos de Fanon. L'importance des figures de proue et les dérives qu'ont connues des États des continents décolonisés résultèrent, souvent, de l'attention quasi exclusive portée par leurs leaders aux intérêts de leur propre personne ou de leurs entourages. Les Jean-Bedel Bokassa, Amin Dada mais également Modibo Keita, Sékou Touré ou même une personnalité emblématique comme Hailé Sélassié, en sont des illustrations.

Aux Antilles

Dans sa terre natale, jusqu'à une date récente, peu de références sont faites à l'auteur des *Damnés de la terre*. Césaire, qui, en tant qu'enseignant à Fort-de-France, a pu connaître le jeune Fanon, ne s'en tient pas au silence. Dans un numéro d'hommages de la revue *Présence Africaine* publié en 1962 à la suite du décès de ce dernier, il rend compte, avec pertinence et subtilité, de l'apport de son cadet : « Sans doute, bien des intellectuels et de toute couleur avaient-ils étudié le colonialisme et en avaient démonté les ressorts, expliqué les lois. Mais avec Fanon, c'est dans un monde de schémas, de coupes et de diagrammes, l'invasion de l'expérience. Et la vérité du témoignage palpite encore de l'événement à quoi il est arraché, l'irruption de la vie atroce, la montée des fusées éclairantes de la colère. Frantz Fanon est celui qui vous empêche de vous boucher les yeux et de vous endormir au ronron de la bonne conscience[36]. » Le « vous » et non le « nous » est significatif de la proximité et de la distance éprouvées par l'auteur du *Cahier d'un retour au pays natal* pour celui de *Peau noire, masques blancs.* Ils partagent des rapports complexes et ambivalents à l'écriture, à l'implication et à leur territoire d'origine, ces relations pratiques et théoriques sont retranscrites dans leur praxis :

« Fanon mort, on peut méditer sa vie : son côté épique, son côté tragique aussi. L'épique est que Fanon a vécu jusqu'au bout son destin de paladin de la liberté et a dominé de si haut son particularisme humain qu'il est mort en soldat de l'Universel. Le tragique ? C'est que sans doute cet Antillais n'aura pas trouvé des Antilles à sa taille et d'avoir été, parmi les siens, un solitaire[37]. »

À la suite de cet hommage, et à plus de dix ans de distance de la disparition de Fanon, Césaire compose un poème, publié en 1976, où il évoque la figure essentielle du « guerrier-silex » :

> *par tous mots*
> *guerrier-silex*
>
> *[…] FANON*
> *tu rayes le fer*
> *tu rayes le barreau des prisons*
> *tu rayes le regard des bourreaux*
> *guerrier-silex*
> *vomi*
> *par la gueule du serpent de la mangrove*[38]

Il apparaît, plus qu'en filigrane, que Fanon est un autre lui-même, un Césaire potentiel, celui du Rebelle du *Et les chiens se taisaient* comme du *Cahier*, celui qu'il aurait pu être, croisement de violence et de détermination, s'il avait été au bout d'une autre logique.

Le relatif silence autour de Fanon tient à ce qu'il a été peu présent aux Antilles, du moins dans sa vie d'adulte. Comme l'indique Georges Desportes, il fut considéré comme un « pestiféré » par les représentants de la droite martiniquaise[39]. Cette attitude, peu amène, est partagée, un temps, par des membres du Parti communiste martiniquais. Édouard de Lépine, dans un article intitulé « Peuple et classe dans la lutte anti-impérialiste, "le Peuple global", une nouvelle théorie de la décolonisation », interpelle, dans la revue théorique et politique du

PCM, l'auteur des *Damnés*. Pour lui, Fanon développe une conception métaphysique de l'histoire : « Ne pouvant saisir le mouvement réel de l'histoire, c'est-à-dire les forces réelles qui déterminent ce mouvement, ces militants-théoriciens privilégient les idées, réintroduisent l'idée que ce sont les philosophes, les penseurs, voire tout simplement "ce petit nombre d'intellectuels honnêtes, sans idées politiques bien précises" qui existent presque toujours dans les pays sous-développés, qui font l'histoire[40]. » Pour des membres du PCM, Fanon serait l'exemple de ces intellectuels au verbe révolutionnaire, à l'analyse aventuriste ayant tendance à oublier les acquis du matérialisme historique dont le rôle essentiel de la classe ouvrière et ce pour privilégier la paysannerie sinon le lumpenprolétariat.

À la fin des années 1950, alors que Césaire officie à Fort-de-France et au Palais-Bourbon et que Fanon est en Tunisie, l'écho de plus en plus fort des luttes anticolonialistes avait suscité l'émergence d'un Front antillo-guyanais. Son échec, dû à des dissensions régionales et stratégiques, détermine des étudiants tant martiniquais que guadeloupéens à conforter leur propre organisation. En Guadeloupe, des militants se rassemblent autour du Groupe d'organisation nationale de la Guadeloupe (GONG), créé fin 1962. Ils rejettent la pratique électoraliste des partis communistes antillais, luttent pour la souveraineté nationale et pour un régime démocratique et populaire alliant ouvriers et paysans. Dans sa charte, cette organisation revient sur l'idée nationale : « Les Guadeloupéens constituent un peuple majeur différent du peuple français. Communauté stable d'hommes avec un territoire propre, une histoire propre, une culture, une formation psychique, une langue (en dehors du français), une mentalité, des intérêts économiques, des mœurs, des besoins et des aspirations fondamentales propres, ils constituent aujourd'hui une nation en pleine gestation certes, mais dont les composantes sont suffisamment nettes pour qu'elle revendique tous ses droits. Il ne peut s'agir ici d'une minorité nationale pouvant s'intégrer à un ensemble national (français) plus grand. Il n'y a ici rien de comparable avec les exigences propres aux minorités nationales telles qu'on les rencontre en Corse, en Alsace, en Bretagne, par exemple. Il en résulte que : la Guadeloupe a le droit à la pleine souveraineté nationale[41]. » Ces propos tranchent avec ceux des partis politiques ayant pignon sur rue aux Antilles. Ils sont en résonance avec les exhortations de Fanon, quoique ce dernier soit, alors, peu cité. Cette recherche d'une voie nationale aurait pu y trouver des éléments. À quelques années de distance, ses ouvrages sont signalés alors qu'aucun n'est mentionné dans la bibliographie du dossier sur cette organisation. Cette dernière participe à la naissance, ultérieurement, de l'Union générale des travailleurs guadeloupéens, syndicat combatif, mais là aussi, peu de références effectives à l'auteur des *Damnés*, pas plus que dans d'autres organisations antillaises. Cependant, au cours des années 1980 et à l'initiative, en particulier, de son compagnon d'armes, l'avocat Marcel Manville, un regroupement s'était constitué, à Fort-de-France, autour de ceux qui n'oubliaient pas l'œuvre de ce compatriote. Il donna lieu à un *Mémorial international Frantz Fanon* en mars-avril 1982. Dans son ouverture, Manville rappelait le contexte : « Quel chemin parcouru en vingt ans ! Frantz Fanon était banni dans sa patrie, mais pis encore, il était considéré par certains de ceux qui le connaissaient comme traître à la France, à cause de ses engagements et de ses écrits. Mais il s'est produit, ici comme ailleurs, dans la mentalité du colonisé, ce qu'on pourrait appeler une révolution copernicienne : les dieux changent de camp[42]. » Le cercle Fanon a pour but : « Notre ambition déclarée était de restituer Fanon à son peuple[43]. » Il met en place des activités diverses à la Martinique et en métropole. Par la suite, deux autres colloques sont organisés sous l'impulsion de diverses personnalités antillaises, africaines et algériennes. Le second, en 1984, s'était tenu à Brazzaville, au Congo, sous la houlette de Marcel Manville et d'Elo Dalcy, coordinateurs. Le troisième a lieu à Alger même, en 1987. On peut remarquer qu'Aimé Césaire n'a pas été présent lors de ces diverses manifestations, mais qu'également il a été peu évoqué par les divers intervenants. Une ligne de crête distinguait implicitement les tenants plus radicaux, dont Manville, auxquels était associé Fanon, des sectateurs de l'autonomie.

Il faudra attendre plusieurs décennies pour que Fanon revienne, comme référence, sur la scène politique antillaise. Ce sera le cas avec les membres du Mouvement indépendantiste de la Martinique et avec Alfred Marie-Jeanne, maire de Rivière-Pilote et aujourd'hui président du conseil régional. Une tentative, avortée, cherchera à donner le nom de Fanon à l'aéroport de Fort-de-France et celui de Césaire au lycée Schœlcher. Le nom de Fanon a été attribué à des voies publiques dans plusieurs communes ainsi qu'à divers bâtiments scolaires. Un cercle est organisé poursuivant l'initiative de Marcel Manville. Une bibliothèque populaire Frantz Fanon engage des activités à Rivière-Pilote.

Le pas suspendu des Antilles

Ces figures iconiques, Césaire et Fanon, encadrent les événements qui, en 2009, traversent les Antilles. Elles le font de manière latente. La suite des épisodes pourrait leur donner toute leur pertinence. La départementalisation à la Césaire peut-elle encore résoudre des situations récurrentes et contre lesquelles s'élèvent des collectifs d'îliens? L'autonomie prônée possède-t-elle encore des ressorts ou des alternatives aptes à résoudre les conflits et les iniquités bien perçues et dénoncées par l'auteur du *Cahier d'un retour au pays natal*? Le désabusement de Frantz Fanon serait-il toujours de mise quant aux capacités des Antillais à sortir de leur dépendance et de leur statut d'assujettis?

Les pouvoirs publics avancent, comme première et principale cause de l'effervescence des îliens, des faits économiques. Cet aspect « sociétal » recouvre un ensemble de réalités propres aux conditions de vie. Parmi cette longue liste dont se font l'écho les organisations et les acteurs du mouvement dont, en Guadeloupe, le LKP (Liyannaj kont pwofitasyon), en Martinique le Collectif du 5 février, regroupements de divers acteurs dont des syndicats, figurent le taux de chômage, le coût des biens et la cherté des produits tout comme l'état d'insalubrité et la rareté des logements accessibles aux classes populaires[44]. Un exemple, parmi d'autres, est le prix plus que double d'une même marchandise en métropole et à Fort-de-France ou à Pointe-à-Pitre. Ces éléments additionnés et croisés seraient à la source du rassemblement et de la vigueur des mécontentements: plus d'un mois de grève générale, situation peu fréquente si ce n'est aux heures chaudes des protestations de la deuxième moitié du siècle passé.

Face à cette situation, les instances gouvernementales, même si elles prétendent prendre conscience de réalités vieilles de plusieurs décennies, proposent plus des cautères ponctuels que des modifications conséquentes. Le « sociétal », pris dans le sens de données relevant plus précisément de l'économique, de ses institutions et ses dispositions, serait, pour le gouvernement, cause de ces situations de quasi-rébellion.

Une autre lecture de ces contestations traite de « l'existentiel » et de l'identitaire

Aimé Césaire et Frantz Fanon se rejoignent ici. L'un comme l'autre ont condamné le colonialisme et ses effets. À la différence du premier, auteur du *Discours sur le colonialisme* mais également le rapporteur du décret instituant la départementalisation en 1946, Fanon récusa ce qu'il considérait comme une reproduction, sous d'autres formules incantatoires, des iniquités antérieures. L'aspect existentiel, donnée consubstantielle au poète Césaire, est, chez Fanon, nourri des processus historiques auxquels il a été étroitement lié en Algérie et en Afrique. Il est acteur de ce qui pouvait, avec les décolonisations, annoncer une nouvelle ère. La prudence de Césaire, prenant en exemple Haïti, quant aux lendemains de ces libérations pourrait, *a posteriori*, lui avoir donné, partiellement, raison. Prébendes, bureaucraties et pouvoirs autocratiques ont succédé en Afrique mais également dans les Caraïbes aux aubes qui se voulaient « radieuses ». Fanon en avait perçu les signes avant-coureurs, ces indices portés par des « petites castes aux dents longues[45] » qui se tiennent prêtes à usurper pouvoir et richesse.

Qu'en serait-il, aux matins d'éventuelles remises en cause des iniquités maintenues par la progéniture des anciens maîtres, si le bouleversement était radical ? C'est-à-dire si l'expropriation et la récupération par les collectifs de travailleurs et de citoyens des rênes décisionnels s'effectuaient réellement et déterminaient un nouveau statut ? Les questions croisant identité et différence, métissage et mémoire, sont à l'arrière-scène des événements du printemps 2009 et composent le contexte récurrent de cet archipel[46]. Parallèlement, mais moins proche pour des raisons de date, de lieu ou d'implication, l'intérêt face à l'œuvre de Fanon quitte les points les plus politiques et socioanthropologiques des *Damnés de la terre*. Il s'attache à l'homme scientifique et à son apport, s'ancre sur l'individu pris comme à l'extérieur de sa praxis au profit de la magie du verbe fanonien, de sa *Weltanschauung* et de ses analyses psycho-analytiques.

Fanon fut cela aussi, et c'est cela qui retient, souvent, l'attention en ce début de troisième millénaire, ce qui n'était pas le cas dans les années 1960-1970 portées par des attentes non individuelles mais sociétales, sinon eschatologiques.

Aujourd'hui : les « damnés » postcoloniaux entre violence, poésie et blanchiment

Le multiculturalisme des trajectoires de ces ressortissants des Caraïbes ne pouvait échapper à des mises en correspondance. Les écrits de Frantz Fanon retiennent l'attention par la complexité des démarches auxquelles, successivement ou concurremment, il donne vie et pertinence. Ses grilles de lecture(s) abordent plusieurs questions fondamentales, dont le problème de la place des différentes classes et catégories sociales dans les processus de transformation. Il s'attache aux cultures minoritaires et minorées, à leurs possibilités d'expression et de proposition alternative. Comme il le présageait, les luttes ou l'accession pacifique au statut d'État-nation des ex-colonies n'a pas transformé fondamentalement les conditions d'existence et d'expression des masses populaires. Les bourgeoisies nationales ont, à des nuances près, rapidement adopté les pratiques et les valeurs antérieures. Elles reproduisent les schèmes antérieurs dans un espace-temps postcolonial.

Cette situation contemporaine sollicite une interrogation nouvelle. Elle est tournée non plus vers des attentes hautes et volontaristes, au nom du sujet révolutionnaire, mais vers ce qui constitue le fonds commun, ordinaire, voire banal, des pratiques et des représentations individuelles et collectives des acteurs de ces scènes.

Les valeurs et les stratégies des protagonistes centraux ont été amplement étudiées. Il apparaît, en revanche, que les traits de la masse des subalternes restent très flous, à l'arrière des discours et des actions spectaculaires lancés à l'initiative des premiers rôles. À ces exceptions près, les valeurs et attentes quotidiennes s'expriment par la littérature et la gestuelle des « intellectuels organiques » de ces milieux.

Ces interrogations césairiennes et fanoniennes travaillent donc des situations que connaissent, à des degrés divers, résidants et immigrés de toutes origines interpellés par les notions d'identité et de multiplicité. En ce début de millénaire, ces Antillais suscitent ainsi l'attention de ceux en nombre croissant qui, volontairement ou pas, sont confrontés à ces situations que ce soit dans les Caraïbes, dans les ex-métropoles ou, ailleurs, dans les flux postcoloniaux.

Aujourd'hui, Fanon et Césaire continuent donc de rencontrer un intérêt réel. Celui-ci correspond au champ des diverses disciplines et aux tendances prenant successivement place sur la scène intellectuelle. Avec l'expansion des études culturelles et postcoloniales, de nombreux essayistes mais également l'arc des chercheurs et universitaires relevant des sciences humaines et sociales sont concernés par les analyses de ces contempteurs du colonialisme[47]. C'est leur capacité à pénétrer de l'intérieur les effets et les réactions induit au niveau tant existentiel, somatique et psychique que sociétal, prospectif et eschatologique qui retient l'attention de chercheurs proches des thèses de la *French Theory*, déconstructionnistes intervenant dans divers domaines[48].

De nombreux travaux croisant étude discursive et sémiotique, culturaliste, identitaire et hybridation reprennent, amendent et poursuivent les travaux de ces Antillais, pourfendeurs des consciences et des gloses impériales : « Toute l'œuvre de Fanon est un effort pour surmonter les limites invétérées de ces constructions théoriques par un acte de volonté politique, de les retourner contre leurs auteurs, afin de pouvoir, selon l'expression qu'il emprunte à Césaire, inventer des âmes nouvelles[49]. » Ces traceurs ne se contentent pas de déconstruire. Ils ébauchent d'autres narrations.

Albert-James Arnold, dans un article d'un numéro de la revue *Les Temps Modernes* consacré à Frantz Fanon, présente et analyse la diversité des réceptions nord-américaines, de celles des années radicales à celles d'un certain postcolonialisme. Il souligne que la figure du révolutionnaire subit les avatars de diverses relectures contemporaines promptes à dénoncer, hors contexte, une éventuelle indifférence aux catégories de genre ou d'ethnie : « À chacun de ces moments historiques distincts on constate, d'une part, une appropriation essentialiste de la part de ceux qui se sont attachés à une vision exclusive et anhistorique (qu'elle soit basée sur l'ethnie ou le genre) et, d'autre part, une tentative de formuler le sens que sa pensée peut avoir à l'intérieur d'un projet sociopolitique qui tienne compte des origines de classe aussi bien que de l'identité ethnique ou du genre des individus et des groupes. Les premiers se sont condamnés à fausser abusivement sa pensée, les seconds ont œuvré pour lui donner un sens approprié à la nouvelle situation où ils se trouvent[50]. »

Pour sa part, la renommée d'Aimé Césaire s'étend non seulement dans l'espace francophone, dont l'Afrique, qui lui accorde des titres honorifiques multiples, mais progressivement dans le monde hispanophone et anglo-saxon. L'intérêt croissant de ces universités pour les mondes africains et caraïbes, avec la montée des tenants de la *French Theory*[51], suscite de nombreux cercles d'études où le nom et l'œuvre de Césaire occupent une place avérée.

À plusieurs décennies de distance, dans certaines banlieues occidentales, des propos de Frantz Fanon et d'Aimé Césaire trouvent une actualité. Hier, les *Damnés de la terre* et le *Discours sur le colonialisme* s'adressaient à une situation qui était celle de la colonisation. Sans vouloir plaquer des situations fortement différenciées, ces ouvrages n'en sont pas moins capables de rendre compte d'événements tels que les violences récurrentes dans les métropoles[52].

Les acteurs ne sont plus, à l'évidence, d'une part les forces coloniales arc-boutées sur la volonté de maintenir une situation de domination déjà fortement vacillante et, d'autre part, des populations longtemps soumises aux diktats de ces dispositifs. Le contexte où se déroulent des incidents violents est celui d'une démocratie républicaine *a priori* soucieuse du bien de l'ensemble de ses administrés. Il n'empêche que ces faits se reproduisent de manière quasi systématique. Ils témoignent d'un profond malaise. Leurs vecteurs sont souvent, mais pas seulement, la pauvreté et la misère, éléments qui touchent bien au-delà des enfants et des petits-enfants de générations ayant connu la situation coloniale. La violence qu'ils exercent s'adresse non seulement aux institutions représentatives de l'État considérées comme responsables de leur condition mais, apparemment de manière inattendue et contradictoire, également à leurs propres groupes et à leur entourage. Un parallèle peut être esquissé entre ces comportements et ceux des populations ayant vécu dans les contextes coloniaux antérieurs, là où :

> « Les symboles sociaux – gendarmes, clairons sonnant dans les casernes, défilés militaires et le drapeau là-haut – servent à la fois d'inhibiteurs et d'excitants. Ils ne signifient point "Ne bouge pas" mais "Prépare bien ton coup"[53]. »

Pouvant, difficilement, compte tenu du rapport de force, s'attaquer de manière conséquente au cœur des appareils de domination protégés, dans la ville européenne, la violence s'exerce entre coreligionnaires, habitants de la ville indigène. Cette dernière est souvent laissée à elle-même, sauf de manière sporadique lors d'opérations spectaculaires des forces de l'ordre. En temps ordinaire dans un climat délétère prévalent des comportements croisant survie et anicroches entre cohabitants.

Ici, en Europe, les Trente Glorieuses ont marqué la résorption des zones les moins hospitalières, les bidonvilles et les logements précaires. Le lien social s'est fortement modifié avec l'incitation au regroupement familial dans les nouveaux bâtis des années 1960. Les solidarités induites par la vie en foyer ou dans des locaux insalubres, où l'entraide est indispensable, tend à s'estomper. Les populations immigrées et leurs enfants résident dorénavant, pour la plupart, dans des habitations à loyer modéré de construction récente. Là se côtoient des immigrés de plusieurs origines, des Maghrébins, des Subsahariens ayant rejoint la métropole, ainsi que des populations « de souche ». Le lien social perd de ses caractères endogènes. Dans les conflits sociaux, la solidarité est cependant souvent effective entre salariés de diverses origines malgré les obstacles culturels.

Les enfants des populations allogènes fréquentent l'école et s'inscrivent peu ou prou dans les valeurs de leur environnement, celui qu'ils connaissent depuis leur enfance. « L'immigré est somme toute un homme du passé ; son fils et sa fille sont projetés vers le futur, même s'ils s'impatientent, s'ils désespèrent quelquefois d'y parvenir, ou s'y refusent[54]. » Dans les années 1980, cette situation se dégrade, à la fin des Trente Glorieuses, années de prospérité relative et d'attentes positives. Concurrence internationale, automatisation des productions, réduction des effectifs, sous-emploi et chômage induisent, en aval, une remise en question de la vie dans les banlieues hier occupées par des salariés et leurs familles. Cette fragilisation est d'autant plus forte qu'elle touche des travailleurs sans qualification et d'origine étrangère. Elle s'accompagne d'une scission croissante entre les résidents et les vagues ininterrompues de nouveaux venus. Une ségrégation s'opère. Les premiers occupants partent vers de meilleurs logements. Ne restent, dans un bâti vieilli, que les moins favorisés, travailleurs immigrés proches de la retraite ou retraités, jeunes couples de la seconde génération en contrat à durée déterminée sinon au chômage, adolescents des générations ultérieures à l'avenir plus qu'incertain[55].

L'intégration sinon l'assimilation ne semblent plus être au rendez-vous[56]. Cette situation s'aggrave au fil des ans. Le libéralisme dominant s'accompagne d'un repli du lien social auquel pourvoient, traditionnellement, les institutions publiques. Ces adolescents désœuvrés sont plus ou moins pris en charge par des éducateurs, des animateurs et des travailleurs sociaux. Quelques activités culturelles et sportives tentent de pallier la déshérence croissante. Peu convaincus, ces jeunes préfèrent le lien social que suscitent, pour le meilleur et pour le pire, la bande, l'échange entre soi et l'opposition aux autres, en l'occurrence ces adultes auxquels ils imputent les raisons de leurs difficultés. Les regroupements se font en regard des lieux d'appartenance.

La réduction des moyens et des financements accordés aux associations de proximité sinon la stigmatisation enveniment cette situation. Des accidents mortels déclenchent des réactions violentes où sont visées en particulier ces institutions et ces administrations qui auraient oublié ces jeunes : école, bureau de poste, transport, etc., autant de cibles disant la dé-liaison qui parcourt les banlieues. Cela suscite diatribes et aveuglements.

Contrairement à l'analyse de nombre d'observateurs, ces comporte-ments ne sont pas mus par un nihilisme radical et sans débouchés, comme en témoignent les manières subversives et criminelles mises en place[57]. Ils veulent, par tous les moyens, participer aux biens et aux services de la société de consommation. L'absence apparente de relais avec les organisations politiques habituelles souligne que la déshérence de ces jeunes tient, en grande partie, à l'inadéquation sinon à l'indifférence des partis politiques face à des situations et des populations qui ne leur sont pas familières, qu'ils comprennent difficilement et qui ne se réclament pas, de prime abord, de leur *doxa*[58]. Comme vis-à-vis des chômeurs, cette population fut longtemps mal perçue par des organisations syndicales centrées sur le monde du travail et sur ceux qui ont effectivement une place dans les processus de production. De plus, ces jeunes immigrés sont sans emploi, éloignés des débats et des courants de la politique et, qui plus est, peu inscrits sur les listes électorales. On leur attribue du non-sens alors que ces jeunes cherchent à participer à leur environnement et aux avantages qu'il procure en termes de biens et d'espoir. Ils se voient relégués dans des lieux et des habitats plus qu'inhospitaliers, placés dans des conditions de survie précaires. L'expression de leurs révoltes face à ces conditions ne passe pas par les canaux usuels des organisations politiques, puisque celles-ci manifestent peu d'intérêt à leur égard. Le dénigrement et la condamnation tiennent lieu de réponse. Leurs difficultés scolaires liées à leur autodévalorisation les conduisent à l'échec. Ayant peu de compétences professionnelles, ils ne peuvent imaginer d'insertion en entreprise et, de ce fait, ne font pas de demande effective d'emploi, considérant que le refus est déjà préprogrammé à la vue de leur nom, de leur lieu de résidence, de leurs lacunes éducatives. Des initiatives visant à modifier cette situation par la mise en place d'une discrimination « positive » entrent en conflit avec le refus de tout quota basé sur des critères ethniques, ce au nom du principe de l'égalité républicaine. La perspective d'un partage des richesses dont ils seraient également acteurs et auteurs pourrait répondre à leurs attentes et au paroxysme de certaines de leurs expressions.

Comme Fanon le soulignait pour les colonisés, ils sont réduits, faute de relais empathiques, à des exceptions près, à des manifestations véhémentes ne rentrant pas dans les circuits habituels de la discussion et du débat policés. Ils sont confrontés à un racisme ordinaire encore plus présent que celui que Césaire rencontra, dans les années 1930. À cette époque, les migrations en provenance d'Afrique étaient moins importantes. De ce fait, même en temps de crise, la couleur des individus ne constituait pas un motif en soi de haine latente ou explicite, d'autres immigrés européens pouvant en être l'objet. À l'inverse, dans les colonies, la violence présentait certains de ces traits mais elle trouvait, dans les luttes de libération, ses porte-parole, ses intellectuels organiques et ralliés. La démarche vers l'indépendance nationale en était le ciment.

Cette question de la violence, qui occupe une place conséquente chez le Fanon des *Damnés*, s'inscrivait dans une propédeutique de libération. Elle se retrouve en Europe, mais sous d'autres formes, en particulier parmi ces « jeunes de banlieues ». Il s'agit, par exemple, des expressions qu'accompagnent, plus que fréquemment, des manifestations sportives. La contradiction tient, entre autres, à cette coprésence d'un lien social fortement affirmé, en bande, autour d'un événement d'ordre ludique et, dans le même temps, le fait que ce lien qui génère un rapprochement quasi fusionnel induit, vis-à-vis de l'extérieur, des tensions sujettes à produire de la violence. Alors que les grandes machines institutionnelles et théoriques (État, Église, politique, etc.) pouvaient, hier, encadrer et justifier l'être au monde de larges fractions de la population, aujourd'hui leur repli les conduit à essayer de retrouver, ailleurs, des occasions palliant ces carences de sens.

Pour ces jeunes immigrés, le sport, tant dans sa pratique que dans ses symboliques, se révèle comme l'un de ces opérateurs réenchantant tant soit peu le quotidien. Il procède en se réappropriant ainsi les habits et les valeurs de ces grandes institutions fragilisées : la loyauté, la croyance, la confiance, etc., mais il ne les assigne pas à un partage commun et ouvert. Son champ, et précisément pour les sports d'équipe, renvoie avant tout, sinon essentiellement, à un pré carré délimité et exclusif. Ce n'est plus l'exploit sur soi-même ou sur l'adversaire que l'on retient mais, trop souvent, l'unique gain du club de référence. L'ensemble populationnel sportif fortement historicisé et ritualisé présente, pour ses supporters, l'alpha et l'oméga de leur être au monde. C'est dans ce contexte que la frange la plus extrême déploie, en bande, des marges d'autonomie et de liberté. Celles-ci peuvent emprunter le biais de confrontations induites par l'intensité qui les réunit au mépris des admonestations des différents acteurs de la scène publique. Agissant, de manière non codifiée, au nom d'une société fraternelle et égalitaire, ces jeunes suscitent alors, sinon inventent, entre eux, des

liens. Ceux-ci les extraient de la morosité. Ensemble, ils mettent sur
pied des rapports où ils sont acteurs et également artisans de devenir.
Les dynamiques de ces ensembles populationnels s'effectuent à
l'envers des conservatismes officieux sinon officiels[59]. Ceux-ci tentent,
trop souvent, soit de réinstaurer des rapports sociaux antérieurs, ceux
de certaines conditions propres à des périodes relevant d'une autre
époque, soit de détourner ces tentatives dans une logique de persuasion
individualiste. La mise en valeur de vedettes sportives, rémunérées de
manière excessive, fonctionne comme l'une des issues proposées à ces
populations. Retisser du lien social apparaît à court terme comme une
gageure du moins plus qu'une nécessité sur laquelle l'ensemble des
acteurs devrait à nouveaux frais s'interroger.

On peut ainsi retrouver des traits communs entre les violences
coloniales et, toutes choses égales par ailleurs, celles qui marquent
certaines manifestations sportives en particulier celles associées
au football dans le contexte des banlieues[60]. Des échauffourées
accompagnées de violence aux biens et aux personnes opposent, de
manière répétitive, supporteurs d'équipes concurrentes. De telles
situations questionnent les capacités actuelles à créer les conditions
aptes à conduire un vivre ensemble vers d'autres horizons. Des thèses
telles que celles développées par les tenants de la société des loisirs
inscrivaient les pratiques sportives dans le cadre d'une amélioration des
conditions de vie autour des notions de délassement, de divertissement
et de développement[61]. D'autres soulignaient les effets contradictoires
de cette « libération » des contraintes du travail aliéné[62].

Frantz Fanon, pour sa part, situe le sport dans la dynamique de
la libération postcoloniale : « L'homme politique africain ne doit pas
se préoccuper de faire des sportifs mais des hommes conscients qui,
par ailleurs, sont sportifs. Si le sport n'est pas intégré dans la vie
nationale, c'est-à-dire dans la construction nationale, si l'on construit
des sportifs nationaux et non des hommes conscients, alors rapidement
on assistera au pourrissement du sport par le professionnalisme, le
commercialisme[63]. » Il souligne que la jeunesse désœuvrée devrait être
dirigée non pas vers les stades, mais vers les champs et les écoles.
« Le stade n'est pas ce lieu d'exhibition installé dans les villes mais un
certain espace au sein des terres que l'on défriche, que l'on travaille et

que l'on offre à la nation[64]. » De fait il va à l'encontre de la conception de la société de consommation qui s'approprie, non seulement les données essentielles à la reproduction des individus, mais qui parvient à détourner les pulsions de plaisir individuel et collectif. La marchandisation des activités sportives à caractère ludique ravale ce désir à l'une des multiples composantes de la société moderne telle que les démocraties occidentales l'entendent. La modernité cherche à intégrer ces pratiques sportives dans leur logique. La violence n'est plus radicalement mise en exergue. Elle suscite, néanmoins, une pression d'ordre symbolique. Les activités sportives sont coordonnées et organisées dans une optique sinon manifeste du moins latente de sublimation des données de la vie de tout un chacun[65]. Les frustrations subies, les limites imposées par la nature de la société et de la division des tâches, des fonctions et de la distribution des richesses devraient trouver, par le biais du sport, des compensations suffisantes pour asseoir la tranquillité sociétale. En cela ces pratiques rejoignent les bases fondamentales de la modernité, celle du libéralisme, celle de l'homme devenant un loup pour l'homme (« *Homo homini lupus* ») comme, à des siècles de distance, l'analysa Thomas Hobbes dans son ouvrage *Le Léviathan*[66]. La bande de supporters, dans ses violences, signifie, par ailleurs, de l'« être ensemble », du lien social à portée restreinte mais effective.

Aimé Césaire et plus encore Frantz Fanon étaient eux-mêmes férus de football. Cependant la virulence physique de la compétition et le soutien de leurs supporters ne s'inscrivaient pas dans un contexte aussi lourd que celui des banlieues présentes. L'amateurisme prévalait sur le professionnalisme et la commercialisation.

Vers des réactivations

Le paradoxe des pratiques liées au sport est qu'elles ne suscitent pas qu'un repli sur soi, sur l'équipe, sur le club, mais qu'elles régénèrent du lien social. Elles activent et parfois donnent libre cours à l'expression d'une pluralité de possibles : compétitions informelles aux pieds des immeubles, rencontres ponctuelles et autonomes de voisinage, cercles intimes de performeurs, etc., autrement dit une fonction productrice de « vivre ensemble ».

La musique est l'un des domaines dans lequel excellent diverses formations. Malgré l'audience relative faite, généralement, aux œuvres d'auteurs et d'interprètes antillais, ces jeunes tels que le groupe *La Rumeur*, connaissent le *Discours sur le colonialisme* ainsi que le *Cahier*. Des musiciens, des chanteurs tout comme des rappeurs vibrent aux paroles comme à la scansion poétique et au sens véhiculé par la poésie césairienne. Les charges de Césaire contre le racisme leur paraissent, à plus d'un demi-siècle de distance, comme d'actualité. En tant que Noirs associés à l'immigration et aux stigmatisations quotidiennes, ils adhèrent aux éruptions du volcan césairien, poète qu'ils placeraient au Panthéon non de la montagne Sainte-Geneviève mais de celui qu'ils dresseraient pour les hérétiques.

Nonobstant la présence d'intellectuels et de cercles littéraires ou artistiques dont ceux animés, entre autres, par *Présence Africaine* et antérieurement par *La Revue du monde noir* ou divers bulletins, les expressions des particularités et des conditions des populations noires en France restent encore, aujourd'hui, limitées.

Au niveau politique, elles ne sont représentées, depuis des décennies à l'Assemblée nationale, que par quelques députés de départements d'outre-mer. Les populations migrantes d'Afrique ne sont évoquées, elles, par quasiment aucune instance propre. Cependant la prise en compte de leur trajectoire se fera en plusieurs étapes[67]. Le 23 mai 1998, une marche silencieuse réunissant des milliers de participants subsahariens et antillais marque le cent cinquantième anniversaire de l'abolition de l'esclavage… Elle signifie l'intrusion dans une société française, frileuse pour le moins, d'un débat sur cette occultation. Trois ans plus tard, portée par la députée de la Guyane Christiane Taubira, la loi du 21 mai 2001 reconnaît l'esclavage comme crime contre l'humanité. Une journée en souvenir des victimes est instaurée. Des directives visent à transmettre cette histoire par le biais de l'enseignement. Antérieurement n'était signalé, dans les manuels scolaires, qu'essentiellement 1848, date de l'abolition. Ces avancées ne sont pas forcément intangibles, comme l'ont montré, par exemple, les propos quasi essentialistes tenus à Dakar, en 2007, par l'actuel président de la République française, quant aux mentalités africaines et à leurs modalités d'insertion dans les processus historiques. La très faible accession à des mandats conséquents de ces populations d'origine immigrée contribue aux comportements de repli, nonobstant les nominations relevant du pouvoir régalien et les élus des départements d'outre-mer.

De ces questions débattent un nombre croissant d'associations. Le Conseil représentatif des associations noires (CRAN) est l'une d'elles, créée en novembre 2005. Ses objectifs s'inscrivent dans une perspective républicaine et universaliste visant à lutter contre les discriminations touchant les Noirs de France. « Le CRAN se bat au quotidien contre les difficultés que rencontrent les populations noires de France. Nous souhaitons que les Noirs de France soient reconnus comme des citoyens à part entière. Le CRAN souhaite simplement réduire les inégalités. L'action du CRAN sert l'intérêt général, la place, l'image et même l'honneur de la France dans le monde[68]. » L'interpellation des instances politiques, économiques et sociales devrait permettre de les sensibiliser à ces questions. Il s'agit de prendre en compte la population noire qui en France regrouperait plus de deux millions de personnes. Les initiateurs du CRAN constatent les comportements dévalorisants subis du fait de la couleur de peau, et ce d'autant plus que les intéressés relèvent non des couches relativement intégrées, mais d'hommes ou de femmes, avec ou sans-papiers, corvéables à merci. Pap Ndiaye ainsi que Myriam Cottias posent cette question de l'invisibilité des Noirs sinon plus généralement de l'ostracisme dont ils sont victimes[69].

« Les Indigènes de la République » font, eux, un lien entre la situation des enfants de l'immigration maghrébine mais également subsaharienne avec celle, coloniale, qu'ont connue leurs ascendants en termes de mise à l'écart et de stigmatisation[70]. Ils dénoncent différentes attitudes relevant d'un racisme latent sinon manifeste et s'exprimant sous des formes qu'ont connues Césaire et Fanon. À plus d'un demi-siècle de distance, on ne peut que constater une répétition de stéréotypes résistant à toute compréhension de l'unicité humaine. Les facteurs interférant aujourd'hui sont fondés sur de mêmes présuppositions. Ils privilégient, comme le faisaient certains anthropologues de la fin du XIXᵉ et du début du XXᵉ siècle, le classement des types suivant l'apparence physique. Cette dernière serait la variable centrale déterminant, pour eux, les capacités intellectuelles des divers groupes humains.

Un nombre non négligeable de femmes et d'hommes reproduisent les névroses contre lesquelles Césaire et, plus encore, Fanon, s'élevaient. La lactification de l'épiderme devient prégnante d'autant plus qu'aux pratiques artisanales succède l'emprise de secteurs de l'industrie cosmétique et de ses divers vecteurs de commercialisation. On retrouve, en ce début de millénaire, ce qu'observait le psychiatre Fanon. Les situations névrotiques, du fait des effets symboliques et physiques, conduisent des Noirs à vouloir « blanchir [leur] race[71] ». Ceci concerne non seulement le niveau des connaissances et reconnaissances que monopolise le monde blanc mais touche à l'apparence physique. Celle-ci, par sa pigmentation, ne ferait qu'enfermer un peu plus dans l'impasse, l'occultation, la perte de toutes potentialités propres à l'humain. Ce stigmate lié à la couleur : Césaire l'a, en multiples occasions, stipendié comme étant la marque de l'incapacité du Noir à se reconnaître et à assumer son identité, celle originelle de descendants du continent africain. Nier ou essayer de vouloir cacher cette couleur d'ébène, c'est s'imaginer sur le mode fantasmagorique. Dès son premier article, « Nègreries, jeunesse noire et assimilation », Césaire a battu en brèche cette option en démontrant que c'est par la prise de conscience de ses propres potentialités que les Noirs, à l'égal des autres hommes, pourront être et se dire de manière pertinente, singulière et universelle. Sa trajectoire et ses travaux en sont une des démonstrations. Fanon, un temps pris dans les rets de ce qu'il dénonce, c'est-à-dire le mimétisme, souligne que « la véritable désaliénation du Noir implique une prise de conscience abrupte des réalités économiques et sociales. S'il y a complexe d'infériorité, c'est à la suite d'un double processus : économique d'abord ; par intériorisation ou mieux, épidermisation de cette infériorité, ensuite[72]. » Le destin blanc, dont cette envie de blanchiment qui semble s'imposer au Noir, il faut en tirer l'écheveau, en extraire les racines et les radicules, ce que fera Fanon dans *Peau noire*. Ce désir est une transposition objective des distorsions que suscitent des siècles de hiérarchisation, de dénégation et d'oppression s'argumentant, en premier ressort, sur une certaine couleur, celle d'une part plus que conséquente de l'humanité. Se blanchir, c'est avoir compris ce statut dévalorisé fait par l'histoire, c'est essayer tragiquement de le dépasser, mais non avec ses propres armes, celle de l'égale dignité de tous comme l'ont fait chacun, à sa manière, Fanon et Césaire mais avec celles de l'adversaire, le raciste stigmatisant à la seule vue d'un épiderme différent du sien.

En cela, et dans leurs diverses tournures et même les plus contradictoires, ces réactivations sporadiques relèvent de la quête récurrente et irrépressible d'un bonheur individuel et collectif partagé, à fort constituant heuristique[73].

[Vers le transnational

En ce début du XXIe siècle, le destin des îles de la Caraïbe devenues, pour la plupart, indépendantes, reste problématique. La Nouvelle-Calédonie, autre région colonisée, pourrait, du moins *a priori*, se présenter comme l'idéal type « français » d'une démarche négociée entre autochtones et populations d'origine allogène. Aux Antilles, les cultures, les langues et les valeurs de chacune de ses composantes participent à la complexité identitaire et culturelle, tout comme le fait la trace des rivalités coloniales. Après une période de relative stabilité où prévalaient des particularités, avantages de quelques-uns (par exemple les Antilles françaises ou Porto Rico nord-américain), difficultés d'autres (Haïti ou Trinité-et-Tobago), la globalisation des échanges et les mutations incitent à la réflexion, au rapprochement. Sur le plan universitaire, des rencontres permettent des échanges entre spécialistes des sciences sociales, étudiants et chercheurs en provenance de l'arc caribéen et au-delà[74].

Ce type de perspective, Daniel Guérin l'évoquait déjà, en 1956. Il voyait dans le regroupement des Antilles un moyen de contrer les tendances annexionnistes nord-américaines, pressions qui deviendraient alors dominantes une fois les tutelles européennes disparues. Aimé Césaire, dans l'introduction à cet essai, faisait part de son scepticisme et ce, il y a plus d'un demi-siècle[75]. Il opposait, à ce projet « transnational », une démarche centrée autour du concept de nation. Plus récemment il reprenait, dans un entretien avec Françoise Vergès, cette question et lui accordait une place importante sans toutefois l'ériger en finalité incontournable.

Pour Fanon, les questions du national et du transnational sont imbriquées. Son parcours et les identités successives du jeune

Martiniquais, de Frantz à Omar ou Ibrahim, en sont une illustration. Elles s'expriment dans ses missions et ses déplacements nombreux, dont ceux le menant aux confins du Sahara. L'alliance transnationale avec les pays mitoyens dont le Mali, le Ghana, devait permettre aux combattants du FLN de desserrer l'étau dans lequel ils se trouvaient à la fin des années 1950. Que ce soit auprès de Nkrumah, président du Ghana ex-colonie britannique où il fait office de représentant officiel du Gouvernement provisoire de la République algérienne, au Mali sinon aux frontières du Niger, sa préoccupation centrale est celle de coordonner des aides aptes à atteindre, à travers le désert, les willayas. L'internationalisme est concrètement sollicité. Mais Fanon voit au-delà de ces péripéties. Pour lui, comme pour un certain nombre de ses contemporains, la phase ultérieure, celle du postcolonial, devait s'ouvrir sur l'instauration d'un partage et d'une solidarité quasi organique entre ces nouvelles nations. L'unité apparaît comme la réponse pertinente pour le développement effectif des populations et des peuples du continent africain. En dépit des difficultés rencontrées, le transnational est à l'ordre du jour ou du moins devrait l'être très prochainement : « Depuis près de trois ans, j'essaie de faire sortir la fumeuse idée d'Unité Africaine des marasmes subjectivistes voire carrément fantasmatiques de la majorité de ses supporters. L'Unité africaine est un principe à partir duquel on se propose de réaliser les États-Unis d'Afrique sans passer par la phase nationale chauvine bourgeoise avec son cortège de guerres et de deuils[76]. » À l'évidence le pari est osé. Les indépendances génèrent une tendance à l'émiettement, au repli des gouvernements sur leur propre territoire plus qu'à l'aspiration d'un destin communément partagé. Les propos et les intentions annoncés par un Léopold Sédar Senghor ou un Houphouët-Boigny, entre autres, restent le plus souvent de l'ordre de la rhétorique. La faiblesse des débats et des convictions idéologiques sont, pour l'auteur des *Damnés*, parmi les causes principales de l'émergence du chauvinisme national. Aimé Césaire partage ces appréhensions face aux devenirs de l'Afrique postcoloniale qu'il observe dans les années de l'après-guerre. Toutefois, dans un premier temps, des essais de transformations radicales ont été à l'œuvre, par exemple au Mali de Modibo Keita ou au Congo-Brazzaville d'Alphonse Massemba-Debat du Mouvement de la révolution nationale. Dans les années 1960 l'écho des propositions fanonniennes traverse le continent. Au Congo-Brazzaville, la vulgate novatrice repose la question de l'unité[77].

Un des poèmes de Césaire est dédié à la Guinée, pays où, comme Fanon, il a séjourné et dont il pense que sa grand-mère Eugénie Macni pourrait être originaire :

> JE TE SALUE
>
> Guinée dont les pluies fracassent du haut grumeleux
> des volcans un sacrifice de vaches pour mille faims
> et soifs d'enfants dénaturés
> Guinée de ton cri de ta main de ta patience
> il nous reste toujours des terres arbitraires
> et quand tué vers Ophir ils m'auront jamais muet
> de mes dents de ma peau que l'on fasse
> un fétiche féroce gardien du mauvais œil
> comme m'ébranle me frappe et me dévore ton solstice
> en chacun de tes pas Guinée
> muette en moi-même d'une profondeur astrale de méduses[78].

Le devenir du continent, il le perçoit, comme l'auteur des *Damnés*, par le prisme de la construction nationale, condition de l'émergence d'un panafricanisme effectif. Il préface, en 1959, un ouvrage consacré à cette expérience guinéenne mise en place par le président du Conseil de gouvernement de la Guinée, Sékou Touré. Ce dernier, le 28 août 1958, a prononcé un discours d'accueil au général de Gaulle dans lequel il précisait l'option choisie quant au projet d'Union présenté par la France. Ce sera « Non » à l'adhésion : « Nous préférons la pauvreté dans la liberté à la richesse dans l'esclavage[79]. » Aimé Césaire, dans cette préface, anticipe sur un devenir postcolonial plus tragique qu'il ne pouvait l'imaginer alors. La teneur des propos de Touré, on la retrouve, en juin 1960, dans le discours du Premier ministre congolais Patrice Lumumba, personnalité charismatique tant pour Césaire que pour Fanon, au Roi des Belges : « Ce que fût notre sort en quatre-vingts ans de régime colonialiste, nos blessures sont encore trop fraîches et trop douloureuses pour que nous puissions les chasser de notre mémoire. Nous avons connu le travail harassant, exigé en échange de salaires qui ne nous permettaient ni de manger à notre faim, ni de nous vêtir ou nous loger décemment, ni d'élever nos enfants comme des êtres chers. Nous avons connu les ironies, les insultes, les coups que nous devions subir matin, midi et soir parce que nous étions des nègres. Qui oubliera qu'à un noir on disait "tu", non certes comme à un ami, mais parce que le « vous » honorable était réservé aux seuls blancs[80] ? » Cette déclaration participe à sceller tragiquement le destin de Lumumba ainsi que celui de l'ex-Congo belge. Autant d'exemples qui sont présents tant dans les lignes du *Cahier* que dans celles des *Damnés*. Césaire, dans son court texte d'ouverture à l'expérience guinéenne, revient sur la question de la nation qui, dans le contexte martiniquais, est alors plus centrale que celle du transnational. Elle se présentait comme la solution apte à conjuguer liberté et progrès social : « Jamais pays n'a eu, comme la Guinée, le devoir […] de prouver que la communauté humaine qui s'appelle la nation est médiation vivante à la liberté et à la fraternité[81]. » Cette étape associe le paradoxe à la fois d'assurer le devenir des peuples concernés mais également, comme les décennies suivant les indépendances le montrent, de participer à la mise en place de structures proches de celles contre lesquelles s'élevaient les tenants de la décolonisation, dont Fanon et Césaire.

Métissage et créolité

Pour approfondir ce champ caribéen du postcolonial où se partagent l'anglais, le français, l'espagnol, le néerlandais et les divers créoles, une prise en compte des spécificités et de la complexité des rapports sociaux et des valeurs interpersonnelles est nécessaire. S'agissant du devenir de l'espace caraïbe et de ses valeurs, cela suppose, comme l'indiquait l'auteur de *Peau noire, masques blancs* et des *Damnés de la terre*, non seulement une analyse politique et sociologique sur des questions telles que l'indépendance, la départementalisation ou telle autre type de tutelle postcoloniale mais également une réflexion anthropologique sur ce qui est comme latent dans la poésie de Césaire. Celle-ci prend comme objets les langues. La désaliénation implique la prise en compte du statut assigné aux langues vernaculaires : créoles et langues de colonisation, populaires et dépréciées pour les premières, valorisantes et minoritaires pour les secondes. « Parler une langue, c'est assumer un monde, une culture[82]. » Ce phénomène, confronté au « regard blanc » est intégré, démultiplié. Il devient un marqueur signifiant. Les représentations de soi et des autres, les métissages ambivalents, les valeurs singulières propres à chacune de ces entités font sens pour la plupart de ces îles.

Certains auteurs tels Jean Bernabé, Patrick Chamoiseau ou Raphaël Confiant disent leur scepticisme face aux résultats obtenus. Ce dernier, dans un ouvrage intitulé *Aimé Césaire, une traversée paradoxale du siècle*, souligne, qu'à l'évidence, le monde a changé depuis les années 1960[83]. Les espoirs mis dans la libération du tiers-monde ont décru. Aujourd'hui, la mondialisation obère ces schémas antérieurs. Cet auteur critique les finalités poursuivies par Césaire, perspectives qui se sont traduites, à quelques soubresauts près, par une incapacité réitérée des Antillais à aller au-delà du confort d'un statut plus assimilationniste, en dernier ressort, qu'émancipateur, situation que déjà dénonçait Fanon[84]. Les avantages économiques obtenus en termes de niveau de vie, nonobstant un taux de chômage récurrent, ont anesthésié des perspectives plus ouvertes telles que, par exemple, celle d'une prise en charge de leurs environnements proches. Y participe l'absence d'une dynamique propre aux îles de l'archipel des Caraïbes, dont font géographiquement, démographiquement et historiquement partie les départements français des Antilles. Leurs singularités se révèlent contraignantes compte tenu de la quasi-ignorance de ces îles les unes par rapport aux autres. Cet état de fait était également souligné, pour le déplorer, par Frantz Fanon dans un article intitulé « Aux Antilles, naissance d'une nation ? » publié en 1958[85]. Trop souvent, et c'est particulièrement le cas pour les Antilles françaises, ce qui prévaut avant tout lien avec les îles voisines, c'est le rapport à la métropole, terre située à plusieurs milliers de kilomètres. Patrick Chamoiseau considère que la départementalisation a induit des comportements qui, en fait, ont prolongé les tendances précédentes, celles d'une assimilation qui ne dit pas son nom mais qui procède d'une même logique : « Nous nous amputions des entrelacs de notre diversité pour une greffe dévote des valeurs du Centre[86]. » Il en appelle aux analyses de Frantz Fanon. Celles-ci permettent de déceler les multiples dévalorisations de soi. Il souligne que ces attitudes ont d'autant plus réussi à dépersonnaliser les Antillais qu'elles s'effectuent dorénavant sans les violences évidentes du processus colonial antérieur. Mais les critiques émises par l'auteur d'*Écrire en pays dominé* vont au-delà. Elles touchent, également, aux effets de la mondialisation à laquelle n'échappent pas ces petites îles. La pression provient, aujourd'hui, non plus seulement de la métropole, mais d'un Centre subsumant les dominations précédentes par son assise globale. La diffusion est furtive et non plus unidirectionnelle. Elle s'insinue sur l'ensemble des valeurs et des pratiques. Elle suscite « une entropie grandiose » qui, par l'économique, la financiarisation des flux matériels et idéels, transcende les frontières. Raphaël Confiant interpelle Césaire quant aux situations aliénantes où se trouvent les Martiniquais insérés sinon amnésiés sous une tutelle postcoloniale : « Coltine-toi, coltinons-nous au réel caribéen, à ce réel têtu que tu t'es trop longtemps acharné à écarter de ta vue[87] ! » Ces auteurs opposent à la *praxis* césairienne une démarche dont les références récurrentes ne sont non plus seulement les atours de l'officialité française, mais des alternatives tournées vers le créole et le métissage. Sur le plan administratif et politique, « le meilleur statut que puisse espérer la Martinique est actuellement celui de l'indépendance-association, un peu sur le modèle de celui qui régit les relations entre Puerto Rico et les États-Unis[88] ».

Les autocritiques ou du moins celles du Parti progressiste martiniquais (« Disons en bref, que nous avons *bien pensé* et *peu agi*[89]. ») ne satisfont pas cette génération pour laquelle le charme et l'importance du Nègre fondamental tant sur la scène littéraire que sociale pose question, nonobstant l'indéniable et daté apport : « La Négritude césairienne est un baptême, l'acte primal de notre dignité restituée. Nous sommes à jamais fils d'Aimé Césaire[90]. » Confiant précise que cette position ne relève pas d'un dilemme mais procède d'une juste maïeutique : « Être "fils de Césaire à jamais", être son vrai héritier, donc, c'est être, chaque fois que cela s'avère nécessaire, rebelle à son enseignement, toujours critique, sans en nier l'immense valeur[91]. »

Le champ de l'expression littéraire est plus précisément celui auquel s'attachent ces auteurs mettant au centre de leurs analyses le politique, le culturel et l'anthropologique. Le créole en est une illustration. Pendant des siècles, il a été négligé sinon vilipendé. Toutefois, comme on pu le remarquer des observateurs, la volonté en Haïti d'imposer cette langue vernaculaire est parfois vécue, par les populations pauvres, comme une volonté d'élites francophones de maintenir le peuple dans un statut inférieur, celui d'un langage régional alors qu'eux s'expriment dans une langue universelle. Aux Antilles, l'interdiction du créole aux enfants tenait surtout au désir des parents de voir leurs progénitures s'élever dans l'échelle sociale. Damas s'en souvient :

> *[...]*
> *Cet enfant sera la honte de notre nom*
> *cet enfant sera notre nom de Dieu*
> *Taisez-vous*
> *Vous ai-je ou non dit qu'il vous fallait parler français*
> *le français de France*
> *le français du français*
> *le français français*[92]

Dans *Écrire en pays dominé*, Patrick Chamoiseau développe les contradictions auxquelles sont confrontés les écrivains antillais. Dans un premier temps s'imposait la langue métropolitaine sans réelle autre alternative sinon le marronnage linguistique de l'entre soi, le créole. « La départementalisation nous stérilisa[93]. » Elle conduisit les Antillais à s'éloigner un peu plus d'eux-mêmes. La primauté antérieure du lien avec la métropole s'est, apparemment, distendue, du moins assouplie. Le statut postcolonial de département a concouru à accélérer l'intégration de la population antillaise dans le cercle de la consommation, sinon de l'aphasie. Évoquant, entre autres, les travaux de Fanon, Chamoiseau réitère les effets pervers de cette situation : dépersonnalisation, haine de soi, mimétisme, autant de traits déjà travaillés dans *Peau noire, masques blancs*. Ces conséquences sont redoublées, dans ce début de millénaire, par la pression croissante de la globalisation des économies. Le rapport quasi matriciel à une entité unique se complexifie par l'apparition de référents qui transcendent les frontières et les particularismes. De nouvelles dominations s'instaurent, mais d'une manière « furtive ». Elles s'adossent sur des puissances multiples d'origines économiques et culturelles effaçant ou du moins brouillant les rapports certes antagonistes antérieurs mais connus et reconnus et, de ce fait, éventuellement, transgressables. La dépendance n'est plus univoque. Elle procède des nouvelles conditions auxquelles se confrontent les aspirations non seulement antillaises, mais plus généralement caribéennes. L'intégration européenne est également un élément à double conséquence. Elle ouvre des horizons vers des autonomies régionales renforcées, comme elle vient forclore un peu plus encore les projets indépendantistes. Les tenants de la créolité voient se dresser devant eux ce brouillard. L'alternative recherchée, celle d'une expression dans la langue vernaculaire des peuples antillais, achoppe, ou du moins risque de rencontrer des écueils multiples. La mondialisation contemporaine a modifié les données. Elles ne sont pas fondamentales compte tenu que la langue dominante, en l'occurrence le français, continue à exercer ses prérogatives et cela malgré une montée du créole. Cependant une nouvelle situation s'installe et peut modifier tant soit peu la scène antérieure. Dans son chapitre sur la langue, Fanon traitait, sous l'angle caustique qui est souvent le sien, la question de la langue : « Le "débarqué" dès son premier contact, s'affirme : il ne répond qu'en français et souvent ne comprend plus le créole. À ce propos, le folklore nous fournit une illustration. Après quelques mois passés en France, un paysan retourne près des siens. Apercevant un instrument aratoire, il interroge son père, vieux campagnard à-qui-on-ne-la-fait-pas : "Comment s'appelle cet engin ?" Pour toute réponse, son père le lui lâche sur les pieds, et l'amnésie disparaît[94]. » L'enseignement à la Martinique ne se faisait qu'en français. Le créole était banni. Le français devient alors, pour le jeune Antillais qui s'exprime « spontanément » en créole, la clef des connaissances, de la promotion sociale. La plupart des écrivains antillais s'expriment en français. Seuls quelques-uns, pour les Petites Antilles, font exception. En Haïti indépendante, l'emploi du créole a la faveur d'un plus grand nombre. À la Martinique, l'économie est principalement aux mains des békés. Le français est leur langue, elle est celle du pouvoir central et *nolens volens* celle des habitants de ce département d'outre-mer. La bourgeoisie de couleur, dans son désir d'insertion, tend à s'exprimer dans la langue de la métropole et laisse le créole à la sphère domestique et au peuple quand elle ne cherche pas à cantonner celui-ci dans un idiome qui apparaît comme un obstacle à l'ascension sociale plus que comme un enrichissement collectif. Fanon souligne les multiples graduations qui distinguent et continuent à opposer, aujourd'hui même, individus et catégories sociales, « ce petit hiatus qui existe entre la békaille, la mulâtraille et la négraille[95] », phénomène qui, confronté au « regard blanc », est intégré, démultiplié, devient marqueur signifiant. L'enseignement obligatoire modérera ces tendances malthusiennes en permettant à de nombreuses familles d'offrir à leurs enfants d'éventuels horizons, quand bien même ceux-ci sont partiellement biaisés.

Alors qu'à la Martinique, l'Antillais peut penser s'approprier cette langue, en France il bute contre l'Européen, le Blanc. Les dénégations, la brillance du verbe ne suscitent, de la part de l'immense majorité, que des éloges s'adressant à un individu bien particulier, exceptionnel. Lors d'une conférence à Lyon, Fanon traçait, avec brio, un parallèle entre poésie noire et poésie européenne. Un de ses camarades européens ne saura que lui dire : « Au fond, tu es un Blanc[96]. » En fait, c'est un tel compliment qu'il souhaite alors. « Il me revient un fait significatif : en 1945, lors des campagnes électorales, Aimé Césaire, candidat à la députation, parlait à l'école des garçons de Fort-de-France devant un auditoire nombreux. Au milieu de la conférence, une femme s'évanouit. Le lendemain, un camarade, relatant l'affaire, la commentait de la sorte : "Français a té tellement chaud que la femme là tombé malcadi." Puissance du langage[97] ! »

Dans sa confiance dans les valeurs blanches, Fanon n'appréhendait, au début des années 1950, aucune difficulté à rejeter vers le « patois » la langue des masses. Plus tard il reviendra sur ce problème. En Algérie, il aura l'occasion de se rendre compte de l'importance des langues vernaculaires.

Aujourd'hui, de nombreuses minorités luttent âprement contre toutes les formes de sujétion qu'elles subissent, et la question de la langue prend une place non négligeable dans leur processus d'affirmation et *a fortiori* dans les mouvements d'émancipation (Québec, Pays basque…). L'adoption d'une langue n'est pas un choix gratuit. L'universalité de l'anglais, c'est aussi un des visages de l'impérialisme nord-américain et britannique. La francophonie n'est pas qu'une alternative à l'anglomanie. C'est également un des moyens employés par la France pour assurer le maintien de son influence de par le monde et dans son ancien empire colonial.

La défense de la créolité ne porte pas seulement sur le langage, il touche à l'ensemble de la personnalité dans sa mémoire, son actualité, ses conditions sociologiques et anthropologiques, ses attentes et ses aspirations. Son principe moteur est la reconnaissance de la complexité, partie constitutive des peuples de l'archipel : « Ni Français, ni Européens, ni Africains, ni Asiatiques, ni Levantins, mais un mélange mouvant [...] dont le point de départ est un abîme et dont l'évolution demeure imprévisible[98]. » La perspective ouverte est celle d'une appréhension de la pluralité et non d'un universalisme réducteur. « Et cette dynamique de l'Unité qui se fait en Divers s'appelle la Diversalité. L'emmêlement des humanités fonde les polyrythmies de cet imaginaire de Diversalité[99]. »

L'Éloge de la créolité, texte manifeste écrit par Patrick Chamoiseau, Raphaël Confiant, auquel s'est adjoint Jean Bernabé, évoque plus précisément ces enjeux et les perspectives qui correspondent, pour eux, aux nécessités actuelles. Ce texte reprend une conférence prononcée lors d'un festival caraïbe en 1988. Il est dédié à Aimé Césaire, Édouard Glissant et à l'écrivain Frankétyén. Fanon est évoqué par la phrase suivante : « Une tâche colossale que l'inventaire du réel[100] ! ». Les auteurs de l'*Éloge* constatent la quasi-vacuité des manifestations culturelles aux Antilles. Ils en rattachent la cause à cette dépendance étroite et étouffante qu'est le lien à la métropole, verdict déjà exprimé par la revue *Tropiques* dans les années 1940. Le but qu'ils se fixent est d'affronter cette situation et de tenter de la modifier. Pour eux, des capacités indéniables sont présentes mais pour diverses raisons elles ne peuvent trouver à se dire. Il s'agit alors de faire ressurgir toute une épaisseur de pratiques et de valeurs qui, de manière « endoréique », apparaissent ou disparaissent sans véritablement trouver des structures suffisantes pour s'organiser et s'étoffer.

Ce petit ouvrage est particulièrement dense. Il donne un éclairage ample et précis sur la démarche à laquelle s'attachent ces auteurs mais également un nombre conséquent d'Antillo-Guyanais et de Caribéens. Il tranche fortement avec les thèses césairiennes, du moins les plus mémorielles et les plus africanistes, celles de la négritude. Il n'en retient pas moins la densité « mangrovienne » dont elles sont porteuses, marques mêmes de la diversité, du complexe, des flux et des reflux et non de la sédimentation imperméable aux marées de l'histoire.

Jean Bernabé et ses camarades mettent en valeur les écrivains qui n'ont pas renié leurs ascendances linguistiques, assumant et ainsi recréant les capacités de cette langue créole, tout comme le font les innombrables conteurs et les porteurs anonymes des locutions autochtones, celles de la diversité de ce qu'il est convenu de nommer dorénavant, à la suite d'Édouard Glissant, l'antillanité. L'autodénigrement antérieur s'efface devant cette remontée de subcultures populaires oubliées ou méconnues. Fanon, dans les *Damnés de la terre*, fait également référence à l'émergence « endoréique » des cultures populaires mais dans le contexte de la lutte physique d'émancipation : « Il faut suivre pas à pas dans un pays colonisé l'émergence de l'imagination, de la création dans les chansons et dans les récits épiques populaires. Le conteur répond par approximations successives à l'attente du peuple et chemine, apparemment solitaire, mais en réalité soutenu par l'assistance, à la recherche de modèles nouveaux, de modèles nationaux[101]. » On peut reprendre cette analyse et la rapprocher des perspectives poursuivies par les tenants de la créolité. Certains de leurs romans en témoignent alors que d'autres s'inscrivent dans une antillanité où se conjugue, s'enrichit et se dit la complexité antillaise aux carrefours de diverses langues. Au moment où ils écrivent leur *Éloge*, dans les années 1980, les attentes liées au processus de décolonisation ont fait long feu ou du moins n'ont pas répondu aux espoirs. Précédemment, tout comme Frantz Fanon mais dix ans plus tard, de nombreux créateurs et écrivains étaient partis vers l'Afrique. Ils pensaient se retrouver là-bas, loin des atermoiements antillais. Ce fut le cas par exemple de Maryse Condé. Un séjour prolongé en Afrique occidentale lui a permis de se situer vis-à-vis de son propre parcours de femme guadeloupéenne attentive aux mouvements du tiers-monde mais désappointée par les réalités de l'Afrique postcoloniale, de la prétention des bourgeoisies nationales soucieuses essentiellement de leurs propres intérêts[102]. De même, Cristiane Rémion-Granel a séjourné en divers pays africains et aboutira à des constats en partie similaires[103].

C'est un retour vers soi-même mais ce cheminement n'a plus la relative assurance que donnait la résurgence du passé mémorial, celui de l'esclavage et, en regard positif, la négritude. Il n'a pas non plus les qualités valorisantes qu'impliquent les luttes de libération des années 1950-1970. La créolité s'attache à saisir le réel présent tel qu'il prévaut dans les caraïbes. Les odes à l'Universel sont également mises en suspens, sinon en retrait. Elles sont par trop empreintes d'un européocentrisme réducteur car plus mimétique que correspondant à l'analyse des réalités propres aux contextes immédiats. Sceptiques face aux constructions théoriques et politiques antérieures, tout comme vis-à-vis des volontarismes érodés par les constats *in situ* d'une reproduction de la pauvreté, leurs préoccupations s'investissent dans le domaine littéraire. Toutefois il ne s'agit pas de s'en tenir aux thèses de l'art pour l'art chères à Gustave Flaubert, quoique « il semble que, pour l'instant, *la pleine connaissance de la Créolité sera réservée à l'Art*, à l'Art absolument[104] ». L'intention est de « réapprendre à regarder positivement ce qui palpite autour de nous[105] ». Paradoxalement, cette démarche se retourne sur elle-même en risquant de poser le métissage comme subsumant ou du moins opacifiant ses fondements socio-économiques. Roger Toumson en relativise les capacités cognitives : « L'utopie américaine est au point de départ du discours du métissage. L'utopie du métissage l'accompagne à chacune de ses étapes. Les variations génériques, idéologiques ou symboliques auxquelles elle se prête n'affecte en rien la typologie. Chacun des groupes raciaux que l'histoire met aux prises a tenté, chacun à tour de rôle, de la confisquer à son seul profit [...] C'est donc bien par ce que l'utopie du mélange des sangs et de la réunion des âmes ne s'est pas réalisée que le métissage demeure une "valeur refuge" d'avenir, un mythe idéologique d'actualité[106]. » Jean-Loup Amselle élargit ces critiques au champ du postcolonial et à ses tendances à reproduire, en l'inversant, des rapports d'exclusion cette fois à l'avantage des subalternes et au détriment des rationalités occidentales[107].

En vis-à-vis, Aimé Césaire accorde une place plus que conséquente à l'identitaire : « Je crois que si je suis devenu un poète, c'est parce que très tôt j'ai eu, et très fort, le sentiment d'une identité martiniquaise, d'une identité antillaise. Pour moi cela est capital... C'est vrai que j'ai eu cette révélation, et croyez-moi, ce n'était pas d'images glorieuses qu'il s'agissait, très tôt en effet, très jeune, dès l'école élémentaire dans un village du nord de la Martinique, j'ai eu très fort la révélation de l'histoire martiniquaise : une histoire d'oppression, d'exploitation, de pleurs, de luttes et je dirai aussi d'espérance[108]. » Ceci n'obère pas le fait qu'à l'évidence aux Antilles se construisent des métissages tant au plan langagier que physique.

« *Laissons vivre (et vivons !)* *le rougeoiement de ce magma*[109] »

C'est en se tournant vers la proximité, vers cet archipel et ces terres composées qu'apparaissent cependant de nouvelles perspectives. Elles suscitent la volonté d'aller au-delà tant des politiques assimilationnistes propres aux vieilles colonies que de dépasser la plongée mémorielle vers la Mère Afrique. Il conviendrait de s'attacher à la myriade de populations, évoquée par Gilbert Gratiant dans les années 1930, en provenance de divers continents ainsi qu'aux résultats de ces rencontres effectuées, sur plusieurs siècles, dont résulte ce qui, aujourd'hui, peut se dire autour du terme de créolité. Les temps de l'hypnose pour des valeurs exogènes devraient laisser place à une réflexion et à l'élaboration de travaux cernant le réel concret dans la diversité de ses formes. Les références au concept d'universalité ne peuvent se faire que dans une relation dialectique avec les composantes du présent et la mise en forme littéraire et plus généralement culturelle de l'antillanité. Il ne s'agit plus, comme auparavant, « de mendier l'Universel de la manière la plus incolore et inodore possible, c'est-à-dire dans le refus du fondement même de notre être[110] ». La créolité, pour Bernabé, Chamoiseau, Confiant, c'est exprimer « une totalité kaléidoscopique, […] *la conscience non totalitaire d'une diversité préservée*[111] ». Les valeurs occidentales sont considérées comme autant de leurres visant, de manière subreptice, à empêcher le déploiement des diversités. Ces points de vue interpellent, en s'y référant, une tendance des temps présents qui est celle d'un intérêt pour les thèses du métissage. Ceci est entendu non dans un maelström mais par rapport à des contextualités déclarées, analysées et traitées en tant que propres et non réductibles à un essentialisme universaliste. De ce fait, la question de la nation, latente chez Césaire et Fanon, s'inscrit alors dans un rapport aux autres qui, sans en nier la pertinence et l'effectivité, s'ouvre sur du relationnel transnational.

Cette créolité, Édouard Glissant la perçoit comme problématique. Pour l'auteur du *Discours antillais*, il y a lieu de distinguer divers termes dont la proximité prête à confusion. Le métissage implique des opérations ayant une finalité prévisible et attendue comme lors d'expérience de laboratoire. La créolité présente les risques de désigner des états, une essence sinon une théorisation. Il lui oppose le concept de créolisation, c'est-à-dire de processus inattendu et imprédictible dans sa dynamique et ses effets. Dans ce contexte, Édouard Glissant marque une différence, d'autant plus qu'il préconise un « Toutmonde » qui ne saurait être aveugle au différent[112]. Il retrace les univers antérieurs, ceux de la colonisation : passion de la découverte devenant passion de la conquête. Il insiste sur la précarité illusoire d'un narratif occidental privilégiant des continents, des races, une idéologie du « progrès », autant de tropes aujourd'hui illusoires dans l'état du monde actuel. Celui-ci est marqué, entre autres, par l'érection de « murministères[113] » disposition contraire à toute notion de reconnaissance et de relation. Ce faisant, l'Europe semble vouloir continuer à dénier le caractère inextricable des cultures multiples, enchâssées dans des compositions non réductibles aux gloses dominantes, celles en particulier de la colonisation ou d'un postcolonialisme univoque. La figure glissanienne de l'archipel et de l'« archipellique » pourrait convenir à l'appréhension des recompositions telles qu'elles dessinent le réel dont, en particulier ici, le passé opacifié et le présent à advenir dans des Antilles relevant des anfractuosités profondes et multiples de la mer des Caraïbes.

Du transnational s'exprime sous des facettes qui lui appartiennent, même si elles relèvent d'entités multiples. Il convient cependant, dans ce cheminement, de ne pas obérer les composantes identitaires ni de se prêter à un certain angélisme, compte tenu de la diversité des créolismes les uns vis-à-vis des autres : d'origine française, anglaise, espagnole, néerlandaise. Il est question d'univers et d'entités caraïbes proches pour certains, pour d'autres en gestation mais tous constituant des ensembles populationnels cohérents à forte charge symbolique. Parmi les premiers, l'antillanité réunit les Petites Antilles et la Guyane, régions et îles relevant d'antériorité sinon commune du moins proche de par leur histoire, celle de la colonisation française. Éventuellement pourront s'instaurer au-delà, mais avec le national de chacun et de chacune, de possibles unions ou unité transnationale que d'aucuns, Césaire ou Fanon, ont évoquées ou ont été chercher vers d'autres rives, celles du continent primordial.

Au prisme des mémoires et des devenirs

Notes]

Introduction]

1. Aimé Césaire, *Et les chiens se taisaient*, Paris, Présence Africaine, 1956, p. 7.

2. Césaire, « Calendrier lagunaire » in *Aimé Césaire, la Poésie*, Paris, Le Seuil, 2006, p. 386-387.

3. Georges Desportes, « Aimé Césaire, l'assurance d'une survie », *Le Progressiste*, 18 juin 2008.

4. Nels Anderson, *Le Hobo, sociologie du sans-abri*, [1923], Paris, Nathan, 1993.

5. Paul Lazarsfeld, Marie Jahoda, Hans Zeisel, *Les Chômeurs de Marienthal*, [1931], Paris, Minuit, 1981.

6. Richard Hoggart, *La Culture du pauvre*, Paris, Minuit, 1970.

7. Stuart Hall, *Identités et cultures, politique des cultural studies*, Paris, Éd Amsterdam, 2007.

8. Edward W. Saïd, *L'Orientalisme, L'Orient crée par l'Occident*, [1978], Le Seuil, 1997.

9. Frederick Cooper et Ann Laura Stoler (éd.) *Tensions of Empire, Colonial Culture in a Bourgeois World*, Berkeley, University of California Press, 1997 ; Neil Lazarus (dir.), *Penser le postcolonial*, Paris, Éditions Amsterdam, 2006 ; Pascal Blanchard, Nicolas Bancel (dir.), *Culture postcoloniale 1961-2006 : traces et mémoires coloniales en France*, Paris, Autrement, 2006 ; Yan Moulier Boutang, Jérôme Vidal, « De la colonialité du pouvoir à l'Empire et vice-versa », *Multitudes*, n° 26, 2006 ; Alec G. Hargreaves, « Chemins de traverse, vers une reconnaissance de la postcolonialité en France », *Mouvements*, n° 51, septembre 2007.

10. Priyamvada Gopal, « Lire l'histoire subalterne » in Neil Lazarus, *op. cit.*

11. E. Saïd, *Culture et impérialisme*, Paris, Fayard-Le Monde diplomatique, 2000, p. 282.

1. La scène coloniale]

1. Fernand Braudel, *Civilisation matérielle, économie et capitalisme XVe-XVIIIe siècle*, Paris, A. Colin, 1979, p. 50.

2. Aristote, *La Politique*, traduction J. Tricot, Paris, J. Vrin, 1987, p. 25, p. 41.

3. Pierre de Ronsard, « Les Isles fortunées », [1555], in *Œuvres complètes*, Paris, NRF, 1950, t. 2, p. 414.

4. Michel de Montaigne, *Les Essais* [1588], Paris, Gallimard, 1962, p. 208.

5. Michael Taussig, *Shamanism, Colonialism, and the Wild Man*, Chicago, University of Chicago Press, 1987.

6. Michel Foucault, *L'Ordre du discours*, Paris, Gallimard, 1971.

7. Olivier Pétré-Grenouilleau, *Les Traites négrières, essai d'histoire globale*, Paris, Gallimard, 2004.

8. Population d'origine amérindienne circulant dans le cadre de cet archipel.

9. Jean-Luc Bonniol, *La Couleur comme maléfice*, Paris, Albin Michel, 1992.

10. Mayotte Capécia, *Je suis martiniquaise*, Paris, Corréa, 1948, p. 59. Cet ouvrage est sujet à caution quant à son véritable auteur, cf. Albert-James Arnold, « Lecture de Fanon au prisme américain : des révolutionnaires aux révisionnistes », *Les Temps Modernes*, n° 635-636, 2005/2006, également Christiane P. Makward, *Mayotte Capécia ou l'aliénation selon Fanon*, Paris, Karthala, 1999.

11. Émile Perrot, *Où en est l'Afrique-Occidentale française*, Paris, Larose éditeurs, 1939, p. 84.

12. Arlette Farge, *Vivre dans la rue à Paris au XVIII° siècle*, Paris, Gallimard-Julliard, 1992.

13. Jennifer Pitts, *Naissance de la bonne conscience coloniale, les libéraux français et britanniques et la question impériale (1770-1870)*, Paris, Éditions de l'Atelier, 2008.

14. Alphonse de Lamartine, « Discours à la Chambre des députés », 2 mai 1834 in *La France colonisatrice*, Paris, Liana Levi, 1983, p. 26.

15. Albert Sarraut, *Grandeur et servitude coloniales*, Paris, Éditions du Sagittaire, 1931, p. 26-27.

16. Claude Lévi-Strauss, « Race et histoire », in *Le Racisme devant la science*, Paris, Unesco-Gallimard, 1960, p. 277.

17. Alejo Carpentier, *Le Siècle des Lumières*, [1962] Paris, Gallimard, 2003, p. 124.

18. « Les Traités du 12 février 1838 » in *Haïti, première république noire* (sous la direction de Marcel Dorigny), Paris, Société française d'histoire d'outre-mer ; Association pour l'étude de la colonisation européenne, 2003, annexes, p. 251-252.

19. Aimé Césaire, propos recueillis par Francis Marmande, *Le Monde*, 17 mars 2006.

20. Georges Phalente *et al.*, *Les Antilles et la Guyane, histoire et géographie*, Paris, Hachette, « Pour connaître la France », 1990, p. 2.

21. Césaire, entretien avec Jacqueline Leiner, *Les Voix de l'écriture. Aimé Césaire*, Paris, RFI, 1996 cité par Elikia M'Bokolo, « Présentation », in Giulia Bonacci *et al.*, *La Révolution haïtienne au-delà de ses frontières*, Paris, Karthala, 2006, p. 7.

22. Césaire, *La Tragédie du roi Christophe*, Paris, Présence Africaine, 1963, p. 29 et p. 84.

23. Pierre Bouvier, « Frantz Fanon et Haïti, trajectoires disjointes » in Giulia Bonacci *et al.*, *op. cit.*

24. « Intervention de M. J.-S. Alexis », *Présence Africaine*, n° 8-9-10, juin-novembre 1956, p. 69-71.

25. Jean Casimir « La Suppression de la culture africaine dans l'histoire d'Haïti », *Socioanthropologie*, n° 8, 2000.

26. Césaire, « Couteaux midi » in *Soleil cou coupé* [1947], repris dans *Cadastre*, Paris, Le Seuil, 1961, p. 44.

27. Frantz Fanon « Aux Antilles, naissance d'une nation ? », *El Moudjahid*, n° 16, 15 janvier 1958, p. 283-285, accompagné d'une carte in *El Moudjahid*, t. I, Belgrade, El Moudjahid, 1962, cf. également *Pour la révolution africaine, écrits politiques*, Paris, La Découverte, 2001.

28. Fanon, « Vérités premières à propos du problème colonial », in *El Moudjahid*, n° 27, 22 juillet 1958, p. 538, article illustré par une photographie représentant des « marines » américains déferlant sur Beyrouth : « Pour le maintien des zones d'influences ».

29. Marcel Manville, *Les Antilles sans fard*, Paris, L'Harmattan, 1992.

30. Édouard Glissant, « Crise d'identité et coupure radicale » *Sans frontière*, février 1982 (n° spécial : *Il y a vingt ans mourait... Frantz Fanon*).

31. *Mémorial international Frantz Fanon*, Paris, Présence Africaine, 1984.

32. Elo Dacy (éd.), « L'Actualité de Frantz Fanon », *Actes du colloque de Brazzaville*, Paris, Karthala, 1986.

33. « Pour Fanon », Rencontre internationale d'Alger, présentation et programme, *Révolution africaine*, 1987.

34. Gérard Barthélemy, *Le Pays en dehors*, Port-au-Prince, Henri Deschamps, 1987.

35. Marcus Garvey in Amy Jacques-Garvey (éd.) *The Philosophy and Opinions of Marcus Garvey or Africa for the Africans*, Dover, The Majority Press, 1986, p. 127.

36. Vittorio V. Lanternari, *Les mouvements religieux des peuples opprimés*, Paris, Maspero, 1962.

37. Franklin Frazier, *Bourgeoisie noire*, Paris, Plon, 1969, p. 110.

38. *Codes noirs, de l'esclavage aux abolitions*, introduction de Christiane Taubira, présentation d'André Castaldo, Paris, Dalloz, 2006, p. 42.

39. Daniel Guérin, *Les Antilles décolonisées*, Paris, Présence Africaine, 1956.

40. Marcus Rediker, *The Slave Ship. A Human History*, Londres, J. Murray, 2007.

41. Jules Levilloux, *Les Créoles ou la Vie aux Antilles*, [1835], Morne-Rouge, Horizons caraïbes, 1977, p. 14-15.

42. *Ibid.*

43. René Maran, *Batouala, véritable roman nègre*, Paris, Albin Michel, 1921, p. 14.

44. Maran, *Un homme pareil aux autres* in Fanon, *Peau noire, masques blancs, op cit.* p 76.

45. Jean Price-Mars, *Ainsi parla l'oncle*, [1928], Ottawa, Léméac, 1973, p. 43.

46. « Documents relatifs à l'insurrection provoquée par un nommé Césaire en 1833 » in Georges Ngal, *Aimé Césaire, un homme à la recherche d'une patrie*, Paris, Présence Africaine, 1994, p. 275.

47. Daniel Boukman, « Les voix des sirènes », in *Chants pour hâter la mort du temps des Orphée*, Honfleur, P. J. Oswald, 1961, p. 55-56.

48. Jean-Jacques Rousseau, *Du contract social ou principes du droit politique* [1762], Paris, Gallimard, 1964, p. 353.

49. Wilhem Reich, *Écoute, petit homme !*, [1948], Paris, Payot, 1981.

50. Entretien avec Christian Lapoussinière, président du Centre césairien d'études et de recherches, Fort-de-France, octobre 2008.

51. Joseph Zobel, *La Rue Cases-Nègres*, [1950], Paris, Présence Africaine, 1984.

52. Césaire, *Cahier d'un retour au pays natal*, [1939], Paris, Présence Africaine, 1983, p. 17-18.

53. Roger Toumson, Simonne Henry-Valmore, *Aimé Césaire, le nègre inconsolé*, La Roque d'Anthéron, Vents d'ailleurs, 2002, p. 35.

54. « Solde » in Léon-Gontran Damas, *Pigments*, [1937], Paris, Présence Africaine, 1962, p. 39.

55. Entretien Césaire-Maunick en 1976, retransmission France Culture le 9 juin 2008.

56. Fanon, *Peau noire*, p. 37.

57. Entretiens, Cristiane Rémion-Granel, 2008.

58. Joby Fanon, *Frantz Fanon, de la Martinique à l'Algérie et à l'Afrique*, Paris, L'Harmattan, 2004, p. 76.

59. Fanon, « Antillais et Africains », in *Pour la révolution africaine, écrits politiques*, Paris, La Découverte, 2001, p. 31.

60. Fanon, *Peau noire, masques blancs*, Paris, Le Seuil, 1952, p. 205.

61. Victor Hugo, *Bug-Jargal*, Fort-de-France, Désormeaux, 1979 avec une présentation de Roger Toumson.

62. Alexandre Dumas *George*, [1843], Paris, Gallimard, 2003.

63. Eugène Sue, *Mathilde*, [1841], Paris, A. Lacroix, 1876, vol. 2, p. 273

2. Les alternatives poétiques et politiques]

1. « Éditorial » *Légitime défense*, [1932], n° 1, Paris, J- M. Place, 1979.

2. Jules-Marcel Monnerot, « Note touchant la bourgeoisie de couleur française », *Légitime défense*, n° 1, p. 3-4.

3. Lilyan Kesteloot, *Anthologie négro-africaine*, Verviers, Marabout, 1967, p. 77-78.

4. Édouard Glissant, *Le Discours antillais*, Paris, Gallimard, 1997, p. 738.

5. Vailland exprime la position ulcérée face à la colonisation de nombre d'intellectuels et d'artistes dans ces années d'après la Première Guerre mondiale : « Il est probable que les peuples des colonies massacreront un jour colons, soldats et missionnaires et viendront à leur tour "opprimer" l'Europe. Et nous nous en réjouissons. [...] parce que les nègres sont plus proches de nous que les Européens, et que nous préférons leur pensée primitive "à la pensée rationnelle" ; leurs magies aux religions dogmatiques ; leurs statues, leurs bijoux, et leurs bordels aux nôtres ! Nous sommes avec les noirs, les jaunes et les rouges contre les blancs. Nous sommes avec tous ceux qui sont condamnés à la prison pour avoir eu le courage de protester contre les guerres coloniales. « Colonisation », *Le Grand Jeu*, n° 1, 1928, in Vailland, *Chroniques des années folles à la libération 1928-1945*, Paris, Éditions sociales, 1984, p. 47. Cf. également Alain Georges Leduc, *Vailland, un écrivain encombrant*, Paris, L'Harmattan, 2008.

6. Léopold Sédar Senghor, *Anthologie de la nouvelle poésie nègre et malgache de langue française*, Paris, PUF, 1948, p. 55.

7. Césaire, « Nègreries, jeunesse noire et assimilation », *L'Étudiant noir*, n° 1, 1935 in Georges Ngal, *op. cit.*, p. 283.

8. Lilyan Kesteloot, *Histoire de la littérature négro-africaine*, Paris, Karthala-AUF, 2001, p. 61.

9. Ngal *op. cit.*, p. 284.

10. Césaire, *Et les chiens se taisaient*, Paris, Présence Africaine, 1956, p. 91.

11. Césaire, *À voix nue*, entretien avec Édouard Maunick, France Culture, 1976, retransmission 9 juin 2008.

12. Césaire in Daniel Delas, *Aimé Césaire*, Paris, Hachette, 1991, p. 141-142.

13. Maryse Condé, *Le cœur à rire et à pleurer, contes vrais de mon enfance*, Paris, Laffont, 1999, p. 62.

14. Charles-Robert Ageron, « L'Exposition coloniale de 1931, mythe républicain ou mythe impérial ? » in Pierre Nora (dir.) *Les lieux de mémoire* Paris, Gallimard, 1984, t. I, p. 564.

15. Condé, *op. cit.*, p. 113-114.

16. Césaire in Patrice Louis, *Conversation avec Aimé Césaire*, Paris, Arléa, 2007, p. 31.

17. Ngal, *op. cit.*

18. David Alliot, *Aimé Césaire, le nègre universel*, Paris, Infolio éditions, 2008.

19. Césaire, *Cahier d'un retour au pays natal, op. cit.*

20. Césaire, « Avis de tirs » *Tropiques*, n° 8-9 Octobre 1943, p. 12-13.

21. Condé, *op. cit.*, p. 18.

22. Césaire, *Cahier*, 1983, p. 10.

23. *Ibid.*, p. 47.

24. *Ibid.*, p. 33.

25. *Ibid.*, p. 59.

26. Césaire, *Et les chiens se taisaient, op. cit.*, Paris, Présence Africaine, 1956, p. 81.

27. Maunick, entretien cité.

28. Senghor, *Liberté V*, Paris, Le Seuil, 1993, p. 7.

29. Jean-Paul Sartre, « Orphée noir » in Léopold Sédar Senghor, *Anthologie de la nouvelle poésie nègre et malgache de langue française*, Paris, PUF, 1969, p. XIV.

30. Senghor, *Liberté IV*, Paris, Le Seuil, 1983, p. 50-51.

31. Césaire, *Discours sur la négritude*, Paris, Présence Africaine, 2004, p. 89-90-91.

32. Césaire, 2005, *op. cit.*

33. René Ménil, « Sens et non-sens » in *Antilles déjà jadis*, Paris, J.-M Place, 1999, p. 66.

34. René Depestre, « L'intellectuel révolutionnaire et ses responsabilités envers le tiers-monde, les aventures de la négritude », *Souffles*, n° 9, 1968, p. 43.

35. Depestre, *Bonjour et adieu à la négritude*, Paris, Laffont, 1980.

36. Césaire, « Le verbe marronner » [1955] in *Aimé Césaire, La Poésie*, Paris, Le Seuil, 2006, p. 481.

37. Stanislas Adotevi, *Négritude et négrologues*, Paris, UGE, 1972, p. 105-106.

38. *Ibid.*, p. 271.

39. Ngal, *op. cit.*, p. 90.

40. Césaire, *Présentation*, « Tropiques », n° 1, in *Tropiques 1941-1945*, Paris J-M. Place, 1978, p. 6.

41. André Breton, « Martinique charmeuse de serpents. Un grand poète noir » in Tropiques, n° 11, mai 1944, p. 121. Sur les différentes éditions du *Cahier*. Cf. D. Alliot, *op. cit.*, p. 248-249.

42. Joby Fanon, *op. cit.*, p. 22.

43. Fanon, *Peau noire*, p. 36.

44. Comme en témoigne, par exemple, l'itinéraire de la princesse guinéenne La Négrita, réduite en esclavage à Santo Domingo, convertie, libérée devenue nonne et honorée au Convento de las Dueñas à Salamanque, en Castille.

45. Césaire, *Cahier*, *op. cit.*, p. 9.

46. Fanon, *Peau noire*, p. 49.

47. Fanon, « Antillais et Africains », *Pour la révolution africaine*, *op. cit.*, p. 31.

48. Guérin, *op. cit.*, p. 48.

49. Fanon, *Peau noire, masques blancs*, 1952, p. 184. [Désormais signalé par : Fanon, 1952]

50. Fanon, « Antillais et Africains », *op. cit.*, p. 32.

51. Monique Vernhes et Jean Bloch, *Pour la Guadeloupe indépendante*, Paris, Maspero, 1970, p. 32-33.

52. Joby Fanon, « Pour Frantz, pour notre mère », *Sans Frontière*, n° spécial *Il y a vingt ans mourrait... Frantz Fanon*, février 1982.

53. Fanon, 1952, p. 184.

54. Fanon, « Antillais et Africains », *op. cit.*, p. 35.

55. La Seconde Guerre mondiale a accéléré les processus de remise en question. La défaite de la France en 1940, les difficultés de la Grande-Bretagne, les victoires momentanées du nazisme et de ses thèses xénophobes et racistes ont contribué au déclin, à terme, des empires européens. Elle signifie, pour les populations colonisées, dans ces années de l'après-guerre, une révision des perceptions de leurs destinées et ceci même pour les plus modérées. Pour tenter d'éradiquer la répétition des conflits armés, la charte de l'Organisation des Nations unies, adoptée à San Francisco, en 1945, postule la nécessité de prendre en compte les aspirations de populations souhaitant s'administrer elles-mêmes et se doter d'institutions politiques répondant à leurs attentes. Ceci est une admonestation adressée aux diverses puissances coloniales.

56. Simone de Beauvoir, *La Force des choses*, Paris, Gallimard, 1963, p. 620.

57. Joby Fanon, 2004, p. 69.[« Je me suis trompé ! » en gras et souligné dans le texte]

58. *Ibid.*, p. 78-79.

59. Césaire, « Dans les boues de l'avenir » in Alliot, *op. cit.*, p. 113.

60. Bernard Droz, *Histoire de la décolonisation au XX° siècle*, Paris, Le Seuil, 2006, p. 250.

61. Fanon, 1952, *op. cit.*, p. 110.

62. *Ibid.*, p. 111.

63. *Ibid.*, p. 29.

64. *Ibid.*, p. 112.

65. Césaire in Claude Ribbe, *Le nègre vous emmerde*, Paris, Buchet/Chastel, 2008, p. 44.

66. Fanon, 1952, p. 113.

67. *Ibid.*, note 15, p. 144.

68. Senghor, « Prière aux masques » [1939], in « Chants d'ombre », *Œuvre poétique*, Paris, Le Seuil, 2006, p. 25-26.

69. Cheikh Anta Diop, *Nations nègres et culture*, [1954], Paris, Présence Africaine, 1979.

70. Fanon, « L'Expérience vécue du Noir », *Esprit*, mai 1951.

71. Fanon, 1952, p. 115.

72. Claude Lévi-Strauss, « Race et histoire », in *Le racisme devant la science*, Paris, Unesco/Gallimard, 1960, p. 280.

73. Jean-Paul Sartre, « Orphée noir » *op. cit.* p. XLI.

74. Georges Lukacs, *Histoire et conscience de classe*, [1920], Paris, Minuit, 1960.

75. Fanon, 1952, p. 134.

76. David Macey, *Frantz Fanon, A Biography*, New York, Picador, 2001, p. 128.

77. Fanon, *Les Mains parallèles*, extraits in Joby Fanon, *op. cit.*, p. 130.

78. Cf. Alice Cherki, *Frantz Fanon, un portait*, Paris, Le Seuil, 2000. L'auteur est psychiatre et psychanalyste et a travaillé, à maintes reprises, avec Fanon.

79. Macey, *op. cit.*, p. 133.

80. Jacques Postel, *L'Information psychiatrique*, n° 10, v 51, décembre 1975, p. 1079 ; numéro consacré à Frantz Fanon.

81. Macey, *op. cit.*, p. 153.

82. Joby Fanon, *op. cit.*

83. Fanon, 1952, p. 207.

84. Fanon, 1952, p. 25.

85. Christian Lapoussinière, « Esquisse d'une étude comparée de l'œuvre d'Aimé Césaire et de Frantz Fanon : le maître et l'élève », *Le Rebelle*, n° 5, 2004.

86. Fanon, 1952, p. 25.

87. Césaire, *Et les chiens se taisaient*, *op. cit.*, p. 67.

88. Fanon, 1952, p. 199.

89. *Ibid.*, p. 194.

90. *Ibid.*, p. 198.

91. *Ibid.*, p. 207.

92. Des études *queers* pourront interroger l'absence de référence aux relations homosexuelles. Fanon ne fait que les mentionner au nom, selon lui, de l'absence du complexe d'Œdipe aux îles sinon, alors, perçues comme relations à coté « de la vie sexuelle normale ». *Ibid.*, note 44, p. 166.

93 *Ibid.*, p. 53-54.

94. *Ibid.*, p. 86.

95. *Ibid.*, p. 67.

96. Octave Mannoni, *Psychologie de la colonisation*, Paris, Le Seuil, 1950 in *Peau noire, masques blancs*, p. 99.

97. Césaire, *Discours sur le colonialisme*, [1950], Paris, Présence Africaine, 2004, p. 46-47.

98. Cherki, *op. cit.*, p. 55.

99. Mannoni, in Fanon, 1952, p. 99.

100. Mannoni in Fanon, 1952, p. 92, note 11.

101. Césaire, *Discours sur le colonialisme*, cité in Fanon, 1952, p. 93.

102. Fanon *Ibid.*, p. 101.

103. *Ibid.*, p. 184.

104. Jean-Paul Sartre, in *Ibid.*, p. 95.

105. Césaire, *Cahier*, p. 20.

106. Fanon, 1952, p. 200.

107. *Ibid.*, p. 208.

108. *Ibid.*, p. 201-202.

109. *Ibid.*, p. 171.

110. Albert Memmi, « Albert Memmi et nous, questionnaire », *Souffles*, n° 6, 1967, p. 6.

111. Memmi, *Portrait du colonisé* précédé du *Portait du colonisateur*, [1957], Paris, Pauvert, 1966.

112. Claudine Razanajao et Jacques Postel, « La vie et l'œuvre psychiatrique de F. Fanon », *L'Information psychiatrique*, vol. 51, n° 10, décembre 1975.

113. Bouvier, *Fanon*, Paris, Éditions universitaires, 1971.

114. François Tosquelles, « Frantz Fanon à Saint-Alban » *L'Information psychiatrique*, v 51, n° 10, décembre 1975, p. 1073.

115. Fanon, « Le syndrome nord-africain » *Esprit*, février 1952, in *Pour la révolution africaine, op. cit.*, p. 14.

116. Fanon, *Ibid.*, p. 19.

117. *Ibid.*, p. 22.

118. Tosquelles, « Frantz Fanon à Saint-Alban », *Sud/Nord, folies et cultures*, n° Frantz Fanon, n° 22, 2008, p. 13.

119. Cherki, *op. cit.*

120. Pierre Aliker, *Antilla*, 24 juillet 2008

121. Jacqueline Leiner, *Aimé Césaire*, Tübingen, Gunter Nan Verlag, 2003, t. II, p. 42.

122. Document dans le bureau d'Aimé Césaire à la vieille mairie.

123. Césaire, « Panorama », *Tropiques*, n° 10, février 1944, p. 7, p. 10.

124. *Ibid.*, p. 7.

125. Leiner, *op. cit.*, p. 42.

126. Césaire, in *L'Étudiant noir*, 1935, *op. cit.*

127. Césaire, *Nègre je suis, nègre je resterai*, *op. cit.*, p. 56.

128. Césaire in Ernest Moutoussamy, *Aimé Césaire, député à l'Assemblée national 1945-1993*, Paris, L'Harmattan, 1993, p. 17.

129. *Ibid.*, p. 28.

130. *Ibid.*

131. Senghor in Alain Blérald, *Négritude et politique aux Antilles*, Paris, Éditions caribéennes, 1981, p. 74-75.

132. Césaire, « An neuf » in Senghor, *Anthologie*, *op. cit.*, p. 75.

133. Césaire in Patrice Louis, *op. cit.*, pp 55-56.

134. Césaire « Victor Schœlcher et l'abolition de l'esclavage » introduction in Victor Schœlcher, *Esclavage et colonisation*, Paris, PUF, 1948, p. 27.

135. Michel Leiris, *Contacts de civilisations en Martinique et en Guadeloupe*, Paris, Unesco, 1955, p. 192.

136. Césaire in Louis, *op. cit.*, p. 58.

137. Alliot, *op. cit.*, p. 107.

138. Aliker, « Nous sommes fils de la Révolution française » *Antilla*, 24 juillet 2008.

139. Fanon, « Aux Antilles, naissance d'une nation ? » *El Moudjahid* 15 janvier 1958, in *Pour la révolution africaine*, *op. cit.*, p. 106.

140. Hubert Juin, *Aimé Césaire, poète noir*, [1956], Paris, Présence Africaine, 1995, p. 27.

141. Delas, *Commentaire du* Discours sur le colonialisme, Paris, Textuel-INA, 2009, p. 41.

142. Césaire, 1955, p. 35.

143. *Ibid.*, p. 25.

144. *Ibid.*, p. 26-27.

145. Césaire, « Réponse à Depestre, poète haïtien », *Présence Africaine*, n° 1-2, avril-juillet 1955.

146. Césaire, *Lettre à Maurice Thorez*, Paris, Présence Africaine, 1956, p. 12-13-14-15.

147. Robert Pierre-Justin, *De la philosophie à la politique*, Paris, Louis Soulanges, 1961.

148. Ernest Renan, *Qu'est-ce qu'une nation ?*, [1882], Paris, Presses Pocket, 1992, p. 54.

149. Césaire, « Rapport présenté au congrès constitutif du PPM », Fort-de-France, 22 mars 1958, in *Œuvres complètes*, t. III, 1976, p. 492.

150. Fanon, 1952, p. 206.

151. Patrice Louis, *ABC...ésaire*, Matoury, Ibis rouge, 2003, p. 74-75.

152. Maunick, entretien, *op. cit.*

153. Lilyan Kesteloot, Barthélemy Kotchy, *Aimé Césaire, l'homme et l'œuvre*, Paris, Présence Africaine, 1973, p. 228.

154. Césaire, « Discours d'accueil de François Mitterrand », 25 octobre 1974 in *Œuvres complètes*, t. III, p. 534.

155. Aliker, *Antilla*, n° 1310, 31 juillet 2008.

156. Césaire, *Nègre je suis, nègre je resterai, op. cit.*, p. 43-44.

157. Fanon, *Les damnés de la terre*, Paris, Maspero, 1961, p. 64.

3. La radicalité en actes]

1. Pierre Bourdieu, *Sociologie de l'Algérie*, Paris, PUF, 1958, p. 115-116.

2. Bernard Droz, Evelyne Lever, *Histoire de la guerre d'Algérie, 1954-1962*, Paris, Seuil, 1982, p. 32.

3. Rabah Bitat, « La préparation de Novembre », *Révolution*, n° 3, novembre 1963 ; Mohamed Boudiaf, « L'OS dans la préparation du 1er novembre », *El Jarida*, n° 8, 21 février 1970.

4. Germaine Tillion, *L'Algérie en 1957*, Paris, Minuit, 1957, p. 27.

5. *Ibid.*, p. 31-32.

6. Césaire, « À l'Afrique », « Soleil cou coupé », in *Cadastre*, Paris, Le Seuil, 1961, p. 39.

7. Josie Fanon, *Révolution africaine*, n° 46, 14 décembre 1963.

8. Fanon, Le « syndrome nord-africain », *op. cit.*, p. 19 ; Bouvier, « Fanon et le corps immigré en souffrance », in *Histoire de l'immigration et question coloniale en France*, Nancy L. Green et Marie Poinsot (dir.), Paris, La Documentation française, 2008.

9. Tosquelles, *Structure et rééducation thérapeutique*, Paris, Éditions universitaires, 1970.

10. Fanon, Jacques Azoulay, « La social-thérapie dans un service d'hommes musulmans. Difficultés méthodologiques » *L'Information psychiatrique*, 4e série, n° 9, octobre-novembre 1954.

11. Bouvier, « Lecture socioanthropologique de Fanon », Rencontre internationale d'Alger, *Pour Fanon*, décembre 1987.

12. Cherki, *op. cit.*, p. 37-38.

13. Fanon, 1952, p. 204.

14. Michel Terestchenko, *Du bon usage de la torture : ou comment les démocraties justifient l'injustifiable*, Paris, La Découverte, 2008.

15. Fanon, 1961, p. 215.

16. *Ibid.*, p. 218.

17. *Ibid.*, p. 220.

18. *Ibid.*, p. 209-210.

19. Fanon, « Sociologie d'une révolution » *(L'An V de la révolution algérienne)*, [1959], Paris, Maspero, 1968, p. 124.

20. *Ibid.*, note 1, p. 121.

21. *Ibid.*, note 1, p. 124.

22. *Ibid.*, note 1, p. 133.

23. Sophie Wahnich, *La Longue Patience du peuple, 1792 naissance de la république*, Paris, Payot, 2008; Alain Badiou, *La Commune de Paris. Une déclaration politique sur la politique*, Paris, Conférences du Rouge-Gorge, 2003.

24. Césaire, « Corps perdu », *Cadastre, op. cit.*, p. 81-82.

25. Fanon, 1961, *op. cit.*, p. 32.

26. *Ibid.*, p. 64.

27. *Ibid.*, p. 66.

28. Fanon, 1959.

29. Fanon, 1961, p. 70.

30. Césaire, « Les armes miraculeuses », [1947], Paris, Gallimard, 1970, p. 31.

31. Josie Fanon, *Révolution africaine*, décembre 1963, n° 46.

32. Mohammed Harbi, « Postface », *Les damnés de la terre*, Paris, La Découverte, 2002.

33. Césaire, « À l'Afrique » in *Soleil cou coupé, op. cit.*, p. 39-40.

34. Fanon, 1961, p. 87.

35. *Ibid.*, p. 46.

36. Fanon, 1959, p. 69.

37. Patrick Chamoiseau, *Écrire en pays dominé*, Paris, Gallimard, 1997

38. Fanon, 1959, p. 41, 42, 44, note 1, p. 43.

39. Claude Lanzmann, *Le lièvre de Patagonie*, Paris, Gallimard, 2009, p. 367.

40. René Dumont, *L'Afrique noire est mal partie*, Paris, Le Seuil, 1962, p. 121.

41. Josie Fanon, *op. cit.*

42. « Manifeste des 121 », *Vérité-liberté*, septembre-octobre, 1960.

43. Jean-Louis Hurst, *Le déserteur*, Paris, Manya, 1991 ; Catherine Simon, *Algérie, les années pieds-rouges*, Paris, La Découverte, 2009.

44. Fanon, « Lettre au ministre résident », (1956), in *Pour la révolution africaine, op. cit.*, p. 61.

45. Michel Minard, François Tosquelles, « Entretien avec Jean Ayme », *Sud/Nord*, 2008, *op. cit.*, p. 120-121.

46. Macey, *op. cit.*, p. 307.

47. *El Moudjahid*, n°ˢ 1 à 29, t. I, Belgrade, El Moudjahid, 1962.

48. *Ibid.*, n° 10, septembre 1957.

49. *Ibid.*, n° 13, note, p. 200.

50. *Ibid.*, n° 15, note, p. 251.

51. Benjamin Stora, *Histoire de la guerre d'Algérie 1954-1962*, Paris, La Découverte, 2006, p. 54.

52. Dominique Darbois, Philippe Vigneau, *Les Algériens en guerre*, Milan, Feltrinelli, 1961.

53. *La Gangrène*, Paris, Minuit, 1959, p. 33-34.

54. Fanon, 1959, p. 141 (en italique dans le texte)

55. Fanon, « Le sang coule aux Antilles sous domination française », *Pour la révolution africaine, op. cit.*, p. 194.

56. Cité in Roger Toumson, Simonne Henry-Valmore, *Aimé Césaire, le nègre inconsolé*, La Roque d'Anthéron, Vents d'ailleurs, 2002, p. 210.

57. Bertène Juminer, « Hommages à Frantz Fanon », *Présence Africaine*, n° 40, 1962, p. 127.

58. Raphaël Confiant, *Aimé Césaire, une traversée paradoxale du siècle*, Paris, Écriture, 2006.

59. Laurent Farrugia, *Le Fait national guadeloupéen*, Ivry, 1968.

60. Césaire, « Aimé Césaire devant la Cour de sûreté de l'État », *Pour servir l'histoire et la mémoire guadeloupéenne, mai 1967*, Burat, Copagua, s.d.

61. « Pourquoi un groupe d'agitation culturelle » *Pren couron' la !*, AGEM Paris, n° 2, (1971) p. 22.

62. Christiane Bougerol, « La sorcellerie aux Antilles », *Socioanthropologie*, n° 5, 1999.

63. Stora, *op. cit.*

64. Fanon, « Cette Afrique à venir » in *Pour la révolution africaine, op. cit.*, p. 206.

65. Fanon, « L'Algérie à Accra » in *Pour la révolution africaine*, p. 174.

66. Peter Geismar, *Fanon*, New York, The Dial Press, 1971, p. 146.

67. Césaire, *Toussaint Louverture la révolution française et le problème colonial*, [1960], Paris, Présence Africaine, 1981, p. 314.

68. Césaire, *Une saison au Congo*, [1965], Paris, Le Seuil, 1973, p. 22.

69. Fanon, « Cette Afrique à venir », *Pour la révolution africaine, op. cit.*, p. 211.

70. Macey, op. cit. p. 358.

71. Memmi, « La Vie impossible de Frantz Fanon », *Esprit*, septembre 1971, p. 258.

72. Stora, « Albert Camus, prix Nobel au cœur de la tourmente algérienne », *Esprit*, janvier 2008.

73. Albert Camus « L'Absente », in Olivier Todd, *Albert Camus, une vie*, Paris, Gallimard, 1996, p. 849.

74. Mohamed Harbi, *Le FLN, Mirage et réalité*, Paris, éd. Jeune Afrique, 1980.

75. Fanon, 1961, p. 128.

76. *Ibid.*, p. 148.

77. Gérard Chaliand, *L'Algérie est-elle socialiste ?*, Paris, Maspero, 1964.

78. Fanon, 1961, p. 131.

79. Macey, *op. cit.*, p. 441.

80. Césaire, *Une saison au Congo, op. cit.*

81. Fanon, 1961, p. 131.

82. Léon-Gontran Damas, *Pigments*, Paris, Présence Africaine, 1962, p. 39-40.

83. Mario de Andrade, « Réflexions autour du congrès culturel de la Havane », *Souffles*, n° 9, 1968, p. 35.

84. *Poèmes, chants, dessins, mai 68-mai 70*, Paris, Front culturel, 1971.

85. Bouvier, « Art et politique, la Jeune Peinture » in Geneviève Dreyfus-Armand (éd.) *Les Années 68, un monde en mouvement. Nouveaux regards sur une histoire plurielle (1962-1981)*, Paris, Syllepse, 2008.

86. Fanon, 1959, p. 15.

87. Alioune Diop, « Niam n'goura », *Présence Africaine*, n° 1, 1947, p. 7.

88. André Gide, « Avant-propos », *Ibid.*, p. 3-4.

89. Diop, « Discours d'ouverture », premier Congrès international des écrivains et artistes noirs *Présence Africaine*, n° 8-9-10, 1956, p. 17.

90. *Ibid.*, p. 6.

91. Fanon, « Racisme et culture », premier congrès, *op. cit.*, *Présence Africaine*, p. 127.

92. *Ibid.*, p. 130-131.

93. Césaire, « Culture et colonisation », Premier Congrès, *op. cit.*, p. 205.

94. « Notre politique de la culture », deuxième Congrès des écrivains et artistes noirs, *Présence Africaine*, n° 24-25, février-mars 1959, p. 6.

95. Césaire, « L'Homme de culture et ses responsabilités », deuxième congrès, *op. cit.*, p. 118.

96. Fanon, 1952, p. 171.

97. Césaire, deuxième congrès, *op. cit.*, p. 117.

98. *Ibid.*

99. *El Moudjahid*, 27-28 juillet 1969.

100. Bertène Juminer, « Hommages à Frantz Fanon », *Présence Africaine*, *op. cit.*, p. 127.

101. *Paris-Presse*, 3 juillet 1962.

102. Henry Poulaille, *Les Damnés de la terre*, Paris, Grasset, 1935.

103. Simone de Beauvoir, *La Force des choses*, Paris, Gallimard, 1963, p. 620-624 ; Claude Lanzmann, « El Menzah 1960, une voix prophétique et testamentaire » *Les Temps Modernes*, n° 635-636, 2005/2006.

104. Jean Daniel, *L'Express*, 14 décembre 1961.

105. Juminer, *op. cit.*, p. 128-129.

106. Irène Gendzier, *Frantz Fanon*, Paris, Le Seuil, 1976, p. 244.

107. Geismar, *op. cit.*, p. 186.

108. El Moudjahid, *op. cit.*, t. III, p. 647-648.

109. *Ibid.*, p. 647.

110. Dossier de presse, bibliothèque Schœlcher, Fort-de-France également Joby Fanon, *op. cit.*, p. 212-215.

4. Le syndrome postcolonial hier et aujourd'hui]

1. Saïd, 2000, *op. cit.*, p. 331.

2. Francis Jeanson, « Reconnaissance de Fanon » postface à *Peau noire, op. cit.*, p. 224-225.

3. François Maspero, « Hommages à Frantz Fanon », *Présence Africaine, op. cit.* p. 132.

4. Jean-Paul Sartre, « Préface », *Les Damnés, op. cit.*, p. 26.

5. Jean-Marie Domenach, *Esprit*, février 58-mars 1962.

6. Gilles Martinet, *France-Observateur*, 30 novembre 1961.

7. Michel Crouzet dans *La Nef*, octobre 1962.

8. Nguyen Nghe, *La Pensée*, n° 107, 1963.

9. Alliot, *op. cit.*, p. 195.

10. Sartre, *L'Existentialisme est un humanisme*, Paris, Nagel, 1946, p. 27.

11. Hegel, *Phénoménologie de l'Esprit* in Fanon, 1952, p. 197.

12. Jean Amery, « L'Homme enfanté par l'esprit de la violence » *Les Temps Modernes, op. cit.* p. 180.

13. Monique Laks, *Autogestion ouvrière et pouvoir politique en Algérie (1962-1965)*, Paris, EDI, 1970.

14. Pierre Bourdieu, Abdelmalek Sayad, *Le Déracinement*, Paris, Minuit, 1964.

15. « Socialisme et éducation », Mustapha Srir, numéro spécial, avril 1964

16. Ex-membre de l'UNEF et sympathisant des thèses du PSU.

17. Fanon, 1961, p. 149.

18. *Ibid.*, p. 146.

19. Notes prises et collationnées auprès de volontaires, avril-juin 1964.

20. Des textes tels que : « Les silhouettes matinales me renvoyaient l'image de mes vêtements fripés, mes doigts gonflés de sommeil s'accordaient aux mains de la foule/La parade des tissus miroitants était révolue. Le fleuve humain avait emporté les tourbières fétides, les marécages où guette l'homme au ventre mou/Je m'appuyai contre un mur, j'oubliais les sollicitations de mes sens pour ne plus voir que ces regards sombres, sombres comme le souvenir des geôles sans étoiles/Au-delà de la vague laborieuse, dans les brumes de mon pays on m'avait dit la fatalité d'une race. On m'avait répété l'insouciance des sourires édentés, la somnolence des plaies que le soleil cicatrise mais la main a chassé les mouches visqueuses, les mâchoires ont frémi/Au bord de l'avenue les passants dérident leur visage au souffle vif de la ville, de leur ville. » Bouvier, « Attente », Alger, avril 1964.

21. « Après les décisions du comité central, ouvriers et fellahs nous disent : le coup de balai viendra des travailleurs. La réforme agraire : pas de sentiment, de la justice. » *Alger ce soir*, 13 juin 1964.

22. « Le socialisme, c'est notre affaire », *Révolution africaine*, n° 74, 27 juin 1964.

23. *El Moudjahid*, 27-28 juillet 1969.

24. Josie Fanon, *Révolution africaine*, 11 décembre 1987, n° 1241.

25. « Pour Fanon », Rencontre internationale d'Alger, présentation et programme, *Révolution africaine*, 1987.

26. Christiane Chaulet Achour, *Frantz Fanon, l'importun*, Montpellier, éd. Chèvre-Feuille étoilé, 2004.

27. *Dipenda*, hebdomadaire de la révolution congolaise, 30 décembre 1963.

28. Nigel C. Gibson (éd.) *Challenging Hegemony, Social Movements ant the Quest for a New Humanism in Post-Apartheid South Africa*, Trenton, Africa World Press, 2006.

29. James Boggs, « La seule force révolutionnaire » *Les Temps Modernes*, mai-juin 1968, p. 2042-2045.

30. Eldridge Cleaver, *À propos de l'idéologie du Black Panther Party*, Paris, Gît-le Cœur, [s.d.], p. 9-10.

31. Le croisement entre Césaire et Fanon s'est révélé pertinent lors de conférences données, en 2008-2009, dans des départements des universités comme Columbia, New York University, Fordham ou UCLA.

32. Ernesto Che Guevara, *Le Socialisme et l'homme*, Paris, Maspero, 1967, p. 50.

33. Régis Debray, *Révolution dans la révolution?*, Paris, Maspero, 1972.

34. Adolfo Gilly, « Frantz Fanon et la révolution en Amérique latine », *Partisans*, n° 21, 1965.

35. Maurice Lemoine, « Périlleux Bras de fer en Bolivie », *Le Monde diplomatique*, septembre 2008.

36. Césaire, « Hommages à Frantz Fanon », *Présence Africaine, op. cit.*, p. 120

37. *Ibid.*, p. 121.

38. « Par tous mots guerrier-silex », [1976] in « Moi, laminaire », Aimé Césaire, *La Poésie*, Le Seuil, 2006 p. 394-395.

39. Georges Desportes, entretien Fort-de-France, octobre 2008.

40. Édouard de Lépine, *Action*, n° 2, décembre 1963.

41. Vernhes, Bloch, *op. cit.*, p. 46-47.

42. Marcel Manville *Mémorial international Frantz Fanon*, Paris, Présence Africaine, 1984, p. 23.

43. *Ibid.*, p. 275.

44. Liyannaj kont pwofitasyon, *Les 120 propositions du collectif*, Fort-de-France, Desnel, 2009.

45. Fanon, 1961, p. 131.

46. Ernest Breleur, Patrick Chamoiseau, Serge Domi, Gérard Delver, Édouard Glissant, Guillaume Pigeard de Gurbert, Olivier Portecop, Olivier Pulvar, Jean-

Claude William, « Manifeste pour les « produits » de haute nécessité », *Antilla*, n° 1339, 19 février 2009 ; Bouvier « Sous l'invocation de Césaire et Fanon : De la départementalisation à l'autonomie ? », *Le Monde*, 14/3/2009.

47. Homi K. Bhabha « Framing Fanon », in Fanon, *The Wretched of the Earth*, New York, Grove press, 2004.

48. François Cusset, *French Theory*, Paris, La Découverte, 2003.

49. Saïd, 2000, p. 374.

50. Arnold, *op. cit.*, p. 135.

51. Cusset, *op. cit.*

52. Jacques Pouchepadass, « Les émeutes du "93" sont-elles postcoloniales ? », *L'Homme*, n° 187-188, juillet-décembre 2008.

53. Homi K. Bhabha, *Les Lieux de la culture, une théorie postcoloniale*, Paris, Payot, 2007, p. 116.

54. Memmi, *Portrait du décolonisé arabo-musulman et de quelques autres*, Paris, Gallimard, 2004, p. 169.

55. Nancy L. Green, *Repenser les migrations*, Paris, PUF, 2002.

56. Memmi, 2004, *op. cit.*

57. Lamence Madzou, *J'étais un chef de gang*, Paris, La Découverte, 2008.

58. Céline Braconnier, Jean-Yves Dormagen, *La Démocratie de l'abstention*, Paris, Gallimard, « Folio essais », 2007.

59. Sylvain Aquatias, « Jeunes de banlieue, entre communauté et société », *Socioanthropologie*, n° 2, 1997.

60. Jean-Marie Brohm, Marc Pérelman, *Le Football, une peste émotionnelle*, Paris, Gallimard, 2006.

61. Joffre Dumazedier, *Vers une civilisation du loisir ?*, Paris, Le Seuil, 1962.

62. Theodor W. Adorno, *Prismes*, Paris, Payot, 1986 ; Jean-Pierre Escriva, « L'Emprise du macro-système sportif », *Socioanthropologie*, n° 13, 2003.

63. Fanon, 1961, p. 145-146.

64. *Ibid.*

65. Herbert Marcuse, *Éros et civilisation*, Paris, Minuit, 1968.

66. Thomas Hobbes, *Léviathan, traité de la matière, de la forme et du pouvoir de la république ecclésiastique et civile*, [1651], Paris, Sirey, 1971.

67. Dominic Thomas, *Black France, Colonialism, Immigration and Trans-nationalism*, Bloomington, Indiana University Press, 2007.

68. Patrick Lozès, « Le Mot du président », document de présentation du CRAN, 2005.

69. Pap Ndiaye, *La Condition noire. Essai sur une minorité française*, Paris, Calmann-Lévy, 2008 ; Myriam Cottias, *La Question noire. Histoire d'une construction coloniale*, Paris, Bayard, 2007.

70. Jérémy Robine, « Les Indigènes de la république : nation et question postcoloniale », *Hérodote*, n° 120, 2006.

71. Fanon, 1952, p. 26.

72. *Ibid.*, p. 28.

73. Bouvier, *Le Lien social*, Paris, Gallimard, « Folio essais », 2005.

74. « Sciences sociales et Caraïbe », universités d'été, université des Antilles et de la Guyane, Fort-de-France, juillet 1998/juillet 1999, sous la direction de Myriam Cottias et de Fred Constant.

75. Guérin, *op. cit. Introduction* d'Aimé Césaire.

76. Fanon, « Cette Afrique à venir », in *Pour la révolution*, p. 212.

77. *Dipenda*, hebdomadaire de la révolution congolaise, 6/8/1966.

78. Césaire, « Ode à la Guinée » in *Cadastre*, Paris, Le Seuil, 1961, p. 50-51.

79. Sekou Touré, *L'Expérience guinéenne et l'unité africaine*, Paris, Présence Africaine, 1959, p. 6, avec une préface d'Aimé Césaire.

80. Suzanne Brichaux-Houyoux, *Quand Césaire écrit, Lumumba parle*, Paris, L'Harmattan, 1993, p. 278.

81. Césaire « Préface », in Sékou Touré, *op. cit.*, p. 7.

82. Fanon, 1952, p. 50

83. Raphaël Confiant, *Aimé Césaire, une traversée paradoxale du siècle*, Paris, Écriture, 2006.

84. Fanon, « Le sang coule aux Antilles », in *Pour la révolution africaine, op. cit.*

85. Fanon, « Aux Antilles, naissance d'une nation ? », in *Pour la révolution africaine, op. cit.*

86. Patrick Chamoiseau, *Écrire en pays dominé*, Paris, Gallimard, 1997, p. 247.

87. Raphaël Confiant, *op. cit.*, p. 318.

88. *Ibid.* p. 311.

89. Césaire, « Allocution pour le 10e anniversaire de la fondation du PPM », 22 mars 1968 in *Œuvres complètes*, t. III, *op. cit.*, p. 523.

90. Jean Bernabé, Patrick Chamoiseau, Raphaël Confiant, *Éloge de la créolité*, Paris, Gallimard, 1993, p. 18.

91. Confiant, *op. cit.*, p. 283.

92. Damas, « Hoquet », *op. cit.*, p. 34-35.

93. Patrick Chamoiseau, *Écrire en pays dominé, op. cit.*, p. 247.

94. Fanon, 1952, p. 38.

95. *Ibid.*, p. 109.

96. *Ibid.*, p. 50.

97. *Ibid.*, p. 51.

98. Patrick Chamoiseau, Raphaël Confiant, *Lettres créoles*, Paris, Hatier, 1991, p. 204.

99. Chamoiseau, 1997, p. 328.

100. Jean Bernabé, Patrick Chamoiseau, Raphaël Confiant, *op. cit.*, p. 11.

101. Fanon, 1961, p. 180.

102. Condé, *Une saison à Rihata*, Paris, R. Laffont, 1981.

103. Rémion-Granel, *Nectar d'Afrique*, Abidjan, Nouvelles Éditions africaines, 1985.

104. Bernabé, Chamoiseau, Confiant, *op. cit.*, p. 29.

105. *Ibid.*, p. 24.

106. Roger Toumson, *Mythologie du métissage*, Paris, PUF, 1998, p. 22, p. 25.

107. Jean-Loup Amselle, *L'Occident décroché*, Paris, Stock, 2007.

108. Césaire, « Comment je suis devenu poète ? J'ai foi dans les armes miraculeuses et les Antilles miraculées », *Le Rebelle*, n° 4, 1997, p. 17.

109. Jean Bernabé, Patrick Chamoiseau, Raphaël Confiant, *op. cit.*, p. 27.

110. *Ibid.*, p. 25.

111. *Ibid.* p. 28.

112. Glissant, « La Philosophie de la relation », New York, conférence Cuny, mars 2008.

113. Glissant, Chamoiseau, *Quand les murs tombent, l'identité nationale hors-la-loi ?*, Paris, Galaade éditions, 2007.

Chronologie]

Date	AIMÉ CÉSAIRE	FRANTZ FANON
26 juin 1913	Naissance à Basse-Pointe (Martinique)	
1924	Boursier au lycée Schœlcher de Fort-de-France	
20 juillet 1925		Naissance à Fort-de-France (Martinique)
Septembre 1931	Boursier hypokhâgne à Louis-le-Grand (Paris)	
Septembre 1934	Fondation de *L'Étudiant noir*	
1935	Réussite au concours d'entrée de l'École normale supérieure	
1937	Mariage avec Suzanne Roussi	Lycée Schœlcher, Fort-de-France
1938	Naissance d'un premier enfant, Jacques. Le couple Césaire-Roussi aura six enfants	

Date	Aimé Césaire	Frantz Fanon
1939	Poste d'agrégé au lycée Schœlcher à Fort-de-France *Cahier d'un retour au pays natal*	Scolarité au François avec son frère Joby
1941	Fondation de la revue *Tropiques*	
1943		Bref séjour à la Dominique pour rejoindre les forces gaullistes
1944		Maroc puis Campagne de France Blessé dans les Vosges Citation et attribution de la croix de guerre
1945	Élu maire de Fort-de-France et député de la circonscription Martinique (liste PCF).	
1945-2001	Maire de Fort-de-France	
1945-1993	Député de la Martinique	
1946	Rapporteur de la loi sur la départementalisation, à l'Assemblée nationale *Les Armes miraculeuses*	Études de médecine à Lyon, il est boursier
1948		Naissance de sa fille Mireille Fanon
1950	*Discours sur le colonialisme*	
1951		Soutenance d'une thèse en médecine

Date	AIMÉ CÉSAIRE	FRANTZ FANON
1952		Mariage avec Marie-Josèphe Dublé (« Josie ») *Peau noire, masques blancs*
1953		Poste à l'hôpital psychiatrique de Blida (Algérie)
1955		Naissance de son fils Olivier
1956	1er Congrès des écrivains et artistes noirs (Sorbonne) *Lettre à Maurice Thorez* Démission du PCF	1er Congrès des écrivains et artistes noirs (Sorbonne) Démission de ses fonctions de médecin-chef à Blida
1957		Bref séjour en France puis installation à Tunis
1957-1961		Collaborateur du journal *El Moudjahid* Médecin aux hôpitaux La Manouba puis Charles-Nicolle (Tunis)
1958	Fondation du Parti progressiste martiniquais	Congrès panafricain à Accra (Ghana)
1959	2e Congrès des écrivains et artistes noirs (Rome)	2e Congrès des écrivains et artistes noirs (Rome) *L'An V de la révolution algérienne*
1960	*Ferrements* Voyage en Afrique *Toussaint Louverture, la Révolution française et le problème colonial*	Représentant du Gouvernement provisoire de la République algérienne (Accra, Ghana)

Date	AIMÉ CÉSAIRE	FRANTZ FANON
6 décembre 1961		Décès (leucémie) à l'âge de 36 ans, à Washington DC. (États-Unis) *Les Damnés de la terre*
1963	*La Tragédie du roi Christophe* Divorce d'Aimé Césaire et de Suzanne Césaire	
1964		*Pour la révolution africaine, écrits politiques*
1966	*Une saison au Congo* Décès de Suzanne Césaire	
1982	*Moi, laminaire...* Grand prix national de poésie	
1987	*Discours sur la négritude* Miami	
1989		Décès de Josie Fanon
1994	*La Poésie*, éd. Daniel Maximin/Gilles Carpentier	
2005	*Nègre je suis, nègre je resterai*, entretiens avec Françoise Vergès	
17 avril 2007	Décès à l'age de 94 ans	

Bibliographie]

[Bibliographie sélective

Aimé Césaire

Cahier d'un retour au pays natal, [1939], Paris, Présence africaine, 1983.
Discours sur le colonialisme, [1950], Paris, Présence africaine, 2004.
Et les chiens se taisaient, Paris, Présence africaine, 1956.
Cadastre, Paris, Le Seuil, 1961.
La Tragédie du roi Christophe, Paris, Présence africaine, 1963.
Les Armes miraculeuses, [1946], Paris, Gallimard, 1970.
Discours sur la négritude, [1987], Paris, Présence africaine, 2004.
Nègre je suis, nègre je resterai, entretiens avec Françoise Vergès, postface « Pour une lecture postcoloniale de Césaire », Paris, Albin Michel, 2005.
La Poésie, Daniel Maximin et Gilles Carpentier, Paris, Le Seuil, 2006.

Frantz Fanon

Peau noire, masques blancs, Paris, Le Seuil, 1952.
L'An V de la révolution algérienne, sociologie d'une révolution, [1959], Paris, Maspero, 1968.
Les Damnés de la terre, Paris, Maspero, 1961.
Pour la révolution africaine, écrits politiques, [1952-1961], Paris, La Découverte, 2001.

À propos d'Aimé Césaire

Aimé Césaire, le legs « … nous sommes de ceux qui disent non à l'ombre. », Annick Thébia-Melsan (dir.), Paris, Argol, 2009.

Aimé Césaire, une pensée pour le XXIe siècle, Christian Lapoussinière (dir.), Paris, Présence africaine, 2003.

« Aimé Césaire », *Europe*, n° 832-833, septembre 1998

« Aimé Césaire », *Présence Africaine*, n° 151/152, 1995.

Aimé Césaire ou l'athanor d'un alchimiste, Paris, Éditions caribéennes, 1987.

ALLIOT (David), *Aimé Césaire, le nègre universel*, Paris, Infolio éditions, 2008.

BOUVIER (Pierre), « L'heure de nous-même a sonné » in Annick THÉBIA-MELSAN (dir.), *Aimé Césaire, le legs*, « ... nous sommes de ceux qui disent non à l'ombre. », Paris, Argol, 2009.

BOUVIER (Pierre), « Aimé Césaire, la négritude et l'ouverture poétique », *Esprit*, juillet 2008.

BRICHAUX-HOUYOUX (Suzanne), *Quand Césaire écrit, Lumumba parle*, Paris, L'Harmattan, 1993.

CONFIANT (Raphaël), *Aimé Césaire, une traversée paradoxale du siècle*, Paris, Écriture, 2006.

DELAS (Daniel), *Aimé Césaire*, Paris, Hachette, 1991.

DESPORTES (Georges), « Aimé Césaire, l'assurance d'une survie », *Le Progressiste*, 18 juin 2008.

GIRAULT Jacques, LECHERBONNIER (Bernard) (dir.), *Aimé Césaire, un poète dans le siècle*, Itinéraires et contacts de culture, vol. 13, 2006.

JUIN (Hubert), *Aimé Césaire, poète noir*, [1956], Paris, Présence africaine, 1995.

KESTELOOT (Lilyan), KOTCHY (Barthélemy), *Aimé Césaire, l'homme et l'œuvre*, Paris, Présence africaine, 1973.

KESTELOOT (Lilyan), *Aimé Césaire*, Paris, Seghers, 1962.

LAPOUSSINIÈRE (Christian), « Esquisse d'une étude comparée de l'œuvre d'Aimé Césaire et de Frantz Fanon: le maître et l'élève », *Le Rebelle*, n° 5, 2004.

LE BRUN Annie, *Pour Aimé Césaire*, Paris, J.-M. Place, 1994.

LEINER (Jacqueline), *Aimé Césaire*, Tübingen, Gunter Narr Verlag, 1984.

LOUIS (Patrice) *Rencontre avec un Nègre fondamental*, Paris, Arléa, 2004.

LOUIS (Patrice), *ABC...ésaire*, Matoury, Ibis rouge, 2003.

Moutoussamy (Ernest), *Aimé Césaire, député à l'Assemblée nationale 1945-1993*, Paris, L'Harmattan, 1993.

Ngal (Georges), *Aimé Césaire, un homme à la recherche d'une patrie*, Paris, Présence africaine, 1994.

Ngal (Georges), Stein (Martin), *Césaire 70*, Yaoundé, Silex-Nouvelles du Sud, 2004.

Ribbe (Claude), *Le Nègre vous emmerde, pour Aimé Césaire*, Paris, Buchet-Chastel, 2008.

Thébia-Melsan (Annick) (dir.), *Aimé Césaire, pour regarder le siècle en face*, Paris, Maisonneuve & Larose, 2000.

Toumson (Roger), Henry-Valmore (Simone), *Aimé Césaire, le nègre inconsolé*, La Roque d'Anthéron, Vents d'ailleurs, 2002.

À propos de Frantz Fanon

« Frantz Fanon » *Sud/Nord, folies & cultures*, n° 22, 2008.

« Pour Frantz Fanon », *Les Temps modernes*, n° 635-636, 2005/2006.

« Pour Fanon », Rencontre internationale d'Alger, présentation et programme, *Révolution africaine*, 1987.

Arnold (Albert James), « Lecture de Fanon au prisme américain : des révolutionnaires aux révisionnistes » *Les Temps modernes*, n° 635-636, 2005/2006.

Bhabha (Homi K) « Framing Fanon » in Fanon, *The wretched of the earth*, New York, Grove press, 2004.

Beauvoir (Simone de), *La Force des choses*, Paris, Gallimard, 1963, t. II.

Bouvier (Pierre), « Fanon et le corps immigré en souffrance » in *Histoire de l'immigration et question coloniale en France*, Nancy L. Green et Marie Poinsot (dir.), Paris, La Documentation française, 2008.

Bouvier (Pierre), « Syndrome postcolonial », *Esprit*, janvier 2006.

Bouvier (Pierre), « Frantz Fanon et Haïti, trajectoires disjointes » in Giulia Bonacci *et al.*, *La Révolution haïtienne au-delà de ses frontières*, Paris, Karthala, 2006.

Bouvier (Pierre), « Espace caraïbe, fanonisme et multiculturalisme » in Jean-Marc Lachaud (dir.), *Art, culture et politique*, Paris, PUF, 1999.

BOUVIER (Pierre), « Lecture socioanthropologique de Fanon », Rencontre internationale d'Alger, Pour Fanon, décembre 1987.

BOUVIER (Pierre), *Fanon*, Paris, Éditions universitaires, 1971.

CAUTE (David), *Frantz Fanon*, Paris, Seghers, 1970.

CÉSAIRE (Aimé), « Hommages à Frantz Fanon », *Présence africaine*, n° 40, 1962.

CHAULET ACHOUR (Christiane), *Frantz Fanon, l'importun*, Montpellier, Chèvre-Feuille étoilé, 2004.

CHERKI (Alice), *Frantz Fanon, portrait*, Paris, Le Seuil, 2000.

DALCY (Elo), « L'Actualité de Frantz Fanon », *Actes du colloque de Brazzaville*, Paris, Karthala, 1986.

DAYAN-HERZBRUN (Sonia), « Vers une pensée politique postcoloniale ; à partir de Frantz Fanon », *Tumultes*, n° 31, octobre 2008.

FANON (Joby), *Frantz Fanon, de la Martinique à l'Algérie et à l'Afrique*, Paris, L'Harmattan, 2004.

FANON (Josie), *Révolution africaine*, n° 46, 14 décembre 1963.

GEISMAR (Peter), *Frantz Fanon*, New York, Dial Press, 1971.

GENDZIER (Irène), *Frantz Fanon*, Paris, Le Seuil, 1976.

GIBSON (C. Nigel), *Fanon, The Postcolonial imagination*, Cambridge, Polity Press, 2003.

GLISSANT (Édouard), « Crise d'identité et coupure radicale », *Sansfrontière*, février 1982 (n° spécial : « Il y a vingt ans mourait... Frantz Fanon »)

GORDON (R. Lewis), SHARPLEY-WHITING (T. Denean), T. WHITE. (Renée) (dir.), *Fanon : A Critical Reader*, Oxford, Blackwell, 2000.

JEANSON (Francis), « Reconnaissance de Fanon », postface à *Peau noire, masques blancs*, Paris, Le Seuil, 1965.

JULIEN (Isaac), NASH (Mark), *Peau noire, masque blancs, Frantz Fanon* ; Paris, K Films éditions, 1998.

JUMINER (Bertène), « Hommages à Frantz Fanon », *Présence Africaine*, n° 40, 1er trimestre 1962.

LAPOUSSINIÈRE (Christian), « Esquisse d'une étude comparée de l'œuvre d'Aimé Césaire et de Frantz Fanon : le maître et l'élève », *Le Rebelle*, n° 5, 2004.

LANZMANN (Claude), *Le Lièvre de Patagonie*, Paris, Gallimard, 2009.

LUCAS (Philippe), *Sociologie de Frantz Fanon*, Alger, SNED, 1971.

MACEY (David), *Frantz Fanon*, New York, Picador, 2001.

MAKANDA (Ida), *La Postérité de Frantz Fanon de 1961 à nos jours*, mémoire de master 2, EHESS, 2008.

MASPERO (François), « Hommages à Frantz Fanon », *Présence africaine*, n° 40, 1er trimestre 1962.

MCCULLOCH (Jock), *Black Soul, White Artifact, Fanon's clinical psychology and social theory*, Cambridge, Cambridge University Press, 1983.

MEMMI (Albert), « La Vie impossible de Frantz Fanon », *Esprit*, septembre 1971.

Mémorial international Frantz Fanon, Paris, Présence africaine, 1984.

RAZANAJAO (Claudine), POSTEL (Jacques), « La Vie et l'Œuvre psychiatrique de F. Fanon », *L'Information psychiatrique*, vol. 51, n° 10, décembre 1975.

TOSQUELLES (François), « Frantz Fanon à Saint-Alban », *Sud-Nord, folies et cultures*, n° Frantz Fanon, n° 22, 2008.

VERGÈS (Françoise), « Le Fantôme de Frantz Fanon ou oublier le tiers-monde », in JULIEN (Isaac), MARK (Nash), VERGÈS (Françoise), *Peau noire, masques blancs*, K. films.

ZAHAR (Renate), *L'Œuvre de Frantz Fanon*, Paris, Maspero, 1970.

[Bibliographie générale

« Notre politique de la culture », Deuxième Congrès des écrivains et artistes noirs, *Présence africaine*, n 24-25, février-mars 1959.

ABÉLÈS (Marc), *Anthropologie de la globalisation*, Paris, Payot, 2008.

ADORNO (Theodor W.), *Prismes*, Paris, Payot, 1986.

ADOTEVI (Stanislas), *Négritude et négrologues*, Paris, UGE, 1972.

AFFERGAN (Francis), *Martinique; les identités remarquables. Anthropologie d'un terrain revisité*, Paris, PUF, 2006.

ALIKER (Pierre), « Nous sommes fils de la Révolution française » *Antilla*, 24 juillet 2008.

AMSELLE (Jean-Loup), *L'Occident décroché*, Paris, Stock, 2007.

AQUATIAS (Sylvain), « Jeunes de banlieue, entre communauté et société », *Socio-anthropologie*, n 2, 1997.

BADIOU (Alain), *Peut-on penser la politique?*, Paris, Le Seuil, 1985.

BERNABÉ (Jean), CHAMOISEAU (Patrick), CONFIANT (Raphaël), *Éloge de la créolité*, Paris, Gallimard, 1993.

BHABHA (Homi K.) *Les Lieux de la culture, une théorie postcoloniale*, Paris, Payot, 2007.

BLANCHARD (Pascal), BANCEL (Nicolas) (dir.), *Culture postcoloniale 1961-2006 : traces et mémoires coloniales en France*, Paris, Autrement, 2006.

BONACCI (Giulia) *et al.*, *La Révolution haïtienne au-delà de ses frontières*, Paris, Karthala, 2006.

BONNIOL (Jean-Luc), *La Couleur comme maléfice*, Paris, Albin Michel, 1992.

BOUGEROL (Christiane), « La Sorcellerie aux Antilles », *Socio-anthropologie*, n° 5, 1999.

BOUKMAN (Daniel), « Les Voix des sirènes », in *Chants pour hâter la mort du temps des Orphée*, Honfleur, P. J. Oswald, 1961.

BOURDIEU (Pierre), *Sociologie de l'Algérie*, Paris, PUF, 1958.

BOURDIEU (Pierre), SAYAD (Abdelmalek), *Le Déracinement*, Paris, Minuit, 1964.

BOUVIER, *Le Lien social*, Paris, Gallimard, 2005.

—, *La Socio-anthropologie*, Paris, Armand Colin, 2000.

—, *Socio-anthropologie du contemporain*, Paris, Galilée, 1995.

BRAUDEL (Fernand), *Civilisation matérielle, économie et capitalisme XVe-XVIIIe siècles*, Paris, Armand Colin, 1979.

BRETON (André), « Martinique charmeuse de serpents Un grand poète noir » in *Tropiques*, n° 11, mai 1944.

BRUCKNER (Pascal), *Le Sanglot de l'homme blanc. Tiers-monde, culpabilité, haine de soi*, Paris, Le Seuil, 1983.

CAPÉCIA (Mayotte), *Je suis martiniquaise*, Paris, Corréa, 1948.

CASIMIR (Jean), « La Suppression de la culture africaine dans l'histoire d'Haïti », *Socio-anthropologie*, n° 8, 2000.

CHALIAND (Gérard), *L'Algérie est-elle socialiste?*, Paris, Maspero, 1964.

CHAMOISEAU (Patrick), *Écrire en pays dominé*, Paris, Gallimard, 1997.

CHAMOISEAU (Patrick), CONFIANT (Raphaël), *Lettres créoles*, Paris, Hatier, 1997.

Codes noirs, de l'esclavage aux abolitions, introduction de Christiane TAUBIRA, présentation d'André CASTALDO, Paris, Dalloz, 2006.

CONDÉ (Maryse), *Le Cœur à rire et à pleurer, souvenirs de mon enfance*, Paris, Laffont, 1999.

—, *Une saison à Rihata*, Paris, R. Laffont, 1981.

COOPER (Frederick), STOLER (Ann Laura) (éd.) *Tensions of Empire, Colonial Culture in a Bourgeois World*, Berkeley, University of California Press, 1997.

COQUERY-VIDROVITCH (Catherine), *Enjeux politiques de l'histoire coloniale*, Marseille, Agone, 2009.

COTTIAS (Myriam), *La Question noire. Histoire d'une construction coloniale*, Paris, Bayard, 2007.

CUSSET (François), *French Theory*, Paris, La Découverte, 2003.

DAMAS (Léon-Gontran), *Pigments*, [1937], Paris, Présence africaine, 1962.

DARBOIS (Dominique), VIGNEAU (Philippe), *Les Algériens en guerre*, Milan, Feltrinelli, 1961.

DELSHAM (Tony), *Cénesthésie et l'urgence d'être*, Schœlcher, Martinique éditions, 2005.

DEPESTRE (René), *Bonjour et adieu à la négritude*, Paris, Laffont, 1980.

DIOP (Cheikh Anta), *Nations nègres et culture*, [1954], Paris, Présence africaine, 1979.

FARRUGIA (Laurent), *Le Fait national guadeloupéen*, Ivry-sur-Seine, 1968.

FERRO (Marc), *Le Livre noir du colonialisme XVIe-XXIe siècles, de l'extermination à la repentance*, Paris, Robert Laffont, 2003.

FOUCAULT (Michel), *Surveiller et punir, naissance de la prison*, Paris, Gallimard, 1975.

—, *L'Ordre du discours*, Paris, Gallimard, 1971.

FRANKLIN (Frazier), *Bourgeoisie noire*, Paris, Plon, 1969.

GIRAUD (Michel), *Races et classes à la Martinique: les relations sociales entre enfants de différentes couleurs à l'école*, Paris, Anthropos, 1979.

GLISSANT (Édouard), Chamoiseau (Patrick), *L'Intraitable Beauté du monde, adresse à Barack Obama*, Paris, Galaade éditions, 2009.

GLISSANT (Édouard), Chamoiseau (Patrick), *Quand les murs tombent, l'identité nationale hors-la-loi?*, Paris, Galaade éditions, 2007.

GLISSANT (Édouard), *Le Discours antillais*, Paris, Gallimard, 1997.

GREEN (Nancy L.), *Repenser les migrations*, Paris, PUF, 2002.

GUÉRIN (Daniel), *Les Antilles décolonisées*, Paris, Présence africaine, 1956.

GUHA (Ranajit), *History at the Limit of World-History*, New York, Columbia University Press, 2002.

HALL (Stuart), *Identités et Cultures, politique des cultural studies*, Paris, Éditions Amsterdam, 2007.

HARBI (Mohamed), *Le FLN, mirage et réalité*, Paris, Jeune Afrique, 1980.

HARGREAVES (Alex G.), « Chemins de traverse, vers une reconnaissance de la postcolonialité en France », *Mouvements*, n° 51, septembre 2007.

HUGO (Victor), *Bug-Jargal*, Fort-de-France, Désormeaux, 1979, avec une présentation de TOUMSON (Roger).

HURST (Jean-Louis), *Le Déserteur*, Paris, Manya, 1991

JALABERT (Laurent), *La Colonisation sans nom, la Martinique de 1960 à nos jours*, Paris, Les Indes galantes, 2007.

JARDEL (Jean-Pierre), « Identité et idéologie aux Antilles françaises. Négrisme, négritude et antillanité », *Recherches sociologiques*, vol. 15, n° 2-3, 1984.

KESTELOOT (Lilyan), *Histoire de la littérature négro-africaine*, Paris, Karthala-AUF, 2001.

—, *Anthologie négro-africaine*, Verviers, Marabout, 1967.

La Gangrène, Paris, Minuit, 1959.

LAKS (Monique), *Autogestion ouvrière et pouvoir politique en Algérie (1962-1965)*, Paris, EDI, 1970.

LANZMANN (Claude), *Le Lièvre de Patagonie*, Paris, Gallimard, 2009.

LAZARUS (Neil) (dir.), *Penser le postcolonial*, Paris, Éditions Amsterdam, 2006.

Légitime défense, n° 1, [1932], Paris, J.-M. Place, 1979.

LEIRIS (Michel), *Contacts de civilisations en Martinique et en Guadeloupe*, Paris, Unesco, 1955.

LEMOINE (Maurice), *Le Mal antillais: leurs ancêtres les Gaulois*, Paris, L'Harmattan, 1982.

LEVILLOUX (Jules), *Les Créoles ou la vie aux Antilles*, [1835], Le Morne-Rouge, Horizons Caraïbes, 1977.

LÉVI-STRAUSS (Claude), « Race et histoire », in *Le Racisme devant la science*, Paris, Unesco-Gallimard, 1960.

LUKACS (Georges), *Histoire et conscience de classe* [1920], Paris, Minuit, 1960.

MADZOU (Lamence), *J'étais un chef de gang*, Paris, La Découverte, 2008.

MANVILLE (Marcel), *Les Antilles sans fard*, Paris, L'Harmattan, 1992.

MARAN (René), *Batouala, véritable roman nègre*, Paris, Albin Michel, 1921.

MARCUS (Garvey M.)., [1937] *Message to the People, the Course of African Philosophy*, Dover, The Majority Press, 1986.

MARCUSE (Herbert), *Éros et civilisation*, Paris, Minuit, 1968

MAUSS (Marcel), « Essai sur le don », [1923] in *Sociologie et anthropologie*, Paris, PUF, 1968.

MEMMI (Albert), *Portrait du décolonisé arabo-musulman et de quelques autres*, Paris, Gallimard, 2004.

—, *Portrait du colonisé précédé du portait du colonisateur*, [1957], Paris, Pauvert, 1966.

MÉNIL (René), « Sens et Non-sens » in *Antilles déjà jadis*, Paris, J.-M. Place, 1999.

MICHAELS (Walter Benn), *La Diversité contre l'égalité*, Paris, Raisons d'agir, 2008.

MOULIER BOUTANG (Yan), VIDAL (Jérome), « De la colonialité du pouvoir à l'Empire et vice versa », *Multitudes*, n° 26, 2006.

NDIAYE (Pap), *La Condition noire. Essai sur une minorité française*, Paris, Calmann-Lévy, 2008.

PASTEL (Pierre), « Les Attentes et les besoins des Antillais et Guyanais vivant dans l'Hexagone... », *Alizés*, janvier-mars 2009.

PÉTRÉ-GRENOUILLEAU (Olivier), *Les Traites négrières, essai d'histoire globale*, Paris, Gallimard, 2004.

PIERRE-JUSTIN (Robert), *De la philosophie à la politique*, Paris, Louis Soulanges, 1961.

PITTS (Jennifer), *Naissance de la bonne conscience coloniale, les libéraux français et britanniques et la question impériale (1770-1870)*, Paris, Éditions de l'Atelier, 2008.

PRICE-MARS (Jean), *Ainsi parla l'oncle*, [1928], Ottawa, Léméac, 1973.

RUSCIO (Alain) *Le Credo de l'homme blanc, regards coloniaux français XIXe-XXe siècles*, Bruxelles, Complexe, 2002.

RÉMION-GRANEL (Cristiane), *Nectar d'Afrique*, Paris, Néo-Présence africaine, 1985.

SAADA (Emmanuelle), *Les enfants de la colonie. Les métis de l'Empire français entre sujétion et citoyenneté*, Paris, La Découverte, 2007.

SAÏD (Edward W.) *Culture et Impérialisme*, Paris, Fayard-Le Monde diplomatique, 2000.

—, *L'Orientalisme, L'Orient crée par l'Occident*, [1978], Le Seuil, 1997.

SARTRE, « Préface », *Les Damnés de la terre*, Paris, Maspero, 1961.

SARTRE (Jean-Paul), « Orphée noir » in Léopold Sédar Senghor, *Anthologie de la nouvelle poésie nègre et malgache de langue française*, [1948], Paris, PUF, 1969.

—, *L'Existentialisme est un humanisme*, Paris, Nagel, 1946.

SENGHOR (Léopold Sédar), *Œuvre poétique*, Paris, Le Seuil, 2006.

—, *Anthologie de la nouvelle poésie nègre et malgache de langue française*, Paris, PUF, 1948.

SMOUTS (Marie-Claude) (dir) *La situation postcoloniale*, Paris, PFNSP, 2007.

STONEQUIST (Everet), *The Marginal Man*, [1931], New York, Russell & Russell, 1961.

STORA (Benjamin) « Albert Camus, Prix Nobel au cœur de la tourmente algérienne », *Esprit*, janvier 2008.

—, *Histoire de la guerre d'Algérie 1954-1962*, Paris, La Découverte, 2006.

TERESTCHENKO (Michel), *Du bon usage de la torture : ou comment les démocraties justifient l'injustifiable*, Paris, La Découverte, 2008.

THOMAS (Dominic) *Black France, Colonialism, Immigration and Transnationalism*, Bloomington, Indiana University Press, 2007

TILLION (Germaine), *L'Algérie en 1957*, Paris, Minuit, 1957.

TOUMSON (Roger), *Mythologie du métissage*, Paris, PUF, 1998.

VERNHES (Monique), BLOCH (Jean), *Pour la Guadeloupe indépendante*, Paris, Maspero, 1970.

WAHNICH (Sophie), *La Longue Patience du peuple*, Paris, Payot, 2008.

ZOBEL (Joseph), *La Rue Cases-Nègres*, [1950], Paris, Présence africaine, 1984.

[Filmographie

PALCY (Euzhan), THÉBIA-MELSAN (Annick), *Aimé Césaire, une voix pour l'histoire*, 3 films, Saligna and so on, 1993-1994

JULIEN (Isaac), NASH (Mark), *Peau noire, masques blancs*, K. films, 1998.

Table des matières]

Ce volume,
le troisième de la collection
« L'histoire de profil »
publié aux Éditions Les Belles Lettres,
a été achevé d'imprimer
en décembre 2009
sur les presses
de la Nouvelle Imprimerie Laballery
58500 Clamecy

N° d'éditeur : 6974
N° d'imprimeur : 912176
Dépot légal : janvier 2010

Imprimé en France